陈廷敬传

评说康熙重臣 名臣 廉臣

任茂棠 主编

山西出版传媒集团
山西人民出版社

图书在版编目（CIP）数据

陈廷敬传／任茂棠主编 . —太原：山西人民出版社，2015.3
（2024.8 重印）
ISBN 978-7-203-08957-5

Ⅰ . ①陈… Ⅱ . ①任… Ⅲ . ①陈廷敬（1638～1712）—传记
Ⅳ . ① K827=49

中国版本图书馆 CIP 数据核字（2015）第 035098 号

陈廷敬传

主　　编：任茂棠
责任编辑：李　鑫
装帧设计：刘彦杰

出 版 者：山西出版传媒集团·山西人民出版社
地　　址：太原市建设南路 21 号
邮　　编：030012
发行营销：0351 - 4922220　4955996　4956039　4922127（传真）
天猫官网：https://sxrmcbs.tmall.com　电话：0351 - 4922159
E — mail：sxskcb@163.com　发行部
　　　　　sxskcb@126.com　总编室
网　　址：www.sxskcb.com

经 销 者：山西出版传媒集团·山西人民出版社
承 印 厂：山西出版传媒集团·山西新华印业有限公司

开　　本：720mm×1010mm　　1/16
印　　张：25.5
字　　数：275 千字
版　　次：2015 年 3 月　第 1 版
印　　次：2024 年 8 月　第 5 次印刷
书　　号：ISBN 978-7-203-08957-5
定　　价：49.00 元

如有印装质量问题请与本社联系调换

序

三晋历史文化源远流长,博大精深,人才辈出,其中不乏叱咤风云的政治家,学识渊博的思想家、文学艺术家、教育家和史学家。他们是三晋文化的精华,在历史上从各个方面对中华民族作出了突出的贡献。清代初期的山西晋城人陈廷敬(1638—1712)就是其中突出的一位。

我们陈廷敬研究组,曾收集、查阅近二百种文献、史料,对陈廷敬进行了八年的研究,最后得出了这样的结论:他是清代康熙朝的重臣、名臣、廉臣,是一位政治家、思想家兼著名诗人。

之所以称陈廷敬为政治家,是因他在清顺治朝考取进士、选庶吉士后,在清廷任职五十四年,任过的主要官职有翰林院侍讲学士、日讲起居注官、詹事府詹事、经筵讲官、翰林院掌院学士、内阁学士、都察院左都御史,后升任工部、刑部、户部、吏部尚书,尤其从康熙四十二年起便升任文渊阁大学士,长期入值南书房。这说明,陈廷敬任过清朝有关教育、工程、刑法、财政和人事部门的主管官,并长期给康熙帝讲课,最后成了皇帝治理朝政的左右手之一。当然,官职多、官职高并不是陈廷敬成为政治家的主要因素,关键的问题还在于陈廷敬做官具有下列特点。

首先,他有自己的为政思想和理论,主张治国必须采取礼治加法治,从"民为邦本"的理念出发,主张"利民、便民",所以他无论发布任何政令,采取任何措施,都从"惠民"角度出发,为百姓的利益着想。第二,他政绩昭彰,在绝大部分工作岗位上都有显著表现,对康熙朝朝政的治理有过很大的贡献。第三,也是应该要特别强调的,他是一位廉洁奉公的清官,一贯清廉自律,发誓自己"不取一钱",坚守"清、廉、慎"的箴言,从不拉帮结伙,更不参与一些官吏们的是非纠葛。他自己是官,也做过管官的官。他在革新弊政、整顿官风方面,无论是在各部任尚书还是在都察院任左都御史,都有过查积弊、惩贪官的政绩。在他看来整顿吏治,必须对官吏严加管教,主张"欲教以廉,当先使其俭"。总之,陈廷敬是政绩突出、廉洁奉公的官员,是一位对"康熙盛世"的形成有过突出贡献的杰出政治家。

陈廷敬的政治思想源于他的学术思想。他自幼读书,酷爱明代学者薛瑄的著述,父亲陈昌期是一位经学爱好者,在薛瑄的影响和父亲的熏陶下,他自幼就立下了要研究经学的鸿志,并且成了清初一位对经学研究造诣深广,建立了自己的学术体系的学者,其学术思想在清代经学史上占有重要地位。因此,说陈廷敬是一位思想家,是恰如其分的。在这里需要强调的是,因为陈廷敬长期给皇帝讲课,又入值南书房多年,是康熙帝的"师友"(当时社会上多以

"帝师"称之),关系密切,他的学术思想对康熙帝影响颇深。他是影响康熙帝采取以儒学治国的重要人物之一。

陈廷敬生来天资过人,除在政治上、学术上均有突出贡献外,他还是一位发表过三千首诗,与当时诗学名家王士祯、汪琬"并驾齐驱"的著名诗人。此外,陈廷敬"文采优长",参与编撰过多类书籍,诸如《明史》、《大清一统志》等,其中应该特别提出的是,他是中国字书宝库中的珍品——《康熙字典》和《佩文韵府》的总编之一。

总之,陈廷敬是一位历史上有过重要贡献的人物,其贡献是多方面的,总体来说是对中华传统文化的贡献。谈到这一点,还应该提及陈廷敬的家族。从明末到清代乾隆初期,百多年间,陈氏家族,辈辈有读书人,一直是书香门第,出过九位进士,十位举人,秀才则更多。陈氏留下的著述,据目前可查到的,达六十多本(种)。因此,陈氏家族是典型的文化世家,其对中华文化的贡献之大,不言而喻。

由于陈廷敬任过多种官职,学问渊博,思想精深,本书所述所论,虽经多次修改,或仍有欠妥与疏漏之处,敬请读者不吝赐教。

目　录

从政兼治学的一生 ……………………… /任茂棠(001)

家庭教育 ……………………………… (002)

考中进士 ……………………………… (009)

翰林院掌院学士 ……………………… (013)

从政兼治学之路 ……………………… (023)

初任左都御史和各部尚书 …………… (031)

张汧案的影响 ………………………… (044)

再任左都御史和各部尚书 …………… (052)

文渊阁大学士 ………………………… (059)

学术上的重大成就 …………………… (067)

与康熙帝的密切关系 …………………… /任茂棠(071)

康熙帝的师友 ………………………… (072)

对康熙帝的影响 ……………………… (080)

受康熙帝的高度赞扬 ………………… (093)

诗词创作 ………………………………… /李正民(103)

"和声以鸣盛"的台阁体诗 …………… (104)

反映重大政治事件、关心民生疾苦的作品 ············· （113）

抒发宦情、友情、亲情、乡情的作品 ··············· （120）

咏史诗、写景诗、咏物诗 ····················· （130）

诗学渊源 ······························· （140）

杜律诗话 ······························· （153）

今存词作 ······························· （164）

死后寂寞之因 ··························· （171）

政治思想 ·······················/魏宗禹（175）

民为邦本 ····························· （180）

礼法并用 ····························· （193）

吏治之道 ····························· （216）

经学思想 ·······················/魏宗禹（239）

经学史论 ····························· （242）

宋代经学要义论 ······················· （259）

经学与道统论 ························· （276）

陈氏家族 ·······················/马甫平（287）

滥觞与崛起 ··························· （288）

曲折发展 ····························· （304）

空前兴盛 ····························· （324）

渐次式微 ····························· （350）

陈廷敬年谱简编 ··············/卫庆怀 李正民（359）

附录 ·······················/马甫平（391）

陈氏历代进士名录 ····················· （391）

陈氏历代举人名录 ····················· （392）

陈氏历代著述目录 ····················· （393）

编后话 ····························· （397）

从政兼治学的一生

任茂棠

陈廷敬生于明崇祯十一年（1638），卒于清康熙五十一年（1712）。这一时期在中国的大地上，一个经历数十年之久的阶级斗争和民族斗争交错的大战乱时代宣告基本结束，中国开始进入号称"康乾盛世"的恢复、发展时期。时代给陈廷敬创造了个人发展的有利条件，他在仕途上又遇到了好学而又知人善用的康熙皇帝，自己又自觉地利用了这些条件，所以他在官场基本上是一帆风顺的。他于顺治十五年（1658）考中进士后，旋即选为庶吉士，历任检讨、国子监司业、侍讲、侍读、侍讲学士、日讲起居注官、詹事府詹事、内阁学士兼礼部侍郎、经筵讲官、翰林院掌院学士、吏部左侍郎、都察院左都御史、工部尚书、刑部尚书、户部尚书、吏部尚书、南书房总管，直到康熙四十二年（1703），升任文渊阁大学士。从他二十一岁选为庶吉士开始，到他七十五岁逝于文渊阁大学士任上为止，为官五十四年之久，而且是步步高升。他不仅是康熙帝的"君臣相得"的近臣，而且是康熙帝的"表率寮采"的宰辅重臣，是一位为铸造"康乾盛世"作出了突出贡献的政治家。因为清初是中国历史上政治、经济发展的时期，而政治、经济发展的同时，必然要求文化发展，陈廷敬没有辜负这个时代的要求。他一生任官，又一生治学，而且在诗学、经学方面造诣很深。他在成为一位政治家的同时，又成为清初的一位有名的文学家和经学家。了解陈廷敬的生平，必须要研究他一生做官又治学的全部过程。

家庭教育

陈廷敬，字子端、樊川，号说岩、悦岩、月岩、午亭、半饱居士、午亭山人。山西泽州人。他原名叫陈敬，陈廷敬之名是顺治十六年（1659）更改的。他于顺治十五年考中进士，选为庶吉士，因该科馆选中有同名的人，他便奏请顺治帝更名。顺治帝准奏，就在其"敬"字前加一"廷"字。陈廷敬的二世祖以前，家居山西泽州永义都天户里，其三世祖陈秀于明宣德四年（1429）徙居阳城县郭峪中道庄，即现在的皇城村。陈廷敬于明崇祯十一年（1638）十一月二十七日（12月31日）降生在这里，死后葬于中道庄的静坪。但因户籍未曾变更，故其家纳税以及陈廷敬参加科考填写籍贯时，仍写为泽州人。

陈廷敬的家庭，自其三世祖以来，就是"以儒为业"，世世代代重视读书，求取功名，是一个书香门第，文化世家。

陈廷敬的三世祖陈秀，自幼就"工诗善书，若出天授"，后"为陕西西乡县尉，官十余载，有惠政"①。因为陈秀为陈氏后代子孙们树立了读书求取功名的家风，所以其后代子孙也都是刻苦攻读之人。陈秀的儿子，即陈廷敬的四世祖陈珙，少年读书，可惜屡试不中，而其弟陈珏却读书成才，"为滑县尉"。其子陈天佑则更能传承父志，于明嘉靖年间考中进士，"历官陕西副使，廉正不阿，以诗闻于时"②，陈珏也以子贵被"赠工部主事"③。陈廷敬的五世祖陈修，深得父母的宠爱，为考取功名，自幼发奋读书，却不能中，只好"退而鬻治铸"。由于他受过良好教育和家风的陶冶，经营铸铁业发了财之后，便"轻财好施，有弗给者

---

①《皇城石刻文编》，页90。

②《午亭文编》卷43，页8。

③《皇城石刻文编》，页90。

辄出帑金、廪粟以赈其急”，慷慨救济穷苦百姓。更值得提出的
是，他"教诸子则严，尝曰'汝盍学汝伯'"，就是要求他的儿子
们向考中进士的陈天佑学习。因为陈修对后代子嗣的学习要求严
格，所以他的长子陈三晋才"益发愤下帷，屡试于乡，为博士有
声"①。陈修的另一个儿子陈三乐，为陈廷敬本支六世祖，即陈
廷敬的曾祖父，曾"任西乡典史，弃官家居"②。同其父亲陈修
一样，他"喜周人之难，扶人之危"③。陈三乐的儿子陈经济，
为陈廷敬本支七世祖，亦即陈廷敬的祖父，也是"弱冠为诸
生"，一心求取功名，因为家庭需要他经营家业，只好"辍举子
业"，放弃仕途。但他却非常重视对后代的培养，虽"布衣菲
食"，省吃节用，却"建家塾，教子侄辈读书，不以夏楚为威"④。

　　到了陈廷敬的父辈，即陈廷敬的伯父陈昌言和父亲陈昌期时
期，兄弟和睦。昌言"与弟昌期友爱，家无分财，昌期（对其
兄）亦父视之"。不仅如此，在父亲的教育下，昌期兄弟更是刻
苦攻读，成绩显著。昌言于明崇祯七年（1634）考中进士，曾任
知县、御史等官。他为官清正，"以御史视江南学政，皎皎洁严。
逾太行而北也，囊中萧然，不足具备粮，顾独载书卷以归……"⑤
其学问亦好，著有《先草山中集》、《斗筑居集》等。陈廷敬的
父亲陈昌期因其兄在外为官，为了掌管家务，自己只好和父亲一
样，放弃功名，但他仍喜好读书，并且不放松对子侄们的教育。

①《皇城石刻文编》，页90~92。
②乾隆《泽州府志》卷36，页30。
③陈昌期：《槐云世荫记》，见《皇城石刻文编》，页60。
④白胤谦：《东谷续集》卷12，页12~16。
⑤《午亭文编》原序。

　　从上可知，陈廷敬的前六辈，辈辈都有读书人。这个家族作为文化世家，其文化素质越来越高。历代以来，陈家有不少人曾考取了功名，其中陈天佑和廷敬的伯父陈昌言还中了进士。其中有当了官的，都是清明廉政；有持家理财者，也多是乐善好施，品德高尚的。由此可见，陈氏家族不仅仅是文化世家，而且礼义传世。陈廷敬出生于这样的家庭，自然要受到深刻的感染和影响。

　　陈廷敬在青少年时期所受到的家庭教育和影响，最直接的是来自他的母亲张氏、父亲陈昌期和堂兄陈元。

　　陈廷敬的父亲陈昌期，虽然没有考取功名，但由于他喜欢读书，学问功底深厚，"文冠一州，名上吏、礼部"，尤其对于经学有较深的研究。据陈廷敬说：其父"为学以穷经为亟，深于《易》、《礼经》，尤好程子《易传》。尝言《曲礼》上下篇当仿《学》、《庸》，列《四子书》中"。后来陈廷敬在经学研究上有了很高的成就，是与青少年时期受他父亲的影响分不开的。昌期不仅精于经学，而且主张学以致用。他"自少壮而老，吐辞制行务合经义"，并且还经常向子侄们说，"学者攻应举文字，恒视读书立品为二事，吾所以教汝曹者，以读圣贤书当实存诸心而见之行事"，教导他们以圣贤书的要求来培育自己的道德品行，来指导自己在社会上的一切行动。陈昌期不仅读经致用，还"好善乐义"。他自己"治家勤俭，以其余稠给乡人"，除了向乡亲捐助谷物之外，还焚烧乡亲们向他借欠的账目单据。由于他善待乡里，百姓们多次请求官府允准为他建祠。虽然因为他本人的阻拦，建祠未能实现，百姓却刻碑三十余处，以表示对他的"怀恩颂义"。昌期因为兄长昌言长期在外为官，便完全负起了教育子侄们的责任。他教育子侄甚严，子侄们"言动略有过错"，就"诃（苛）责终日"①。可见，陈昌期倾心教育子侄攻读诗书更胜于陈氏前辈。陈廷敬在青少年时期有这样一位父亲的抚养和培育，不仅在学问上会蒸蒸日上，而且也养成了良好的道德品行，所以在他学问有成并做了高官之后曾说："廷敬所兢兢自守至今日者，固皆主上非常之恩，盖亦两大人之教使然也。"②这里所说的"两大人"，自然是指的是他的父亲和母亲。

廷敬的母亲张氏，为教育廷敬也付出了很大的心血。她是山西沁水县人，其祖父是明万历年间的进士张之屏，"累官陕西商洛道左参政"。其父张洪翼，曾考中举人，任过直隶威县知县。因为张氏"少而颖慧特异"，洪翼"奇爱之"，便亲自教授她"四子、《通鉴》及《列女传》诸书"，她"无不背诵，通晓大义，能文工书，道如经生"。嫁到陈家之后，"于家政稍暇，即出书籍，凭几庄诵，……经生好学者亦无以加也"！因为张氏读书博学，便承担起对儿子廷敬的启蒙教育，故廷敬"凡《四子书》、《毛诗》皆太夫人（张氏）口授以诵"。特别应该提到的是，张氏教育子女比丈夫陈昌期还要严格。廷敬未请塾师教授之前，张氏便对他口授。有了塾师之后，每次下学，张氏"必篝灯督课之，与塾师不少异"。就是在廷敬长大成人并且做官之后，张氏每年都给廷敬写信，"训戒（诫）尤严于"其父。所以张氏于康熙十七年（1678）逝世后，时任翰林院掌院学士兼礼部侍郎的陈廷敬

①《午亭文编》卷43，《百鹤阡表》。
②《午亭文编》卷43，《百鹤阡表》。

曾"抚胸而恸"地向汪琬说:"廷敬兢兢守官,幸而得荷上异恩,微吾母教不及此!"①

除了廷敬的父母之外,其堂兄陈元也是廷敬的老师之一。陈元,廷敬的伯父陈昌言之子。其父昌言虽长期在外为官,但在叔父昌期的"躬自训导"之下,陈元发奋攻读,"至弱冠以经魁其乡",其学问"浑深博雅,古文卓然成家"。在廷敬十岁那年,塾师辞职,昌期便命廷敬跟着陈元学习。据《凤台县志》载:"后廷敬以文章名于海内,皆元教之也。"②这话说的虽然有些过头,但陈元在帮助廷敬学问的成长上,确实起了重要作用。

家庭的教育条件优越,而陈廷敬又是天资聪颖之人,所以陈廷敬青少年时期的学习成绩特别优异。他六七岁从塾师王先生就读,当时他的古文就已经学得很不错。据他自己回忆:"吾六七岁以塾师受句读,……家故多书,……乃尽发其新旧书得纵焉。"③可见,从六七岁时,陈廷敬就已经开始博览群书了。不仅如此,七岁那年,他读了理学家薛瑄的著述,"即知向慕",遂立志以薛瑄为师,从而奠定了他研究理学的基础。他九岁的时候,在学习上又出现了更加令人惊人的成绩。那年他写了一首题为《咏牡丹》的诗:"牡丹春后开,梅花先春坼。要使物皆春,定须春恨释。"④意思是要人们散尽春天花开花落的憾恨,使百花盛开,万物皆春。一个九岁的孩子,能写出这样寓意深刻的诗句,"闻者已惊其度量",他母亲张氏见后惊喜地说:"此子欲

①汪琬:《尧峰文钞》卷18,页1~5。

②《凤台县志》卷9,页3。

③《午亭文编》原序。

④《午亭山人年谱》。

使万物皆其所也！"①欲使"万物皆春"，即是怀有兼济天下的大志。就因为九岁的陈廷敬的学习成绩优异，学问已经有了相当高的水平，才成了塾师王先生辞职的原因。当时，塾师王先生向陈廷敬的父亲辞职，说："是儿（指陈廷敬），大异人，非我所能教也。"②塾师王先生辞职后，陈廷敬又从父亲和堂兄陈元连续修业四五年。到顺治八年（1751），陈廷敬十四岁时，他父亲给他完了婚，娶前明吏部尚书王国光的玄孙女为妻。

陈廷敬的历次考试基本上是一帆风顺的。除了乡试是考了两次之外，童子试、会试都是很顺利的通过。十四岁时，他"赴试潞安府，以童子第一入州学"③。这次考试，是他父子二人同时参加的，而陈廷敬的考试成绩却比父亲要强。据陈廷敬自己所记："应童子试于潞州，光禄公（陈廷敬的父亲陈昌期）为诸生，父子皆试于学使者。学使者莱芜张公问知余能诗，独不试诗，试五经义，立就。曰：'吾以子冠诸童子。'"按照清朝考试制度的规定，童子试要经过县试、府试和院试。院试由学政主考，正式录取者称生员，亦称秀才，分府学生员、县学生员两类入学学习。陈廷敬的这次潞安府的考试，显然是院试，所以考试之后就成了秀才，可入府学学习了。顺治十一年，陈廷敬十七岁时，便赴省城太原参加乡试，未中。他又在潞安府学和家中学习。三年后，他于顺治十四年再次参加乡试，便中了举人。十四岁考中秀才，二十岁考中举人。究其原因，除了陈廷敬本人的天

---

① 《午亭山人年谱》。

② 《午亭山人年谱》。

③ 《午亭山人年谱》。

资条件之外，就是其家庭的影响和教育的结果。

考中进士

清朝考试制度承袭明制，规定会试为三年一科。但在顺治初期，清政权奠定未久，急需人才，除三年一科外，还经常增加恩科，有时几乎连续两三年都举行会试。顺治十五年（1658）举行会试时，去年刚刚中举的陈廷敬便去北京参加。按照一般情况，举人参加会试第一次不中或连续不中者大有人在，而陈廷敬却能一蹴而就，第一次就旗开得胜，考中了进士。

据明清《进士题名录》载，顺治十五年的会试，共取进士三百四十三名，其中一甲三名，二甲八十名，三甲二百六十名，而陈廷敬的名次为三甲第一百九十五名（按：《午亭山人年谱》记陈廷敬为二甲进士，误）。当时进士的出路分为三等：一等者，一甲三名，即状元、榜眼、探花，直接入翰林院，状元授职修撰，榜眼、探花授职编修；二等者，从二甲、三甲进士中挑选若干人，再经过考试（很多情况下是皇帝亲试），确定为庶吉士；三等者，即未被选为庶吉士的其他二甲、三甲进士，被授予知县、主事等职。这一科进士发榜之后的第二十天，顺治帝发布上谕："朕惟庶常（庶吉士）之选，所以储备人才，允宜慎重，故详加简阅，亲行考试，兹取马晋允、杨正中……山西泽州人陈敬……熊赐履、熊赐玘、李天馥……直隶通州人陈敬等三十二人俱为庶吉士，即传谕吏部遵行。"[1]陈廷敬被选为庶吉士了。

庶吉士是庶常吉士的简称，又可简称庶常。选用庶吉士制度

---

[1]《世祖实录》卷116，页905。

始于明朝洪武年间，永乐二年（1404）开始专属于翰林院。清朝从顺治三年起就承袭了明朝的庶吉士制度，在新考进士中选取庶吉士。在清朝以来的一些著述中，有的说"庶吉士非官也，散馆乃授七品"①；有的说被选中庶吉士就取得了翰林的预备资格。因为庶吉士并非官职，所以无任何职权，也无俸禄，每月由户部提供"廪饩"银（即生活费）四两五钱。庶吉士在翰林院庶常馆学习后，再经过考试（称"散馆"），合格者才能授给官职。庶吉士入庶常馆学习，时间为三年，不仅规定有一定的学习内容，而且有严格的学习制度。

顺治帝很注重庶吉士的学习，不仅有时亲自主持庶吉士的考试，而且还经常与一些庶吉士接触。陈廷敬在庶吉士学习期间，颇受顺治帝的赏识。据白胤谦说："检讨君（陈廷敬已于顺治十八年任检讨）时弱冠，翱翔玉堂，所译习之业，往往蒙上赞许。"②另据陈廷敬自己的叙述："与承恩等三人读书翰林中，上尝幸景山、瀛台、南苑，辄召以从，赐坐，延问如家人。"③这就是说，顺治帝经常召见陈廷敬谈话，赞扬他的学习成绩，并且"延问如家人"。由此可见，在庶吉士学习期间，陈廷敬就受到了顺治帝的器重。顺治十八年（1661），可能是因为陈廷敬的学习成绩优良，在庶吉士未散馆前，就充任了会试同考官。

前已提及，此科进士所选的庶吉士中有两位陈敬，一位是直隶通州的陈敬，一位是泽州的陈敬，即未更名的陈廷敬。在庶常

①潘世恩：《玉堂鸣盛集》，转引自邸永君：《清代翰林院制度》。
②白胤谦：《东谷集》卷3，《归庸斋文》。
③《午亭文编》卷45，《翰林院侍读吴默岩墓志铭》。

馆的学习中，顺治十五年（1658）十二月，直隶通州的陈敬因满文学习成绩不好而受到了顺治帝的处罚。当时的上谕是这样说的：庶吉士"俱经简拔，特命学清书（满文）以备任用，自当尽心肆业。今加考试，萧惟豫、王子玉……陈敬、熊赐玙、宋德宜清书俱未习熟，若不罚惩，何以励其将来，罚俸一年。"①到了第二年（1659）十月，通州的陈敬又被"革退"，原因是"陈敬、殷观光习学清书日久，文义荒疏，足见平日全不用心，殊不称职，俱著革退，永不叙用"②。就在通州陈敬被罚俸的上谕发布后的第十九天，即顺治十六年正月十三日，就又有了这样的上谕："允庶吉士陈敬奏请，更名廷敬，以与直隶通州陈敬同名故也。"③与直隶陈敬同名，陈廷敬在进士发榜时就已经知晓，在这长达七个月的时间内他并未提过更名之事，但直隶陈敬第一次受罚的上谕发布后，他就提请更名，说明他是担心同名陈敬的受罚，会对自己引起不必要的误会。这也说明，直隶通州陈敬的被处罚，是陈廷敬申请顺治帝给自己更名的原因。

陈廷敬考中进士后未被直接授给官职而是选为庶吉士，是否对他的仕途前程不利呢？回答不仅是否定的，而且恰恰相反。从陈廷敬的仕途前程来说，选为庶吉士比授给一个州官、县官要有利得多。要说明这个问题还必须从翰林院和翰林谈起。

顺治元年（1644），清朝定都北京，承明制设翰林院，主要掌管文学之士。但于第二年，清朝将翰林院合并于清初曾设立过

---

①《世祖实录》卷121，页944。

②《世祖实录》卷128，页1~2。

③《世祖实录》卷123，页952。

的内三院，即"内翰林国史院"、"内翰林秘书院"、"内翰林弘文院"。到顺治十五年，顺治帝为集中皇权，便改内三院为内阁，又另设翰林院。康熙帝继位，辅臣专权，恢复旧制，再复设内三院，将翰林院并于其中。康熙九年（1670），康熙帝擒拿了鳌拜，消除辅臣专权之后，便又将内三院改为内阁，再次恢复翰林院。

翰林院的设置、归属虽然几经变化，但翰林院掌管文士的功能始终未变，翰林的性质也未变。所谓翰林，即文翰之林，在明代称翰林为文学之士，所以从一定意义上说，翰林院是储藏人才之所。翰林院设满、汉掌院学士各一人，下设侍读学士、侍讲学士、侍读、侍讲、修撰、编修、检讨等官各若干人。这些人统称为翰林。明清两代的科考，唯有进入翰林院当了翰林，仕途最广阔。翰林虽然都属于词臣，没有军政之权，但出任重要官职，大多非翰林出身不可。清代汉人大学士前后有一百一十九人，其中翰林出身的多达一百零一人。吏、礼两部的尚书、侍郎几乎是翰林的专缺。翰林外放到各省任官，起码是布政使、按察使。翰林院的编修、检讨，虽然同知县一样，同是七品官，但地位不同。编修、检讨见到各省的总督、巡抚等大员，都是平起平坐，而知县见总督、巡抚必须称"卑职"，言必呈禀。因此，科考人员都希望能录取为一甲进士，直接成为翰林，如若不能，选为庶吉士也颇引以为荣，认为是大幸。因为庶吉士是预备翰林，在一般情况下，"散馆"后大部分人要授予编修、检讨等官。所以当时，人们称翰林为"玉堂仙"，称庶吉士为"半路修行"，就是准备成仙的意思。陈廷敬被选为庶吉士，就是当了预备翰林，经过三年

"修行"就会成"仙",就会成为编修或检讨的翰林,就会为他后来仕途的畅通打下基础。后来陈廷敬不仅任户部、吏部尚书等高官,并且擢升为文渊阁大学士,这与他从庶吉士进入翰林院有直接关系。

翰林院掌院学士

顺治十八年(1661)五月,顺治十五、十六年两科的庶吉士"散馆",即经过考试,分别授职。当时顺治帝已驾崩,康熙帝继位。据《圣祖实录》载,康熙帝"谕吏部":"其庶吉士王吉人、田麟、杨正中……李天馥、陈廷敬、朱之佐……十九人俱著授编修、检讨。"①另据《午亭山人年谱》:"十八年,辛丑,(廷敬)二十四岁,充会试同考官。散馆第一,授内秘书院检讨。"可见,"散馆"后陈廷敬被授予了内秘书院检讨一职。需要说明的是,编修的品级为正七品,检讨的品级为从七品,既然陈廷敬是"散馆第一",考试名次在前,为什么未授编修只授检讨呢?这是因为清朝规定,庶吉士散馆后,是否留翰林院与散馆考试成绩有关,而授编修或检讨,还是由考取进士的名次决定,即原是二甲的进士授编修,三甲的进士授检讨。陈廷敬的进士名次在三甲,自然该授检讨。不过,陈廷敬即使被授检讨,却成了翰林院的翰林。也就是说,经过这三年的"修行",他终于成了"玉堂仙"。以此为根基,他在仕途上开始了飞黄腾达的过程。

康熙元年(1662),即授检讨的第二年,陈廷敬便请假返

---

① 《圣祖实录》[一]卷2,页64。

乡。关于返乡的原因，他自己说是"以病请假归里"①。而另有记载说："泽州陈文贞公性至孝，始登籍，闻太夫人病，即归省。"②也就是说，他是因母亲有病而回家的。但，自病也好，母病也罢，史料上均无详情可查，其真正原因很难确定。不过据情分析，陈廷敬从顺治十五年（1658）赴京参加会试，中经庶常馆三年的学习，到康熙元年（1662），前后已有五个年头。在这漫长的岁月里，离乡背井、只身在外的陈廷敬，思乡、思亲的情绪肯定会有的，想回家去看看乃是人之常情。所以自己的身体可能有所不适，母亲也可能有些毛病，都可能成为请假的借口。然而，其请假返乡也不能排除清朝政局的原因。陈廷敬授检讨时，顺治帝已驾崩，康熙帝虽已继位，但朝政却由辅臣专权，他们便开始了一系列"率祖制，复旧章"的行为和打击汉族官吏、排挤汉族文化的活动。在这种形势下，陈廷敬借口病假回家以观察大局的变化也是完全有可能的。他在家中住了三个年头。在这三年中，他除了侍奉父母外，主要是埋头理学研究。他在理学上的一些著述，有的就是在这一时期完成的，除此之外，就是游览故乡附近山水，所以写诗很多。总之，在乡的三年，是他的学问加速积累、增长的三年。

康熙四年（1665），陈廷敬假满返京，"仍补检讨"③。需要指出的是，陈廷敬的仕途，是随着康熙帝皇权的恢复和康熙帝对陈廷敬的逐渐了解而畅达的。他回到北京恢复原官的时候，清朝

①《午亭文编》卷30，页9。
②陈康祺：《郎潜纪闻》三笔，卷12，中华书局1984年版，页869。
③《午亭文编》卷3，页9。

的政局正是辅臣专权之时。特别是任辅政大臣之一的鳌拜，更是专横跋扈，甚至抗旨妄为。为了改变这种状况，消减辅臣的权力，年轻的康熙帝于康熙六年（1667）就宣布亲政。但鳌拜仍然依靠其在军政界的党羽，更加肆无忌惮地结党专权，甚至视皇帝如虚设。在这样的情况下，康熙帝忍无可忍，便于康熙八年（1669）擒拿了鳌拜，废除辅政大臣，全部恢复了皇权。在四大臣辅政期间，由于守旧势力抬头，汉族和汉族传统文化遭受了压制、排斥和打击。因此，一部分年轻的汉族官员，特别是一些学识渊博、主张提倡儒学的汉族官员，以弘文院侍读熊赐履为首，多次上书皇帝，一方面揭露鳌拜的种种罪行，同鳌拜集团进行斗争，一方面积极建议康熙帝发扬中国的传统文化，尊孔读经。年轻有为的康熙帝不仅表彰他们维护皇权的行为，而且非常同意他们提倡儒学的主张，所以在亲政以后，对他们中的一些人就特别提拔重用。例如，熊赐履几年之后就被提拔为武英殿大学士。在现存的史料中，我们虽然未见有陈廷敬参与同鳌拜集团进行斗争的记载，但他同熊赐履是同科进士，又同时被选为庶吉士，从当时和后来的一些具体情况推断，他当时对时局和对皇帝的态度，肯定与熊赐履是一致的。三年后，熊赐履被擢升大学士，陈廷敬曾作《赠孝感相公》诗相贺，其中就有"金曰帝知人，吾等夙愿毕"的句子。可见，当年他和熊赐履在对待康熙皇帝的态度和铲除鳌拜集团的决心上是抱有同样的"夙愿"的。除此之外，陈廷敬本人又是为官清正，学识渊博，故随着康熙帝对他的逐渐了解，他便成了康熙帝提拔重用的官员之一。

康熙六年九月，即康熙帝亲政之后，就决定纂修《世祖实录》。已任检讨四五年的陈廷敬便被任命为纂修官。清代朝廷对官吏的奖赏，通常叫做"议叙"，分为"记录"和"加级"。"加级"，对一位官员来说，不仅是示以荣誉，还可以照所加之级食俸，按所加之级予以封赠，有的还给予相应的顶戴。这一年朝廷对京官的考察中，陈廷敬考察的结果，是"考察一等称职"①。为了满足官吏们的"显扬之愿"，清朝还实行了封赠制度。九品以上的官员可得到相应的封阶，从最低的登仕郎（从九品）起，有修职郎、征仕郎、文林郎、承德郎、奉政大夫、朝议大夫、通议大夫、资政大夫（正二品）、光禄大夫（正一品）等，共十五级。据现存陈廷敬墓地的碑文所记，康熙六年十一月二十六日（1668年1月9日）的诏书称："尔内秘书院检讨加一级陈廷敬，品行端凝，文思渊博，简居词苑，奉职无忝。……兹以覃恩，授尔为文林郎。"②这里需要说明的是，陈廷敬当时任检讨，官品为从七品，按照一般情况，从七品应封"征仕郎"，现在却被封为正七品才应封的"文林郎"，这主要是因为他受奖赏有加一级待遇。

鳌拜被擒拿之后，据雍正《山西通志》（卷122，页37）载：陈廷敬于康熙八年（1669），擢国子监司业。国子监是掌国学政令的机关，全国的最高学府，设管理监事大臣一人，实际负责人是祭酒（满、汉各一人），其副职就是司业（满、蒙、汉各一人），职责是："掌国学之政令，凡贡生、监生、学生及举人之入监者，皆教焉。"③司业的官品为正六品。陈廷敬任此职虽仅一年，但他颇有作为。据记载，他"正身董教"，并取消了国子监学生入学谒见祭酒以下官员必须携带见面礼的陋习。①康熙九年（1670），陈廷敬由国子监司业升为弘文院侍读。侍读的官品按清朝定制为正六品，而陈廷敬则按正五品的封阶封为奉政大夫。这年的九月，康熙帝改内三院为内阁，重设翰林院。陈廷敬便由弘文院侍读改为翰林院的侍读，不久又改为侍讲，康熙十年（1671），"寻擢侍讲学士"②，成了从四品的官员。

康熙十一年（1672），由陈廷敬任编纂官之一的《世祖章皇帝实录》"几易稿而成编，阅四载而竣事"③。七月，朝廷奖赏编纂人员，曾发布上谕："其监修总裁等官，著有功劳，宜加宠赐，……其纂修以下各官、监生，著分别议叙。"④陈廷敬因"纂修《世祖章皇帝实录》告成，加一级食俸"⑤。受此奖赏之后不到三个月，康熙帝又发布上谕："以翰林院侍讲学士陈廷敬充日讲起居注官。"⑥自康熙八年从检讨升国子监司业起，短短三年多的时间内，陈廷敬就连年升级，五次升迁。特别是任日讲起居注官一职，使他开始成了康熙帝的近臣。这对陈廷敬的仕途前程来说是非常重要的一件事。

日讲起居注官之设，是康熙帝在恢复翰林院后，又恢复了由大臣给皇帝讲课的经筵日讲制度，除春秋两季要举行经筵大典由经筵讲官给皇帝讲课外，还设日讲官数人在平日给皇帝讲课，主要讲

①陈康祺：《郎潜纪闻》四笔，卷6，中华书局1984年版，页137。
②雍正《山西通志》卷122，页37。
③《世祖实录》卷2，页12~14。
④《圣祖实录》［一］卷39，页523。
⑤《午亭文编》卷30，页9。
⑥《圣祖实录》［一］卷40，页537。

授四书五经以及《通鉴》等。另外，康熙九年，清朝设立了起居注馆，设记注官满四员、汉八员，轮值记注皇帝起居。而这些记注官皆由日讲官兼任，故称日讲起居注官。陈廷敬任日讲起居注官后，一面轮值记注，一面参与给皇帝进讲。轮值记注官，开始于当年十月十五日。他的"第二螭头点笔时，起居亲切近臣知"的诗句，就是描述他任起居注官的情况。记注官的任务，主要是记录每天的上谕、题奏、皇帝接见官员等事。陈廷敬任记注官长达八年之久，皆以其他职务兼任。从《康熙起居注》中可以看到，在这八年中，凡是陈廷敬年终轮值，他都写了年终总结性的记述，这是与其他记注官很不相同的一点，足见其尽职尽责。

陈廷敬在任日讲起居注官的同时，仍然继续受到提拔，兼任其他官职。康熙十二年九月，清朝举行武会试。据《圣祖实录》载："以大学士冯溥为武会试正考官，侍讲学士陈廷敬为副考官。"①在武会试中派学识渊博的词臣任考官，加强对武举们的策论考查，是康熙帝为改革前代武会试中的弊端，以达"重武兼重文"的目的而采取的措施之一。词臣任武会试考官，以前少有实例，陈廷敬自己也说："盖异数也。"但他却认为这是很必要的，并盛赞康熙帝的这一决策。在他看来，"武顾兼策论"，"此非难武士也，诚重之也。夫武而不文，其人任卒伍而不足任偏裨，任偏裨而不足任大将者也。兵家言者，毋逾孙、吴、吕、李、司马、尉缭诸书，今武士合而治之"②。他对武将须重文的论述，从一个角度反映出他的施政能力是很强的，也是康熙帝越

①《圣祖实录》[一]卷43，页577。
②《午亭文编》卷35，《论武将须重文》。

来越重视他的原因之一。在这一年中，陈廷敬的官职由翰林院侍讲学士转任翰林院侍读学士。

康熙帝自清除鳌拜集团两三年之后，原派驻云南的平西王吴三桂和派驻广东的平南王尚可喜、派驻福建的靖南王耿继茂，就在驻地拥兵自重并另图不轨，即所谓"三藩肆虐"。因此，康熙帝从康熙十二年起就对南方用兵征讨，历经八年之久，至康熙二十年，才平定三藩，取得胜利。在平定三藩期间，康熙帝出于进一步巩固中央集权，防止出现辅臣擅权的考虑，并用以抑制叛乱、稳定人心，决定册立太子。康熙十四年十二月十三日上谕："授允礽以册宝，立为太子，正位东宫。……升内阁侍读学士郭棻、翰林院侍读学士陈廷敬并为詹事府詹事。"①陈廷敬自己也说："十四年，升詹事府詹事，兼翰林院侍读学士。"②詹事府是辅导太子的机构，詹事是詹事府的最高长官，为正三品。康熙十五年正月，即陈廷敬升詹事之后的一个月，康熙皇帝又特授他为通议大夫。自此，陈廷敬的品级从正四品擢升为正三品，开始进入清王朝高官的行列。而且作为詹事，当时又被认为是非常荣耀的职务。正如大学士李霨所说：陈廷敬"袖然擢宫僚首，盖极稽古之荣矣"！康熙十五年（1676）二月，因册封太子，按照清朝典制要派遣十路使臣祭告五岳、五镇（东镇沂山、南镇会稽山、中镇霍山、西镇吴山、北镇医巫闾山），因为北镇地处清朝的发祥地辽宁地区，康熙特派詹事府的詹事前往，以示郑重。所以大学士李霨还说："北镇之役，天子念丰镐重地，秩祀大典，非文

①《圣祖实录》[一]卷58，页758。
②《午亭文编》卷30，页9。

学禁近、誉望夙孚之臣，不足以宣德义而和神人，故子端复受命以行，于是肃将天语，恪恭葳事，逾月而旋，可谓畏此简书不遑启处者矣。"①说明这时的陈廷敬已是康熙帝的"文学禁近"之臣，也是朝廷的"誉望夙孚"之臣。关于去北镇的行程，陈廷敬有百余首诗描述，集为《北镇集》。据徐乾学说，廷敬"历卢龙，出榆关，循辽西之塞，望东海而临碣石，鸣笳启路，河山千里，乃始秩于医巫闾之下而告竣"②。也就是说他往辽东大地转了一圈。

前于康熙九年，康熙帝改内三院为内阁。从此开始，内阁便成了清政府的中枢机关。内设殿、阁大学士和内阁学士等官。内阁学士分满学士、汉学士，有的还兼礼部侍郎衔。康熙十五年九月初五日，即陈廷敬升为詹事府詹事后不到一年的时间，他就又被转任为内阁学士兼礼部侍郎，接着又被任命兼任经筵讲官。关于清朝内阁学士的官品，据《清史稿》的《职官志》称："初制，满员二品，汉员三品。顺治十五年，并改正五品，兼礼部侍郎者正三品。雍正八年，定从二品。后皆兼礼部侍郎衔。"故康熙时内阁学士兼礼部侍郎，仍是三品官。内阁学士的职责是满学士掌奏本章，汉学士掌批"题本"，康熙帝又特别规定："学士乃参赞政事之官，如有所奏，应行启奏。"③因此，陈廷敬在任内阁学士期间，除了掌批"题本"之外，还要"参赞政事"。因为他还兼任经筵讲官，还必须在春秋两季举行"经筵"典礼上给皇

①李霨：《北镇集序》，《四库全书存目丛书补编》册78，页457。

②徐乾学：《北镇集序》，《四库全书存目丛书补编》册78，页458~459。

③光绪《会典事例》卷11。

帝讲课，即向皇帝"敷宣经旨"以求达到皇帝能够"留心学问，勤求治理"之目的。自此以后，陈廷敬升迁各要职直，到升任大学士，均兼充经筵讲官。

康熙十六年（1677）正月，清廷决定"以内阁学士陈廷敬为翰林院掌院学士"，紧接着又决定"命翰林院掌院学士陈廷敬教习庶吉士"[①]。至此，陈廷敬已身任翰林院掌院学士兼礼部侍郎、教习庶吉士、经筵讲官和日讲起居注官等要职。关于翰林院掌院学士的官品，清"初制正五品。顺治元年升正三品。雍正八年升从二品"[②]，故康熙时为正三品。翰林院是清代非常重要的国家机关，其主要任务是参与会试、培养人才、修纂各种书籍、掌管对皇帝的经筵日讲等，是一个学术、文化色彩非常浓厚的机构。翰林院的掌院学士又是翰林院之首（满汉各一人），向来是由"夙具才干"、"深通翰墨"的大臣来充任。陈廷敬被选任此职，无疑是极为合适的人选，这也为他后来升任内阁大学士打下了基础。

陈廷敬初任日讲起居注官时，并未直接给皇帝讲课，而是同其他进讲的日讲官一起整理讲章。从康熙十六年三月九日起，他便开始了直接给康熙帝的进讲。在康熙十六年至康熙十七年年底，康熙二十一年至二十二年年底的期间内，他曾连续直接进讲，所讲内容有《通鉴纲目》、《孟子》、《尚书》、《易经》等。已经是康熙帝近臣的陈廷敬，通过当面给康熙帝进讲，同康熙帝的关系又大大靠近了一步。康熙帝基于对陈廷敬的进一步了

①《圣祖实录》［一］卷65，页834、836。
②《清史稿·职官志》。

解，就更加对他予以重用，于是便有了陈廷敬入值南书房的上谕。

南书房设立于康熙十六年十月，是康熙帝读书学习的书房，也是他为进一步集中皇权而设置的秘书机构。入值南书房的官员，一般被称为"南书房行走"或"南书房翰林"。其任务，除了与皇帝讲究学问之外，就是起草特颁诏旨。如吴振棫的《养吉斋丛录》说："章疏票拟主之内阁，军国机要主之议政处，若特颁诏旨，由南书房翰林视草。"①入值南书房最早的高士奇描述他自己在南书房值班的情形时，曾有这样的诗句："宠偏分内值，职并掌王言；路接云层边，身叨湛露繁；螭坛承顾问，麟馆得攀援。"②因此，陈廷敬入值南房之后也就成了与皇帝朝夕相处并"掌王言"、"承顾问"的近臣。据《圣祖实录》载：康熙十七年七月二十八日，"召翰林院掌院学士陈廷敬、侍读学士叶方蔼入值南书房"。但据陈廷敬自己的叙述，早在这一年闰三月，他曾同时任翰林院侍读的王士祯一起，被召入值南书房二十八天。他说：

（康熙十七年）闰三月二十一日，予与侍读王君贻上被召，入直乾清宫之南殿，宫中所谓南书房者，侍读学士张君敦复晨夕侍上之直房也。予与贻上入直二十有八日，而与敦复睹宸章之巍焕，仰天藻之昭回，见圣天子万几燕闲，从容于文章翰墨之娱，而侍从之臣蒙恩宠而被清光，有歌颂所不能形容，而言语所不能纪载者。遭

①吴振棫：《养吉斋丛录》卷4，上海古籍出版社1983年版，页41。
②高士奇：《随辇集》卷1。

逢此时，呜呼盛已！①

没有正式任命就在南书房"入直"二十八天，是"临时性"的帮忙还是"实习性"的，不得而知。但从此段叙述中可以看出两点：第一，从此时起，康熙帝便已作出了命他正式入值南书房的决定；第二，入值南书房，整日与皇帝"从容于文章翰墨之娱"，对一位大臣来说，是"蒙恩宠而被清光"的大事，所以陈廷敬才高兴地喊出："遭逢此时，呜呼盛已！"自此之后，陈廷敬除因丁忧在籍及个别年份外，每年都在南书房入值。特别是在张英致仕之后，他便奉命接替张英为南书房总督。可见，陈廷敬从任翰林院掌院学士之后，便成了康熙帝与之朝夕相处，十分倚重的大臣之一。

这一年，陈廷敬还被任命为纂修《皇舆表》的总裁官。

正当陈廷敬平步青云之际，他的母亲张氏不幸于康熙十七年年底因病逝世。次年正月，他怀着万分的悲痛，再次返回了阔别多年的故乡山西，为母亲丁忧守制。这对他的仕途发展难免有所影响。

从政兼治学之路

陈廷敬自考中进士并被选为庶吉士后，便走上了做官兼治学的道路。从顺治十五年（1658）年选为庶吉士起，到康熙二十年（1681）重任翰林院掌院学士，前后经历二十几年的时间，他不仅成为了政治家，而且也成为了当时在学术领域造诣很深的文学

---

① 《午亭文编》卷38，页5~6。

家、经学家。

就清代一般官吏的表现看，一旦进入仕途，多是绞尽脑汁，逢迎媚上，以求升官发财。而陈廷敬为什么进入仕途又再花力气致力于学问呢？究其原因，他的同僚、大学士李光地在《说岩陈公墓志铭》中是这样说的：

> 公生有异秉，九岁尝赋牡丹，有"要使物皆春"之句，闻者已惊其度。博涉经史，爱河津薛文清《读书录》，所得尤多。工书，善吟，篇翰流传，人皆宝贵。当在史馆，前后辈皆名士，公与驰骋上下，相顾推谢。仕宦五十余年，不离文字之职。迴翔馆阁，出入台省，皆带经筵内直。①

李光地这段话，大致有下列几层意思：其一，是说陈廷敬自幼就有作诗、治学的天赋。其二，是说他受明初学者薛瑄的影响。这一点确实是如此。因为不仅李光地是这样讲的，陈廷敬自己是这样讲的，很多熟悉他的人也是这样说的。例如，姜宸英在他写的《大司农陈公寿宴序》中评述说："公自志学，即以圣贤自期，得心法于其乡薛文清公《读书录》。"②林佶也说他"作为诗古文词，其标准一以河津为的"③。可见，陈廷敬走上治学的道路是与他少年时就读了薛瑄的著作分不开的。其三，是说他在

---

① 雍正《山西通志》卷200，页53~54。
② 姜宸英：《湛园集》卷2，《大司农陈公寿宴序》。
③《午亭文编》原序。

庶吉士学习期间，所接触的人都是学问渊博的"名士"，他们之间经常在一起切磋学问，相互影响。其四，是说他为官的大部分时间都"不离文字"。他长期在翰林院学习和任职，特别是多年充日讲起居注官，并且长期任经筵讲官和入值南书房，这些职务件件都与学问有关，治学成了他为官中的主要工作。不过，除了李光地所说的上述原因外，决定陈廷敬走上做官又治学的道路的，还有两个原因：其一，就是在本章第一节中已经谈过的，他的经学素养颇高的父亲陈昌期和他的"古文卓然成家"的堂兄陈元对他的教育和影响。其二，也是最根本的，就是他自己的人生价值取向。自幼受儒家学说的影响并以儒学作为人生行动指南的陈廷敬，与一般追求升官发财的官吏不同。在他看来，既要为官，就必须坚持"以民为本"，就必须"力行教化"，就必须"厘剔夙弊"，就必须致力于国富民强。而要达此目的，为官者必须深研经史。也就是说，他的治学就是要"探六艺之秘微"，"索乎历代盛衰之故"，以"备国家异时之实用"。

关于他一生治学的内容和过程，据他自已说：

> 吾学亦屡变也。其始学诗，当其学诗，而见天下之学无以加于诗矣；其继学文，当其学文，而见天下之学无以加于文矣；其继学道，及其学道，而见天下之学无以加于道矣。[1]

据此可知，他一生治学的内容，有诗学、文学和道学（即经

---

①《午亭文编》卷24，页4。

学）。他虽说"吾学屡变"，但综观其一生治学的过程，并非诗、文、道分阶段来研究，而是交融进行并相互影响的。据林佶说："公自言，少而学诗，壮而学文，晚而学道，殆自谦词耳。实则蕴涵于道者久。"①这话说得很对。陈廷敬的学问不仅涉及诗、文、道，而且以经学（道学）为其学问的根本，不论其诗或其文，都是"蕴涵于"经学之中的。

在陈廷敬的治学史上，考中进士后在庶常馆学习的三年和授检讨后回家居住的三年，是一个很关键的时期。在这六年中，他不仅打下了坚实的治学基础，而且对诗、文、经三方面的研究都有初步的成果。

在一些清代的著述中，谈及庶常馆的学习，给人的印象只不过是只学诗赋之类，学习的要求也不很严格。其实不然。根据近年来发现的顺治朝《庶吉士进学条规》，庶常馆既有平时授课，即"简命教习，凡有训诲，满汉诸士必恭敬受听"，又须定时完成作业，"每月作课四篇，文二，诗二"，必须"清晨入馆，申时乃散"，又不能迟到早退，还要"每月赴内院考试"，以便定期考核，而且有时皇帝要亲自主考。在馆内任教的教习，也称馆师，都是由皇帝任命。顺治时的教习一职，多是简派学识渊博的翰林院学士以及掌院学士充任。至于庶吉士们要学习的内容，《庶吉士进学条规》第一条就规定：

> 圣贤之道具在六经。旧例诸士入馆后，本经之外别治一经，必须熟读背诵，与同经者讲究，务求实有心

①《午亭山人第二集》序。

得。俟一经既明，乃再治一经。期以三年，五经皆遍。
外加古文、唐诗，悉听馆师掣签背诵。次则观史传，考
究古今得失……①

可见，庶常馆内以经学作为主课，外加文史等，只学些诗赋
之类的说法是不正确的。

从上述种种规定和学习内容看，庶常馆与一般的书院似乎无
大差别，甚至比一般书院还要健全。因此，近年来学术界有人认
为庶吉士之设，是清代科举制度的完善和延续，"完全可以将其
看作是中国自己的研究生制度"②。这种见解是有道理的。这样
的学习环境，对于一心治学的陈廷敬来说，正是一个绝好的机
会，等于又读了三年的"研究生"。而在这三年中，他又是发奋
攻读，从不懈怠。就因为他学习成绩优异，不仅在散馆时考试成
绩"第一"，并且还经常受到顺治帝的"赞许"。如果说他被选为
庶吉士前多年的寒窗苦读是侧重应付考试，那么这三年的学习则
是重在研究学问。

在庶常馆学习期间，陈廷敬结识了许多学问上的好友，像他
的同年状元孙承恩、探花吴国对以及同年熊赐履、李天馥等。这
些人都有渊博的学识，如康熙亲政不久就升为大学士的熊赐履，
在经学的研究上就很有心得。陈廷敬与他们长期相处，共同切磋
学问，从中受益颇多。不仅如此，陈廷敬还经常于学习之暇，与
京城的著名诗人们聚会。据陈廷敬自己的回忆："顺治中，廷敬

①邸永君：《清代翰林制度》。
②邸永君：《清代翰林制度》。

在翰林。大宗伯端毅公龚公（龚鼎孳，作者）以能诗接后进。先生（汪琬，作者）与今宰相李公天馥、今户部侍郎新城王公士祯、吏部郎中颍州刘公体仁、监察御史董公文骥及海内名能诗之士先后来会顾。予亦以诗受知龚公，日与诸子相见于词场。"廷敬其中提到的王士祯、汪琬的诗作早已享有盛名，而龚鼎孳也是与吴伟业、钱谦益并称为"江左三大家"的诗人。陈廷敬"日与"这些人在词场相见，唱和诗词，切磋文章，自然会极大地帮助自己提高学问。

应该着重指出的是，能与上述诸人经常在一起唱和诗文、研讨学问，说明陈廷敬的诗作这时已经达到相当高的水平。就在上述聚会中，陈廷敬就"以诗受知龚公"。汪琬初见到他的诗："大惊，语新城（王士祯，作者）曰：'此公异人也。'"[1]一个青年诗人，能受到这些著名诗人的欣赏，说明青年的陈廷敬已经进入了诗学大家之列，他的作品也从这一时期开始刊刻。据记载："《参野诗选》五卷，清泽州陈廷敬撰，无刻书年月，约康熙间刊。此为编年诗，起戊戌（顺治十五年）止壬寅（康熙元年）。"[2]这应该是陈廷敬的第一本诗集，而其中收入的都是他在庶常馆学习期间及前后一两年的作品，这也充分说明了他在庶常馆学习期间诗学创作上的成就。

庶常馆"散馆"后，陈廷敬授职内秘书院检讨，次年（康熙元年），他便请假回籍，共在家中住了三年。与在庶常馆学习一样，陈廷敬在家的三年，又是刻苦研究和写作的三年。他努力创

---

① 《午亭文编》卷44，《翰林编修汪钝翁墓志铭》。
② 孙殿起：《贩书偶记续编》卷14，上海古籍出版社1980年版。

作诗篇，三年中写古体诗、近体诗近百首。更为重要的是，他在家中更加用功研究薛瑄的理学。据《午亭山人年谱》载："（陈廷敬）康熙元年，请假回籍，得河津薛文清公之书，专心洛闽之学。"研究薛瑄既是他幼年的素愿，且有了在庶常馆学习经学的基础，所以陈廷敬在研究上很容易取得成果。从其内容及一些有关资料看，陈廷敬的《困学绪言若干则》、《蓍卦赋》、《河图洛书赋》、《伏羲先天策数本河图中五解》等研究经学的作品，可能在此时就已成稿，或者是这时有了初稿后来又修改而成的。

总之，从入选庶吉士到康熙三年的六年，在陈廷敬的治学史上，是非常重要的六年。这六年不仅使他打下了治学的坚实基础，而且有了很多的研究成果。从此之后，即从康熙四年复任检讨，中经两任翰林院掌院学士，到康熙二十年左右，仍然是陈廷敬的学问继续增长的时期。这是因为：第一，这些年中他主要在翰林院任职，而翰林主要是"文字之职"。第二，从康熙十七年开始，他又回家守母孝三年。经过一年的悲痛之后，他于第二、第三年便全力投入了写作和学问的研究之中。第三，京城是著名诗人聚集之地，陈廷敬有机会和他们切磋、交流，有助于他写作水平的提高与学问的进益。

他从康熙十一年起就任日讲起居注官，十五年充任经筵讲官，十六年正式给康熙帝进讲，先后给康熙帝进讲过《通鉴》、《孟子》、《尚书》、《易经》等书，还编写过《日讲四书解义》、《日讲书经解义》和《日讲易经解义》等书（共六十万字）。进讲这些书籍和编写、整理这些"解义"，都是他在对经学深入研究的基础上进行的。因为向皇帝讲解，既要解释经学之微言大义，又要阐述自己的独立见解并联系实际，"发明圣经贤传之旨，垂示来兹，用资治理"①，使得皇帝能从其中找到治国之策。应该说，他所讲的内容，其中很多是他自己研究的成果，从一定意义上说，进讲活动对讲官们来说就是研究活动。从陈廷敬进讲的内容和各种"解义"中，完全可以找到他在经学研究上的学术成就。

关于诗的创作，这时的陈廷敬已开始进入创作的旺盛期。他于康熙四年假满返京后不久，就与在京的一些著名诗人频繁接触。据《午亭山人年谱》记载："是年，龚芝麓尚书约山人汪苕文（琬）、程周量（可则）、刘公（体仁）、叶子吉（方蔼）、梁曰缉（熙）、董玉虬（文骥）、王子底（士禄）、王贻上（士祯）、李湘北（天馥）海内诸名公为文社。"王士祯也曾说："（康熙五六年间）予在京师，与先生及说岩、公勇、苕文、曰缉诸子为文酒会。"②因为从康熙四年到十一二年期间，陈廷敬主要是任翰林院的检讨、侍读、侍讲、侍讲学士等职，职务比较清闲，这就给他提供了较充裕的创作时间，所以写的诗较多，而且还刊刻成书。康熙十年，由王士祯荟萃的《八家诗选》问世，其中包括了陈廷敬的《说岩诗选》（收诗二百一十四首）。据此八家之一的施闰章写的《翰林院侍讲学士曹公顾庵墓志铭》说："初，君客都下，余以事适至，与沈（荃）、宋（琬）、王（士禄）、陈（廷敬）诸公为文字甚欢。君会必有诗，诗必数首。新城王侍读士祯

①《康熙起居注》，页343。
②王士祯：《带经堂集》卷65，页9。

于时荟萃为八家诗，刻之吴中。"①仍然在这一年，继《说岩诗选》刊刻之后，由魏宪选编的《百名家诗选》也刊刻印行。该书的第十六卷是陈廷敬的诗选。魏宪在该卷的小引中评陈廷敬的诗说："余读学士陈说岩先生诗，有情矣而词敷焉，有力矣而神存焉。"②康熙十四年陈廷敬升为詹事府詹事后，第二年就奉命前往辽东祭北镇，"凡所历塞上名山大川，攒崖峭壁，飞涛怒壑，与夫时序之流连，人物之遗迹，悉举发之于诗。"归后编成《北镇集》（又称《奉使集》）刊刻面世。此时的陈廷敬已经成了官居三品的太子府长官，不少人包括大学士李霨、徐乾学在内都为《北镇集》写了序，既评其人又高度评价其诗，说其诗"声雄而壮，其词博而丽，其格高而古"。

除了研究经学的成果和诗作之外，自选入庶吉士后，陈廷敬还写了不少的论文和散文，如《论武将须重文》、《古不修墓辩》、《射虎记》，等等。总之，陈廷敬到了四十多岁时，其学问随着官品的高升而增加，正如缪彤在《北镇集序》中对陈廷敬所评述的："自先生少入翰苑，历官侍从二十年矣，博综古今，著书数十种，究心于理学经济，而散华落藻，杰然争雄于长沙北地之间，是集其一斑乎！"③

初任左都御史和各部尚书

陈廷敬是有名的孝子，在籍丁母忧期间，曾在墓地筑屋，曰

①蒋寅：《王渔洋事迹征略》，人民文学出版社2001年版，页176。
②《百名家诗选》卷16，见《四库全书存目丛书》册397，页155。
③缪彤：《北镇集序》，见《四库全书存目丛书补编》册78，页458。

"陟岵楼"，长时间住在那里，专心为其母守制。很长时间之后，他才恢复作诗，写些杂文，有时还走亲访友。

关于他在这期间的走亲访友，一贯谨慎行事的陈廷敬，以自己已是朝内大员，皇帝近臣，为避免嫌疑，一直是"不敢以一字通官府，犯《礼经》不语之戒"。但由于他非常关心家乡的教育情况，当他看到泽州地区教育腐败衰落时，十分痛心，便分别写信给省提学、本地学官以及里中乡绅，希望上下一心，力挽颓风，改变现状。他在《与刘提学书》中，首先指出了泽州地区教育衰落的现状：

当泽州盛时，州试童子可二千人，上之学使者千有余人。州所隶县如阳城，试童子发可千余人，州再试之，上之学使者亦六七百人。其三县高平、陵川、沁水，悉号为最盛。今泽州应童子试者，不过二百人，阳城四十五人。阳城如此，三县可知矣。一州如此，天下可知矣。学校者，人材之薮渊。人材者，国家之桢干。而一旦衰落至此，是可叹也！

接着，他又分析教育衰落的原因，说：

凡若此者，其患始于进额之太少，其弊成于请托货赂之公行。今进学额数人耳，而贵富有力之家辄攘之以去，单寒之子淹抑坐叹，……司文者既不以教养为心，又从而摧辱之、剥削之，其谓之保等者，取其资，保其不出三等者也。又最甚者，其始故置劣等，扬言于外，不肖州县学官为之通关说，贿而后置之三等，谓之拔等。前此诸公，多有行之者。

这里，他毫不掩饰地揭露存在于当地教育中的种种贪贿之风，并直接指出"前此诸公，多有行之者"，这就接近于对有关此事的贪腐官吏指名道姓了。最后，他要求刘提学"大破情面，力革陋规"，对"前项旧弊，痛加扫除"①。

为了答谢来吊母丧，也是为了向前辈学习，他专程去高平拜会了致仕为农的毕振姬。毕振姬，字亮四，高平人，顺治进士，官至湖北布政使。著有《四州文献》、《西北文集》等。他既是一位学识渊博的学者，又是一位"耕以养亲"，"及仕则以廉能闻于天下"的清官，早就深得陈廷敬所敬仰。这次见面之后，廷敬见其家"蓬蘖满门径，牛栏鸡塒，杂置堂下。堂中则处其所自饲蚕"，完全是一个农家的景象，并且"所守甚危苦"，可"与农家最下者比"。但是，与一般农民不同的是，其"家独多藏书。胜国君臣事迹，典故文字，关史家者尤多，其他书皆世所不常见"。毕先生热情接待了陈廷敬，虽"酌"之"流泉"，"饭"之"脱粟"，却是盛情充溢，令陈廷敬深为感动，分别时还将他"辑录明以来制科之文数百篇"赠送给陈廷敬。据陈廷敬自己说：这些文章都是毕亮四亲"手自抄写，旁诂加注，细书如茧丝牛毛。……可以系之国籍，属之史乘，皆所谓世不常见者"。陈廷敬自见到毕亮四后，对他更加崇敬，归后便写了《毕亮四论订历

---

① 《午亭文编》卷39，《与刘提学书》。

科经义序》，以补其"老而无传"。后来，陈廷敬又写信给毕亮四，再次表示对他的敬仰之情。①

康熙二十年八月，陈廷敬在家守制期满，便离开家乡，于十一月下旬回到北京。康熙帝见丁忧三年的陈廷敬期满回朝，非常高兴，不仅派张英、高士奇予以慰问，而且在不到两个月的时间内便恢复了他丁忧前的全部官职，即翰林院掌院学士兼礼部侍郎、日讲起居注官和经筵讲官。不久，又封赠他为通议大夫。陈廷敬回到北京恢复原官之际，清军在云南大捷，即经过八年的平定三藩战争取得了最后胜利。因此，这年年底，举朝上下都沉浸在欢庆中。恢复原官后的陈廷敬更是抑制不住内心的喜悦，曾连写《滇南大捷》诗十首，以资庆祝。三藩平定后，清王朝统治得以进一步巩固，并致力于新的发展。正在用人之际，康熙帝对陈廷敬更加信任和器重。②从此开始，陈廷敬的仕途生涯也开始进入了一个新的阶段。

康熙二十一年（1682），陈廷敬仍任翰林院掌院学士、日讲起居注官、经筵讲官。此外，这年会试，他充任了会试副考官。早经开始而多有延误的《明史》编纂工作又开始进行，他又被任命为总裁官。这一年，陈廷敬最主要的工作则是给皇帝进讲——达五十多次。到了康熙二十二年四月（1683年5月），除了继续给皇帝进讲之外，他被任命为礼部右侍郎，"寻，转左"。清朝规定，学士迁任他官就不再担任编纂工作的总裁官，但"太宗、世祖圣训总裁缺，复以命廷敬。学士迁它（他）官仍典书局，自

① 《午亭文编》卷37，《毕亮四论订历科经义序》。
② 雍正《山西通志》卷122，页63。

廷敬始"。从此开始，陈廷敬的职务从翰林院转向了都察院和各部，官品也提升为正二品。康熙二十三年正月（1684年3月），清廷又调陈廷敬为吏部左侍郎管右侍郎事。两个月后，康熙帝又给了他一个临时任务，即以他为首，同兵部侍郎阿兰泰、刑部侍郎佛伦、都察院左副都御史马世济一起管理钱法。

　　钱法，本应由户部和工部的专管机构——钱法堂管理，为什么康熙帝又组织一个实际是由陈廷敬率领的临时性的"工作组"去管理呢？这是因为平定三藩之后，全国转入恢复和发展时期，货币需要量增大，但却出现了铜钱短缺、钱价太贵的现象，对社会影响很大。为此，康熙帝曾三令五申命有关部门设法改变现状，但均无效果，最后不得不采取特殊措施，选派他所信任又有能力的人对钱法予以彻底整顿。陈廷敬在整顿钱法中，先从铸钱局的铸钱入手。他亲自监督，清除铸钱局铸钱过程中的浮收、冒领等积弊，消减了铜耗量，节省了工料。整顿的结果是，仅宝泉局一个铸钱局，每年就"节省铜八万零七百六十九斤四两有奇，添铸九千二百三十串零七百六十九文有奇"①。在整顿铸钱的同时，他又对造成钱贵银贱的原因进行了调查，然后给皇帝上《制钱销毁滋弊疏》，其中说：

　　　　今日民间所不便者，莫过于钱价甚贵。定制每钱一
　　千，值银一两。今则每银一两，仅得钱八九百文，其故
　　由于制钱之少。……今乃日少而贵者，盖因奸究不法，
　　毁钱作铜，以牟厚利之所致耳。……铜价既贵，奸人争

①《尊闻堂集钞》卷43，《为清理钱法事疏》。

毁制钱以为射利之捷径，鼓铸之数有限，销毁之途无穷，安得不日少而日贵乎？①

制钱日少的原因既然是"奸宄不法"之徒毁钱为铜，而当时之律令对毁钱者的惩罚已经很重，但因厚利之所在，并不能禁止。所以，陈廷敬又提出了两项至关重要的措施：其一是减轻铜钱的重量；其二是允许百姓开采铜矿。他说：

> 顺治十年因钱贱壅滞，改旧重一钱者为一钱二分五厘，十七年又增为一钱四分，所以杜私铸也。今私铸自如，应改重为轻，则毁钱不禁自绝。产铜之地，宜停收税，听民开采，则铜日多，钱价益平。②

康熙帝接到他的上述意见之后，便"疏下部议行"③。当年九月，中央官员议复陈廷敬的上疏，认为减轻制钱重量，使得"毁钱为铜既无厚利，则毁钱之弊自绝"。对于铜矿，此后应停其收税，"任民开采，则铜日多而价自平"④。关于改铸轻钱问题，自康熙十九年以来清朝内部就进行争论，由于陈廷敬的积极倡导，问题终于暂时得到解决；便利民间开采铜铅等矿问题，清朝也制定了八分听民发卖，二分纳官的具体政策。

陈廷敬管理钱法不到半年时间，即康熙二十三年九月初九

①《午亭文编》卷30，《制钱销毁滋弊疏》。
②《清史稿·陈廷敬传》。
③《清史稿·陈廷敬传》。
④《圣祖实录》[二]卷117，页213。

日，就被提升为都察院左都御史。当日，"吏部题补左都御史余国柱升任员缺，开列吏部侍郎陈廷敬等。上曰：'陈廷敬甚优，着题补左都御史。'"①都察院是监察机关，专司国家风纪。凡政事得失，职官邪正，有关国计民生利害，由该院上报皇帝及时纠正。重大刑事案件，刑部需会同都察院、大理寺公审定案。该院由左都御史（满汉各一人）执掌，其官品与六部尚书同级，为正二品。陈廷敬任左都御史后，至康熙二十五年四月前，仍兼管钱法。为继续整顿钱法风纪，他上任后不久，便连续上《钱法堂榷关监督札》，以偕同有关钱法官员一起立誓，要求有关包揽办铜人员，力戒一切陋规。他说："嗣后有包揽办铜人役，仍不悛改，欺索关差，该监督既已深信本院本部弊绝风清，言行如一，即时连人呈报，以便究拟。"②值得特别提出的是，陈廷敬在整顿钱法中，不仅态度严谨，措施适当，而且以自己的廉洁作风影响有关人员。在撰《钱法堂榷关监督札》的同时，他又写了《二钱说》一文。其中写道：

　　监督从废铜中得古钱数枚，余选其一文曰半两，盖秦钱也。监督曰："人言古钱佩之身吉，请公佩之。"余许诺。又数月，余迁左都御史。……局人以铸钱请余视缮，解钱散脱，乱布于席。视毕，局人去，席上隐其一钱。又月余，余晨起理宝泉（局）事，心有触曰："吾誓不受一钱，前后取其二，其何以自明。"立命呼宝泉局

①《康熙起居注》，页1225。
②《尊闻堂集钞》卷79，《钱法堂榷关监督札》。

吏，喻之意而还之。吏叹息持以去。……书其事以自
警，名曰"二钱说"云。①

他身居二品大员，竟然对两枚制钱这样重视，并且写了文章"以
自警"，真正做到了"处脂不染，清操肃然"②。

因为都察院专司国家风纪，所以陈廷敬在任左都御史共两年
半的时间内，除了兼管钱法之外，基于他的利民、便民思想，在
有关提倡廉政、整顿官风等方面，曾向皇帝提出了一系列的建
言。他在社会治安方面，也提出了许多整顿措施。康熙二十四年
正月，陈廷敬上《劝廉祛弊详议定制疏》，提出："贪廉者，治
理之大关；奢俭者，治理之根柢。欲教以廉，当先使俭。"③故建
议皇帝从衣冠、舆马、服饰、用具、婚丧之礼等各方面入手，整
顿官吏奢华积习，培养其勤俭之风。为了"振兴吏治"，"官奉
其职"，同日，他又上《请严考试亲民之官以收吏治实效疏》。该
疏主要陈述一些知府、知州、知县，来自捐纳，从未经过考试，
多是不通文墨之人，故凡文移、簿书、讼诉等事，都只好"假手
胥吏"，自己不能亲自处理。在陈廷敬看来，"自古未有不晓文
义之人可以为民父母者也"，故建议："有未经考试遂行捐纳
者，于选除之时仍行考试，文义略晓者即与录用，否则且令肄
业，听其再试。"④对于陈廷敬的这一主张，吏部部议结果，认为

---

① 《午亭文编》卷40，《二钱说》。
② 陈康祺：《郎潜纪闻》四笔，卷6，中华书局1984年版，页91。
③ 《午亭文编》卷30，《劝廉祛弊详议定制疏》。
④ 《午亭文编》卷30，《请严考试亲民之官以收吏治实效疏》。

"以前补用人员，从未考试，应不准行"。但是，康熙帝却不以吏部意见为然，上谕："临民之官若不识字义，何以办理民事而尽职掌？此事着依议。不分捐纳与不捐纳，凡临民之官内，有不识字义者，着该督抚不时实心察参休致。"①在这一年的九月，陈廷敬又连上三疏。其第一疏曰《请严督抚之责成疏》。他在这一奏疏中提出了当时清朝吏治中的一个更重要的问题，即如何加强地方总督、巡抚的责任问题。他认为："今天下之事，系于督抚，督抚之责，在察吏安民。"正因为如此，所以"方今要务，在于督抚得人"，督抚的人选是否优良恰当，才是治理天下最重要的问题。陈廷敬认为，督抚要完成自己察吏安民的任务，首先自身要廉。只有"上官廉，则吏自不敢为贪；上官不廉，则吏虽欲为廉而不可得。……为督抚者，既不以利欲动其心，然后能正身董吏"，所以他在此疏中最后要求："皇上之考察督抚，则以洁己教吏，吏得一心养民、教民为称职，否则罢黜治罪。"②其第二疏名《请议水旱疏》，主要是参奏户部对山东济宁等三县所报水灾，办理拖沓，以致延误了皇帝豁免钱粮时间，使得当地百姓蒙受损失。其第三疏名《抚臣亏饷负国据实纠参疏》，内容是参劾云南巡抚王继文，揭发他趁云南结束用兵之际，"亏损国课几至百万之多"，并有"侵没饷银已九十余万两"之嫌，请皇帝"敕部检查"。③由于王继文被弹劾，并被罢官，这对整肃吏治产生了良好的效果，"由是风纪整肃，中外大小吏莫不动神惶

---

① 《康熙起居注》，页1284。
② 《午亭文编》卷31，《请严督抚之责成疏》。
③ 《午亭文编》卷31，《抚臣亏饷负国据实纠参疏》。

恐"。①陈廷敬的以上奏疏，对严肃朝廷法纪、振兴吏治起了很重要的作用，是他对康乾盛世所作贡献的重要部分。

康熙二十三年以来，京畿重地"盗窃公行，居民不得安静"。陈廷敬就任左都御史后便设法予以治理。但关于由哪一部门主管此事，朝内意见不一。于是，他上奏皇帝："盖番役在捕营，未必尽得其用，若令五城司坊兼辖，则臣等严饬，使察拿盗贼不法等事，可使人各尽力。"②最后康熙帝同意了他的意见，决定今后北京城内的缉拿盗贼事宜，由巡捕营的番役和五城御史共同辖理。此事决定之后，陈廷敬对北京城内的"地方民生利弊莫不留心访察"，访察结果，发现存在的问题很多，便亲自撰写了《严饬禁剔病民十大弊以靖地方以安民生事》作为都察院的堂示，于康熙二十四年八月予以发布。所列举的"十大弊"，既包括了盗贼、抄抢等刑事犯罪，也包括了赌博等社会不良习俗和民事纠纷；既涉及到民间犯罪，也涉及到官吏的不良官风。尤其是对有关地方官吏的种种不法行为，堂示中揭示甚详。所举十大弊中，有关衙门胥吏的就有两弊。其中"禁诬扳"一弊指出：

> 每见地方失事，番快四出辈缉。或得一盗，不问真假，先以非刑拷打，授意供扳，择人而食，谓之教点。不报真名实姓，止供外号排行。纠党行拿，排闼入户，掠其财资，辱其妻女，诬盗诬窝，蔓引株连。真盗尚无的据，平良早受奇殃。肆毒若斯，真堪发指！

①《国朝名臣言行录》卷6，《陈廷敬》。
②《康熙起居注》，页1266。

在"禁蠹役"一弊中，陈廷敬进一步指出：

> 每闻积习巨滑，必借衙门为护身符。是以别奸除恶
> 之途，反为丛奸薮恶之地。近见城营司坊等衙门，番役
> 总甲皂头人等，积年巨蠹，盘踞衙门，崔蒲贼盗依此辈
> 为泰山，蓬荜小民畏此辈如猛虎。逢时遇节，宴请馈
> 遗，则违条大事曲为庇护；微嫌小隙，不谙弥缝，则清
> 白良民诬为逃盗。凡窝盗盗线，城市多事，莫不由此辈
> 而生。①

在以上的叙述中，陈廷敬把一些有关缉盗的衙门和人员的诬
良民为盗、严刑逼供、任意株连、趁机强掠、通盗窝盗的种种不
法行为，揭示得非常彻底，从而抓住了北京城内盗贼横行的根本
原因。揭示这些弊端，是陈廷敬认真、仔细调查的结果，是他一
贯为民求利的思想和求实的作风之具体体现。

陈廷敬在任左都御史的同时，还兼任着《圣训》、《政治典
训》、《平定三逆方略》、《皇舆表》、《明史》的总裁官。到康
熙二十五年三月，皇帝命纂修《大清一统志》（简称《一统
志》），命大学士勒德洪、明珠等和陈廷敬为纂修总裁官。关于
《一统志》馆务，大学士明珠奏曰："此内专委何人？"康熙帝
说："着陈廷敬、徐乾学专理。"②这样一来，陈廷敬的政务已经

---

① 《尊闻堂集钞》卷79，《严饬禁剔病民十大弊以靖地方以安民生
事》。

② 《康熙起居注》，页1426。

很忙，而指导编纂的书籍又是多种，其负担之重可以想见。尽管如此，和他处理政务时事必亲躬一样，对待编纂工作，他也多是亲自钻研，和撰稿人员反复研讨和校对。例如，在编纂《一统志》时，他写了《与徐少宗伯论〈一统志〉书》，不仅对许多地区、地名等问题，亲自作了详尽的考证，并对史、志的异同问题作了精辟的论述，对我国的方志学作出了重要贡献。

康熙二十五年九月，任都察院左都御史已两年半的陈廷敬，又蒙频繁的升迁。先迁工部尚书，四个月后，即康熙二十六年二月，又调户部尚书。当年九月，任户部尚书仅七个月的陈廷敬又调任吏部尚书。各部尚书，就官阶来讲都是平级，但其实际地位却是有所不同。工部主管土木兴建工程、水利工程和各项器物制造工程。户部，唐以前称"大司徒"或"大司农"，唐以降称户部。该部下辖十四个清吏司，职掌和管理全国疆土、田亩和户口、财谷、税务之政令，事关国家的财政和土地，是清代六部中的第二部，其地位要比工部重要得多。吏部，古代称"天官"、"冢宰"，魏晋以后称吏部。该部掌管全国文职官员的任免政令，规定内外各衙门文职官员名额，稽考官员的功过以定其升降、赏罚。因为吏部是管理官员的人事部门，所以是清朝六部中的第一部。在一般人的心目中，其重要性远远高于其他五部。可见，从陈廷敬充任工部尚书起，康熙帝对他越来越器重，他的政治地位也越来越高。诚如姜宸英在《寿冢宰陈公五十序》（康熙二十六年陈廷敬五十岁，作者）中所说："公今为尚书吏部，稽之于古，则天官冢宰职也，足以进退百僚。"[1]

————————————

[1]姜宸英：《湛园集》卷2，《寿冢宰陈公五十序》。

在工、户、吏部尚书任上，陈廷敬仍然和以前一样，政治清廉，工作务实。他任户部尚书后，曾两次发布《户部堂谕》。在堂谕中，他先与部下建立相互间的信任。其中说："每念与诸司共事，贵相信以心，心相信则言易感人。"在相互信任的基础上，他"与诸司约"，对于户部的"奏销、考核、赍奏、驳察、地丁、兵马、漕项、监法等项钱粮事务"，一定要"无私欲"，而且还要"业精于勤"。然后他以"正己以勉诸司"，要求"诸司正己以勉诸吏。其有不率者，刑章具存。或有打点官吏，假借名目作为奸弊，恣意招摇，……立时参奏"。最后他宣布："如本部堂常随家人、班皂人等，或有交通书吏人等，作为奸弊者，仰诸司一并不时采察申究。"①堂谕，是部门的主要官员针对本部门的问题发布告示，特别是初上任的官员，到任不久多会以发布堂谕的方式，表明态度。大部分官吏的堂谕，多是官样文章，不触及实际问题。而他所写的堂谕，与一般官吏所写的堂谕不同，不仅务实而且以身作则，并对部下以诚相待。

清朝的政权是一个庞杂的官僚机构，其内外各部、省的各级官吏不仅人数众多而且复杂。在对这些官吏的管理中，当时存在着不少问题。陈廷敬任吏部尚书之后，立即以务实的态度对各类问题进行了详细考察，并结合自己平日的了解，于十一月末写了《为题明事疏》上奏皇帝。该疏主要针对内外各级、各类情况的官吏补缺问题，指出其中存在的弊病并提出改进的意见。另外，他还对举人的裁取问题，"边俸"省份的确定问题，官吏完结钱粮"混行造册"的处分和重犯逃脱后有关官、差的处分问题等，

①《尊闻堂集钞》卷79，《户部堂谕》。

也都提出改革意见。该疏列举事项达十六项之多，有的问题存在死角，很不易发现；有的问题的存在虽然很不合理，但却习以为常。这些，都被陈廷敬挖掘出来，这对改善当时清朝的吏治起了很重要的作用。

张汧案的影响

陈廷敬为官一生，一贯廉洁奉公，小心谨慎。尽管如此，他于康熙二十七年仍然被卷入宦海的漩涡之中。这个官场上的漩涡就是陈廷敬的姻戚、湖广巡抚张汧的贪腐案。

张汧，号壶阳，字蕙峰。山西高平人。顺治三年进士，选内翰林院庶吉士，"散馆"后历任礼部主事、员外郎、江西督粮参议，后升福建布政使。陈廷敬的二女嫁给了张汧之子。康熙二十五年十二月，湖广巡抚员缺，康熙帝经过考查，命张汧充任之。未料，张汧到任后，却贪黩无状、任意搜刮，曾乘荆南道祖泽深有贪污之嫌，向祖敲诈，"索银一万两"。祖泽深凭借自己是大学士明珠、余国柱私党，拒绝付钱。张汧怀恨，便揭发了祖泽深贪污问题。祖泽深予以报复，也揭露张汧任福建布政使时，曾亏空藩库银并贪污盐商之银。康熙帝"命色楞额往谳上荆南道祖泽深婪赃各款，并察张汧有无秽迹"，色楞额却"悉为庇隐"①，但事情并未结束。据《康熙起居注》载：康熙二十六年十二月十八日，康熙帝在乾清宫听政，山西道御史陈紫芝参奏：

---

① 《清史稿·徐乾学传》。

"湖广巡抚张汧居官贪劣，应敕部严处，以为贪官之戒。其保举张汧之员亦应一并察议。"……上问曰："张汧居官何如？"吏部尚书陈廷敬奏曰："张汧系臣同乡亲戚，性行向来乖戾。"刑部尚书张玉书奏曰："张汧任事未久，名声甚是贪劣。"左都御史徐乾学奏曰："张汧五月到任，中更文武科场，视事未久，秽声遂已流布，此岂可久居民上？"……上曰："似此贪恶，岂可一日姑容民上？科、道职司耳目，今陈紫芝据实参奏，甚为可嘉。"……尚书科尔坤、佛伦等奏曰："祖泽深口供内巡抚张汧向彼索银一万两，未曾给与（予），故行题参。色冷格（即色楞额，作者注）等将此等情由不行审明，应交该部一并议处。"上曰："张汧、章钦文（河南巡抚，作者注）贪劣之状，天下人共知，若不严加处分，贪官何所惩戒？色冷格等不从公审理，瞻徇情面，殊为可恶！若不一并议罪，恶人愈无忌惮矣！张汧情罪著直隶巡抚于成龙、山西巡抚马奇、副都御史凯（开）音布驰驿速往，再行详审。"①

另查《圣祖实录》，亦有相似的记载：

山西道御史陈紫芝疏参湖广巡抚张汧莅任未久，黩货多端，凡所属地方盐引、钱局、船埠等，无不搜括，甚至汉口市肆招牌亦按数派钱，当日保举之人必有贿嘱

①《康熙起居注》，页1690~1692。

情弊，请一并敕部议处。①

上述记载是张汧的贪污被揭露以及康熙帝决定派员审查的经过。从这些情况看，陈廷敬虽与张汧有姻亲关系，但张汧的犯案与陈廷敬并无任何牵连。但在于成龙审张汧后，张汧的供词中却有两处牵连了陈廷敬。其一："张汧事发，遣于成龙出往审，……张汧遂发高淡人（士奇）、徐东海（乾学）、陈泽州之私，曰：予已老，为布政（使）足矣，岂敢妄意巡抚，无奈诸公督促之，……"②意思是他本来无意争任湖广巡抚，而是受高士奇、徐乾学、陈廷敬三人"督促"而为之的，并交出他们三人给他的信。其二：据《清史列传》载："法司逮问贪黩劾罢之湖广巡抚张汧，因汧未劾时曾遣人赍银赴京，诘其行贿何人，初以分馈甚众，不能悉数。既而抵出尚书徐乾学、少詹事高士奇及廷敬，……"③意思是张汧供称他曾派人到京行贿给徐、高及廷敬三人。因为陈廷敬是康熙帝的近臣而且刚刚升任吏部尚书，在张汧的供认下，一时间便引起朝内众说纷纭。有的官员从不同的动机出发，向皇帝上奏，乘机弹劾陈廷敬。例如，时任刑部尚书的张玉书，虽然一向谨小慎微，这时"亦呼其门人在台中者，劾张汧有亲戚在京为之营办，宜穷治"。而与陈廷敬同入值南书房的徐乾学也"贿上左右为上言，张汧用银，又有送银子者，陈廷敬

---

①《圣祖实录》［二］卷132，页423。

②李光地：《榕村语录续集》卷14，页6。

③《清史列传》卷9，《陈廷敬传》。

也。收银子者高士奇也，于徐乾学实无涉。"①这样一来，陈廷敬"亦大受其伤矣"②，甚至因此而"神志摧沮，事多健忘，奏对之顷，失其常度"③，并请求辞官回籍。

按照一般情况，陈廷敬有罪无罪，再经过审查，自然会水落石出。然而，据《清史列传·陈廷敬传》记载："曾奉谕：此案若严审，牵连人多，就已经审实者即可完结。于是置弗问。"④《康熙起居注》载其详细情况是：康熙帝于康熙二十七年四月二十七日（5月26日）召见审张汧案的于成龙，谕曰："尔等往审此事，须就款鞫问，不可蔓延，若蔓延，则牵累多矣。倘有别事，尔等记来密奏。后伊等回时，可将张汧举首书札及口供密奏。不欲此事蔓延者，诚恐牵累众人。"⑤另据李光地说："皇上送太皇太后灵，在路上，于振甲已为诸公所中，皇上时时叫去，在宫门上骂，说他们几个同我读书的人（指徐乾学、高士奇、陈廷敬等，作者注），你必定都要弄去了，为什么呢？……又叫于振甲到宫门说，我左右动得笔的，是徐乾学、陈廷敬、李光地、张英、叶方蔼这几个人……"⑥于是，张汧案的最后处理结果是：张汧、祖泽深皆定为贪官而治罪，被牵连的徐乾学、高士奇和陈廷敬皆原官解任，仍留京管理修书事务。

事情是非常清楚的。在此案牵连到徐、高和陈廷敬之后，康

①李光地：《榕村语录续集》卷14，页4。
②李光地：《榕村语录续集》卷14，页6。
③《午亭文编》卷31，《俯沥恩诚祈准回籍以安愚分疏》。
④《清史列传》卷9，《陈廷敬传》。
⑤《康熙起居注》，页1768。
⑥李光地：《榕树语录续集》卷14，页10。

熙帝就不让于成龙等再深究此事，其目的是为了保护徐、高和陈廷敬三人。因为他们三人都入值南书房，都是康熙帝所器重和善待的人。这样一来，陈廷敬虽然没有被治罪，但是，由于案子并未审清，陈廷敬到底是否收过张汧的银子，也就未能澄清。

不过，根据当时的实际情况考查，陈廷敬肯定是无辜的。首先，张汧的出任湖广巡抚，并非像张玉书的"门人"所说是陈廷敬为之"营办"。如果是陈廷敬为之"营办"的话，以当时陈廷敬与康熙帝的密切关系，他完全可以直接向皇帝为之引荐。但是，前已述及，张汧被揭发时，康熙帝曾当面问陈廷敬："张汧居官何如？"廷敬回答说："张汧系臣同乡亲戚，性行向来乖戾。"这样的回答完全可以证明，陈廷敬对张并无好感，不可能向康熙推荐张汧，如果他曾推荐过张汧，推荐时肯定不是这样评价张汧，如果当初说了好话，与现在的回答岂非自相矛盾？从陈廷敬的为人处世和品德看，他不会这样。另外，一个重要的情况是，张汧系顺治三年的进士，进入官场比陈廷敬要早十数年，不论是阅历抑或社会关系，都比陈廷敬要深。据《清史稿·徐乾学传》载："湖广巡抚张汧亦明珠私人，……"而该书的《明珠传》中亦云："蔡毓荣、张汧皆明珠所引荐者也。……"①这些记载完全能证明张汧系明珠私党，而明珠在康熙二十六年未被罢官前，官位极高，权倾一时，而且结党营私。张汧能升任巡抚，很可能与他有关。

关于陈廷敬接受银子的问题，他自己于康熙二十七年五月，向皇帝上《俯沥恳诚祈准回籍以安愚分疏》，其中是这样说的：

---

①分见《清史稿·明珠传》和《清史稿·徐乾学传》。

臣薄劣孤生，迂拙自守，荷蒙皇上天地养育之恩，生成造就，宠禄逾涯。臣自念无他材能报塞万一，惟早夜竞竞思自淬厉，不徇亲党，不阿友朋，上恐负圣主之殊恩，下欲全微臣之小节。乃至积有疑衅，飞语中伤，如前楚抚一案者。汧虽臣戚，泾渭自分，嫌疑之际，尤臣所慎。彼既败事，遂疑及臣，积疑成恨，语涉诬染。……虽臣之心迹即此可白，而臣之自处须适所宜。惟当隐退田间，永衔恩于高厚。①

这段奏文，决非是官样文章，更非巧言搪塞，而是完全反映了陈廷敬的真实情况。因为陈廷敬已为官三十年，综观他这三十年的为官之道，主要坚持了清、慎、勤的三字方针。因此，文中完全反映了他的这种官风和思想的实际。所谓清，即清明廉洁，在管理钱法时他著的《二钱说》，就完全证明了他一向清廉自律。所谓慎，是指其一生为官谨慎小心，在为人处世上一贯"老成、宽大"②，在政治生活上，则是"慎守无过"。他的这种作风曾经受到过李光地的批评，说他是"但知趋避，自为离事自全"③。这些，正是他在这里所说的"不徇亲党，不阿友朋"的具体表现。所谓勤，是指他为官勤奋，敬业精神很强。在他为官的三十年中，康熙帝对他赏识、信任，一直予以重用。他有忠君思想，

①《午亭文编》卷31，《俯沥恳诚祈准回籍以安愚分疏》。
②姜宸英：《湛园集》卷2，《大司农陈公寿宴序》。
③李光地：《榕村语录续集》卷9，页4。

又有报恩意识，确实像他这篇奏章中所说：始终是"惟早夜竞竞思自淬厉"。不仅这三十年，其一生为官也是如此。像这样"恪慎清勤"的人，说他有贪污行为，实难令人相信。何况，在封建社会里，中国人向来重亲家关系，即使贪官也不便为自己的儿女亲家说些人情就收他的银子，陈廷敬这样的清官又怎能巧取自己儿女亲家的银两呢？由此看来，张汧之所以牵连陈廷敬，确如陈廷敬所说：因陈廷敬与张汧一向"泾渭分明"，张汧事发，便疑及廷敬，因"积疑成恨"，就"语涉连染"、"飞语中伤"。就因为陈廷敬是遭张汧的"中伤"，所以李光地非常同情他，说："泽州乃汧之亲家，泽州亦大受其伤矣。"①

李光地之所以这样说，是因为陈廷敬曾向他说明了张汧案实情。陈廷敬曾向李光地说："实在迫张汧做巡抚、要银子也是徐东海（徐乾学）。后来银子不应手，教（叫）人参他又是徐东海，始终皆渠为之。"②从徐乾学为官的表现看，陈廷敬所说确实是实际情况。因为徐乾学，包括高士奇，他们都一向结党揽权，贪污受贿。陈廷敬虽与他们的作风截然不同，但因为他们同在南书房的关系，来往也颇密切，所以对他们的表现也是知之不少的。因此，对儿女亲家张汧与他们的关系，陈廷敬也一定是清楚的。那么，既然陈廷敬知道张汧行贿和徐乾学受贿，为什么他在皇帝面前说张汧时只用含混的"乖戾"两字，并且在受到徐乾学诬告之后也不揭发呢？李光地说他"但知趋避，自为离事自全"，也很可能就是指的此类事情吧。

①李光地：《榕村语录续集》卷14，页6。
②李光地：《榕村语录续集》卷14，页4。

上述一切，就是张汧案的经过。刚任吏部尚书的陈廷敬突然遭受牵连，被迫自请解任，不仅仕途受到影响，精神上也是受到"摧沮"。康熙二十七年岁末，他曾赋《岁暮闲居二首》，其中一首写道：

> 平身寂历少清欢，又觉萧条节序阑。
> 世上宦游今已足，天涯风物几回看。
> 杏花眼孔三春热，梅子心肠隔岁酸。
> 迂叟当年思一笑，闲居洛下不休官。[①]

他的委曲、心酸情绪跃然纸上。在这样的情绪支配之下，他除每隔四天去南书房值班一天外，就是闭门修书，不多过问他事，处世也更加小心谨慎。在解职期间，他不仅写成了《杜律诗话》，并且还撰写了许多文章，如《物外楼记》、《记故太医吏目朱升事》，为赵士麟撰《金间合语》作序等。在给总督于成龙作传时，廷敬充分赞赏其作为廉吏的高风亮节，也透露了此时他洁身自好的心态。

然而，康熙帝对于闲居的陈廷敬仍然关照备至。在陈廷敬解职五个月之后，即康熙二十七年十月，康熙帝仍封他为二品官才能封赠的资政大夫。与陈廷敬同时解职留京的徐乾学和高士奇，其情况与陈廷敬却大不相同了。康熙二十八年九月，他二人前后受到弹劾，他们的贪污纳贿等种种劣迹被揭露。康熙帝虽然袒护他们，亦不得不令他二人"休致回籍"。当徐乾学离开北京时，

---

① 《午亭文编》卷14，《岁暮闲居二首》。

陈廷敬却又被重新起用。李光地描述当时的情景说："彼时陈泽州却闭门修书，忧窘异常，上亦知之。故徐健庵（徐乾学字，作者）方上通州船，而泽州已复职关矣。"①

再任左都御史和各部尚书

康熙二十九年二月二十六日，即陈廷敬因张汧案自请解任吏部尚书将近两年之后，又被重新起用，被任命为都察院左都御史。这标志着张汧案对陈廷敬的影响已经过去，其仕途又进入了一个新的阶段。

从康熙二十九年（1690）起，至康熙四十二年（1703），陈廷敬的经历和任职情况是这样的：再次任左都御史后的两个月，又再次被任命为经筵讲官。这一年的七月，即任左都御史刚刚五个月，陈廷敬就又从左都御史任上转为工部尚书。在此期间，他于康熙三十年（1691）二月，曾任会试正考官，与另一正考官大学士张玉书和副考官兵部左侍郎李光地、兵部督辅左侍郎王士祯共同主持了辛未会试。三十年六月，他又转任刑部尚书。任刑部尚书不到两个月，即康熙三十年七月二十五日，因父亲陈昌期病故于家乡，陈廷敬便又回籍守制。康熙三十三年（1694）三月，距陈廷敬守孝期满尚差半年，"户部尚书缺，所司其列常转官名，上曰：'需陈廷敬服满来。'悬缺者大半载"②。康熙三十三年十一月，陈廷敬仍在原籍未归，朝廷便发布了"以原任刑部尚

①李光地：《榕村语录续集》卷14，页12。
②《午亭山人年谱》。

书陈廷敬为户部尚书"①的任命。这一任命过程，再次表现出康熙帝对陈廷敬的特别器重。十二月中旬，陈廷敬急速赶回北京，据曾任过翰林院编修并与陈廷敬来往比较密切的姜宸英记陈廷敬与康熙帝会面时的情景说："公（陈廷敬）至，陛见，天颜欢霁，慰问宠渥。中朝士大夫皆庆君臣相得之盛，而知上之所以倚毗公者，未有涯也！"②康熙三十七年（1698）五月，陈廷敬复值南书房，次年十一月，即任户部尚书五年之后又被调任吏部尚书。值得特别提出的是，康熙四十一年三月，"桐城张文端公（张英，作者）致仕"，陈廷敬"遂总理南书房"。"自是，部务毕辄入直，以为常。"③自此之后，陈廷敬成为主管南书房的总督，进一步成为康熙帝的近臣之首，同皇帝的关系更加密切。康熙四十二年二月，廷敬再次充任会试正考官，与另一正考官熊赐履、副考官吏部右侍郎吴涵和礼部右侍郎许汝霖，共同主持了癸未会试。至此，陈廷敬已三次充任会试主考官。王士禛评论此事说："本朝惟高阳李文勤公三典会试，今孝感熊公（即熊赐履，作者）以癸丑、甲戌、丁丑、癸辰、癸未五典会试，泽州陈公以壬戌、辛未、癸未亦三典会试，可谓盛事。"④

在此期间，陈廷敬分别于康熙三十一年和三十六年，两次被封为光禄大夫。关于三十一年的封赠，据陈廷敬的墓地中康熙三十一年的诏书称："奉天承运，皇帝制曰：……尔经筵讲官刑部

①《圣祖实录》[二]卷165，页801。

②姜宸英：《湛园集》卷2，《大司农陈公寿宴序》。

③雍正《山西通志》卷200，页51；卷122，页40。

④王士禛：《香祖笔记》卷2，页6。

尚书加二级陈廷敬，秉志宽平，律躬敬慎。……兹以克襄公事，特授尔阶光禄大夫，锡之诰命。"①刑部尚书是二品官，应封资政大夫，因陈廷敬曾受加二级奖赏，故封了正一品才该封的光禄大夫。另外，皇城相府中现存的冢宰总宪牌坊上也写着："戊戌科赐进士出身，正一品光禄大夫，经筵讲官，吏、户、工、刑四部尚书，都察院掌院事左都御史陈廷敬。"②可见，陈廷敬自康熙三十一年以后任各部尚书期间，都享有正一品光禄大夫的封阶。

康熙二十九年二月再任左都御史后，陈廷敬看到言官（都察院所属之六科给事中、各道之监察御史，皆被称为言官）中有许多陋习未除，故向皇帝上《直陈言官建白疏》。疏中指出："臣思科、道之设，所以广耳目而申献纳，于人才之邪正，吏治之贪廉，事关生民利害者，必正言无隐，而后克副斯职。"③因言官的建言有关民生利害，所以言官必须克服一切陋习，做到以下几点：第一，遇有内外臣僚"果有奸贪不法"、"果有纪纲关系"者，"则当切实指陈"，不得只"毛举细故"，"欲以塞责了事"；第二，"凡有建白，不许预闻于堂官僚友"，并杜绝他人"请谒"，以防"嘱托之弊"；第三，"言官之职掌，即纪纲之攸存"，故言官"言不轻发，发而必当"；第四，有些官吏上疏进言，"冗长之词多，论事之言反少"，"章疏拉杂，闲文冗沓繁芜"，今后"进言之体，贵乎简明"。④陈廷敬这一奏疏，直陈言官积弊，一针见血。所提建议，也实事求是，再次证明他对于政

①《皇城石刻文编》，页37。
②《皇城石刻文编》，页2。
③《午亭文编》卷31，《直陈言官建白疏》。
④《午亭文编》卷31，《直陈言官建白疏》。

务一贯是认真求实的。在此疏的开头，他还这样写道："伏念风纪重任，臣若不正己率属，益加砥砺，则有负皇上简畀之意，亦非生平惓惓报主之心。"①这也再次说明他忠于康熙帝也是一贯的。康熙帝对于此奏，原则上是同意的，但也有所补充。他在接到此书之后说："设立科、道，原欲其建言也。至条奏之事，是否可行，自有裁定。若大事始言，则言官难分事之大小，以致进言者少，非所以集众思，广从益也。"②

陈廷敬虽然平日不多结交，也不愿多涉是非，但既任左都御史，便以向皇帝"进言为己任"，积极推荐既贤又廉的官吏。他任左都御史后的第三个月，清廷"行取知县"，即地方上的州官、县官，经高官保举、推荐、考选，然后上调，也称外官"内擢"。他了解到灵寿县县令陆陇其"廉且贤"，清苑县县令邵嗣尧"廉而刚"，便向皇帝奏言："陆陇其、邵嗣尧皆天下清官，虽治状不同，其廉则一。"经陈廷敬的推荐不久，陆、邵"两人皆擢为御史"。对于此事，当时就有人对他说：像邵嗣尧这样刚毅之人"易折且多怨，恐及公"。他应之曰："果贤欤，虽折且怨，庸何伤。"③从推荐陆、邵二人不怕担风险的情况看，李光地说陈廷敬"但知趋避"、"离事自全"的话，也是颇不全面的。

陈廷敬于康熙三十年六月任刑部尚书，就对刑官的一些弊病和刑部所辖各系统中存在的问题，进行了详细了解，并且对症下药，撰写了《刑部堂谕》，严饬所属。因刑部机构比较庞大，刑

①《午亭文编》卷31，《直陈言官建白疏》。
②《圣祖实录》［二］卷145，页602。
③《清史稿·陈廷敬传》。

部下设厅、馆、处、所等十四处，另设各省清吏司（清初设江南等十四司，后为十七省清吏司，如直隶清吏司、奉天清吏司等）。所属单位多，所设职官人数自然就多，所以刑部是清朝六部中职官最多的一个部，职官总数多达四百多人。因此，陈廷敬所发布的堂谕，首先针对刑部官员中所存在的问题，提出了"刑官之要"四条。一要"格非心"。因刑部掌管的刑法"惨酷"，事关犯人的"生死存亡"、"骨肉分离"，所以，"居是官者"必须"上体圣主好生之德，下尽人臣奉法之心"，匡正一切邪念，严禁"枉法行私，招摇纳贿"。二要"审律例"。他认为犯罪有轻重大小，"惟此一定之律耳"。所以要求刑官，"凡说堂具稿，必满汉司官公同画押，细加详酌，审罪条，参律例，无因循不一以取过端"。三要"清堂规"。要求刑官，"凡急公办事，必须井井有条，上下整肃"。凡办事说堂，必须大公无私，同心协力。"自后遇说堂时，必挨次定规。当系某司说堂，则某司官员上堂定稿"，而"堂上必须清肃"。四要"惩猾吏"。他看到"本部凡投告之人，自外而内，若无使费，虽有沉冤，不得达于官长，与夫投文领批等事，辄有需索。至于重监罪犯，于入监之时，必厚赠牢头及众禁卒，遂得宽松"。有些牢头禁卒，原本"若贫苦者，乃必诈勒遂意。故有作牢头日久而手头殷实者"。所有这些"瞒天大罪"，"此诚大弊也"，必须严加责罚。①第一，严禁差役横行；第二，严禁吏卒吓诈；第三，严禁吏卒虐索；第四，严禁欺辱女犯；第五，严禁赃罚错漏；第六，严禁号件遗漏。

陈廷敬在发布这一堂谕不久，便离开刑部回籍守孝，因此，

---

① 《尊闻堂集钞》卷79，《刑部堂谕》。

这一堂谕的实施情况无从考知。但陈廷敬在这一堂谕中，事无巨细，陈述了刑部官员的任职状态，详细地指出了刑部有些部门在审、禁犯人中存在的一切弊病，并准备采取措施予以治理，再次表现出他为官求实负责的精神。不仅如此，因为加强吏治是他为政思想的一部分，如果说他在左都御史的任上所作所为多是为了整顿一般官员的官风的话，那么，他发布这个堂谕，是他准备整顿司法官员的官风，是为了在司法方面加强清朝的吏治。

无论是任左都御史还是任刑部尚书期间，陈廷敬都从"民本"思想出发，重视对百姓施行教化。他观察到百姓之犯法者，有的"出于无心"，有的"是以微故罹于刑辟，至有以三铜钱杀人而抵者"。这些情况的出现，主要原因是"鄙野之氓触禁未止"，是百姓们不懂法所致。因此，当他见到宁陵吕新吾"增述"其先公渔隐闲翁的《小儿语》和吕自写的《宗约歌》两本通俗读物——劝人知法守法，通俗易懂，便将此二书重新刊刻，并撰写了《合刻吕氏二编序》。其中他写道："非其不知人不可杀，而人之所以不可杀之故，凡民之知之者或鲜矣。此二编者，虽非独为此而作，然童而闻之，熟于口耳而悦于心，人之所以不可杀之故，将深知其意。长焉老焉，谨而避之，民之犯于刑者亦鲜矣。"①

在复任户部尚书的五年中，他也像任其他官职时一样，仍然从利民思想出发，又考虑国家根本大计，坚持务实精神，所以政绩显著。姜宸英评论他任户部尚书时说：

---

① 《午亭文编》卷35，页21。

公既莅任，一年，厘剔夙弊，告诫司属，以约束胥吏。举天下会稽之禄，中外出纳之数，绳贯丝联，一一时其盈缩，而次第布之。然其大意无非仰体圣天子恭俭慈惠之德，务以省费节用，藏富于民，而为国家千万年根本之计。……公以老成宽大，再居厥职，天子赖之。十四司拱手受成，庶绩咸理，皆感公之赐而不知所以报矣。①

姜宸英的这段评论，说明陈廷敬任户部尚书时考虑问题的出发点是"藏富于民"，举措是"厘剔夙弊"，从而颇受"天子赖之"和户部所属十四司官吏的诚心拥戴。

便民利民，是陈廷敬为政思想的基础，而康熙也是一位重视民生和大力推行重农恤商政策的皇帝。因此，陈廷敬出任户部尚书后，君臣密切配合，利民政策得到顺利实行。其中最明显、最突出的一条，便是积极推行对百姓的"蠲免赈济"政策。康熙二十九年至三十六年，因厄鲁特蒙古噶尔丹叛乱，清朝多次出兵对其进行了讨伐，并取得了胜利。为了医治战争创伤，休养生息，从三十六年开始，康熙帝多次东巡和南巡，视察黄河灾情和百姓生活。在此期间，康熙帝多次下旨蠲免山东、河南、安徽、江苏、浙江各省许多地区的钱粮。这些蠲免自然需要户部去具体执行，而作为户部尚书的陈廷敬对这些蠲免积极拥护，认为是"宏恤民隐"，不仅表示"诚欢诚忭"，而且每接到康熙帝的上谕，都是主动地、切实地去执行。事后他还撰写了《南巡诗歌序》，对

①姜宸英：《湛园集》卷2，页37。

康熙蠲免各地钱粮进行了讴歌。从此可以看出，康熙帝之所以重用陈廷敬，主要原因就是他二人在治国理念上，都是从"以民为本，本固邦宁"的儒家思想出发。这也是陈廷敬丁忧期限未满，康熙帝就把户部尚书的位子留给他的主要原因。

陈廷敬在第二次任吏部尚书后，历时近四年，未见他对吏部工作的专折奏疏，发表政论。究其原因，一是，从康熙三十七年复值内廷起，上书房的事情就较忙，到康熙四十一年又总督南书房，更是"入直以为常"；二是忙于修书事务。在此期间，他除了于康熙三十六年被康熙帝再次指定为纂修《明史》总裁之一并具体撰写该书的《本纪》之外，还于康熙三十七年被任命为纂修《亲征朔漠方略》的总裁。此外，他还有编《御制文集》的任务。特别是，《亲征朔漠方略》一书，是记述康熙帝三次亲征朔北噶尔丹叛乱并取得胜利的军事要籍，当然是最重要的任务，所以他必须尽全力去完成。平叛胜利后，他还写过一组诗予以热烈的赞颂。

文渊阁大学士

康熙四十二年（1703）四月，康熙任命"吏部尚书陈廷敬为文渊阁大学士兼吏部尚书"[1]。从此，陈廷敬升为清朝文官中的最高级官吏。

前已提及，清朝从康熙九年（1670）开始又将内三院改为内阁。从这时起到雍正朝初年，内阁始终是清朝"赞理机务，表率百僚"的机构。它总揽一切政务，也是高于中央所有部院的中枢

---

[1]《圣祖实录》[三] 卷212，页149。

机构。内阁中设大学士、协办大学士、学士、侍读学士，分掌各职。在大学士、协办大学士下内设典籍厅、满本房、汉本房、满票签处、汉票签处等十数个机构，分别办理各项具体事务。内阁恢复之后，直到乾隆五十八年，大学士要分别兼任殿阁衔。殿阁，康熙时设中和殿、保和殿、文华殿、武英殿、文渊阁和东阁。大学士又分兼各部尚书。大学士的品位极高，地位优崇。据《清史稿》记载，其职掌主要是："掌钧国政，赞诏命，厘宪典，议大礼、大政，裁酌可否入告。"①由于大学士"勋高位极"，故"其品列皆文班之首"②。关于大学士的称呼，据清代有关官员回忆："内阁中称大学士为中堂。中堂之称，前代已有之，……然见于文字，则曰某揆某相。俗称或阁老，或太师。"③一般习惯，称大学士为相国、中堂者居多。因此，陈廷敬升任大学士，其地位也就达到了清朝文官的顶端。清代大学士的官品，"初制，满员一品，汉员二品。顺治十五年，改与汉同。雍正八年，并定正一品"④。因此，在康熙朝一般大学士的地位虽然高于各部尚书，官品却仍与尚书相同。但是，因为陈廷敬从第二次任刑部尚书时曾先后三次被封赠正一品才能封赠的光禄大夫，所以实际上他就是正一品的待遇了。

然而，还需要特别指出的是，陈廷敬的升任大学士，与其他大学士还有许多不同之处。

---

① 《清史稿·职官志一》。
② 《清史稿·大学士年表序》。
③ 叶凤毛：《内阁小志》，见《续四库全书》册751，页275。
④ 《清史稿·职官志一》。

第一，他仍任经筵讲官。据吴振棫在其《养吉斋丛录》中记载："若大学士则不充经筵讲官，故杨绳武撰《陈文贞廷敬神道碑》有'故事，阁臣不进讲经筵，而上仍以命公'之语。自徐公元文、熊公赐履、张公英相继以尚书擢大学士仍与兼充，后遂沿为成例。"①还有记载说："国初沿明制，阁臣例不兼经筵。"雍正以前，独陈廷敬等人兼充，"盖殊数也"②。故康熙四十三年（1704）三月二日陈廷敬讲完经筵，康熙帝赐宴后，又作《经筵纪事诗》，其中写道："牙签一卷几回开，近日新纶忝窃陪；好与词林传故事，白头丹地讲书来。"其中自注："经筵自昔屡命臣进讲，及拜内阁仍兼经筵讲官。"③《养吉斋丛录》中提及的徐元文、熊赐履和张英都在陈廷敬之前任过大学士，都是康熙帝所信任的近臣，这些人的特点：一是大都学识渊博，在尊孔读经上对康熙帝的影响较大，二是与康熙帝的关系密切。毫无疑问，陈廷敬当然也是具备这些特点的人，他被兼充经筵，说明康熙帝在学问上对他是尊重的，在政治上对他是信任的。

第二，从陈廷敬任大学士的康熙四十二年（1703）四月起，到陈廷敬逝世的康熙五十一年（1712）四月期间，前后同陈廷敬一起任过大学士的，满员有马齐、席哈纳、温达，汉员有吴琠、张玉书、李光地和萧永藻，其中入值南书房的仅陈廷敬一人。这就充分显示出陈廷敬在内阁中的地位。

"大学士军国大事无所不统。其实，每日所治事则阅本也。"④

①吴振棫：《养吉斋丛录》卷2，页17。
②陈康祺：《郎潜纪闻》初笔，卷3，中华书局1984年版，页185。
③《午亭文编》卷18，《经筵纪事诗》。
④鳌宝箴：《内阁志》，见《续四库全书》册751，页265~267。

陈廷敬在内阁主要工作之一就是阅读各部院和内外文武大臣向皇帝上的奏本。康熙时大臣们向皇帝所上奏本，皇帝本人并不逐一阅看，而是先由内阁进行"票拟"，即"票签"。"票签"就是内阁将奏本所提事情先提出初步处理意见，随奏本呈送皇帝决断。皇帝或肯定或另作决定的事情，即予以"朱批"，然后由内阁下达执行。皇帝不同意也不否定的"票签"，便退回内阁，称为"折本"，大学士们于皇帝御门听政时再捧"折本"向皇帝请旨，皇帝在征求了大学士和其他大臣们的意见后，再做出决定。例如：康熙四十五年正月二十三日（1706年3月7日）"大学士马齐、席哈纳、张玉书、陈廷敬、李光地……以折本请旨：吏部为提督顺天学政、翰林院侍讲杨名时差满，……议应回翰林院办事。上曰：'杨名时管理学政，所行平常，着往河工效力。'……及查原任天津道、今调任之蒋陈锡，支取银两，并来采买米粮，俱照数全还，……上曰：'此本发部，将蒋陈锡完银之处改正具奏。'都察院为写太庙祝版字体不堪，议将太常寺正卿伍什、寺丞吉尔赛俱降一级，罚俸一年，笔帖式索柱革职，上曰：'伍什为人愚昧，着黜退，余依议。'"再例如：当年三月二十九日（5月11日），大学士、都察院及工部尚书温达会议，因会试中"陶仁明等四人试卷不堪"，却取中进士，故拟罚主考官李录予等离任，同考官李绅文等革职，并"会同刑部严审具折请旨"。康熙帝说："今科行贿者想亦无有，但中所不当中者，故人心皆不服。"陈廷敬奏曰："阅会元首篇一千二百余字，文亦不佳。向来作文不得过六百五十字，所作违例，岂可取中乎？虽无受贿之事，但不善衡文，是以致此。"接着，大学士张玉书又发表了类似意见，康熙帝便说："尔等察议甚明，如所议行。"①然后大学士们又对吏部为补云南巡抚缺员事，另以折本请旨。仅这一天，大学士们向皇帝就各类具体事情进行请旨的，就有十件之多。

从上面的举例中可以想见，类似这样的有关政治、军事、经济、文化以及人事等方面具体事件的奏折，是很多的，每件奏折都需要大学士们先行阅读和拟定"票签"。经皇帝退回的"票签"需要大学士们再以折本请旨，经皇帝朱批的要办理的，还需要内阁下发。因此，大学士们的工作是忙碌的，身体是非常劳累的。另外，他们除了主动向皇帝当面请旨之外，皇帝还经常召见他们共商国是，所以当时人说："大学士佐理天下机务，得不时召见。"②然而，陈廷敬每日除在内阁审拟"票拟"、参加折本请旨和接受皇帝随时召见之外，比其他大学士还要忙碌的就是每日还必须到南书房入值。在南书房，他除看密折、受皇帝咨询之外，还要纂写、审查各类书稿。因此，他的日常工作是非常忙碌和紧张的。从康熙四十二年任大学士开始，到康熙五十一年逝世，他几乎年年如此，只有每逢皇帝出巡或外出度暑，才能稍得休息，才会清闲些。

其实，皇帝出巡期间陈廷敬也并不清闲。在他任大学士期间，康熙帝曾分别于康熙四十二年十月、四十四年二月、四十六年正月三次出巡，除第一次外，后两次都命陈廷敬扈从。这两次出巡都是往江浙各省，扈从的大学士除陈廷敬外还有他人。在出巡各地期间，皇帝要和在朝内一样，照例处理政务。扈从的大学

①《康熙起居注》，页1957~1961。
②鳌宝箴：《内阁志》，见《续四库全书》册751，页267。

士们也和在北京一样，照例要议事，照例要对国家发生的大小事情提出自己的意见。康熙帝沿途察看河工、民情，遇到问题，陈廷敬和其他大学士也要参与处理。

陈廷敬除了处理政务之外，因为他任值南书房，所以编书任务特别繁重。在他任大学士的九年间，前后担任了纂修《明史》、《平定朔漠方略》总裁官，纂修《玉牒》副总裁官，纂修《佩文韵府》汇阅官。到康熙四十九年（1710）年初，康熙帝又把编纂《康熙字典》的任务交给了张玉书和陈廷敬，任他二人为总裁官。现在的学术界已经充分肯定，在文化建设上康熙帝也是一位颇有作为的皇帝，他在给张玉书和陈廷敬的上谕中说："朕留意典籍，编定群书，比年以来，如《朱子全书》、《佩文韵府》、《渊鉴类函》、《广群芳谱》并其余各书，悉加修纂，次第告成。至于字学，并关切要，允宜酌订一书。"[1]为此，他把编一部"增《字汇》之阙遗，删《正字通》之繁冗"的"字书"看成为一件重要事情，所以才把这一任务委任给当时汉官中品位最高又是他最信任的张玉书和陈廷敬。他二人受命之后，便组织了内阁学士和翰林院学士、侍讲学士、侍读学士以及侍读、编修等二十八人，终日编纂。但一年后张玉书病逝，编纂任务由陈廷敬一人主持。

这里还要特别提出的是，皇帝每年八月都要派一位大员代表他去拜祭孔子，这一大员往往是由学识渊博又特别有威望的大臣去担任。陈廷敬在任大学士前曾经担任过这一任务，但在他任大学士之后，康熙帝几乎年年要派他去祭孔。从中可以看出，随着

---

① 《圣祖仁皇帝御制文集》卷16，页5。

年龄和学问的增高，陈廷敬在朝中的威望也越来越高，康熙帝对他的依靠也越来越密切。

然而，陈廷敬毕竟已经进入古稀之年。康熙四十六年十一月二十七日，为陈廷敬七十岁寿辰，朝内大臣和亲朋好友们纷纷为他祝寿，大学士张玉书写寿诗，李光地以及工部尚书王鸿绪等高官都为他写寿序或寿诗。按照官场惯例，做官做到七十岁便该请求致仕，即使皇帝要他留任，也要上折申请。而这时的陈廷敬已深感这两三年来年迈体衰，侍奉朝廷已力不从心，自己不愿虚居高位，所以从康熙四十六年起就连年上疏申请，诚心请辞。据他自己说："丁亥（康熙四十六年）十一月中使转奏衰老乞归。戊子（康熙四十七年）正月具折陈情，上曰：'机务重地，良难其人，不必求去。'己丑（康熙四十八年）三月复具折，留南书房十日未达，旋有修书之命。"①对于陈廷敬三次申请致仕，康熙帝明明知道他是诚心实意的，但却不予批准，说明了他对陈廷敬重用、依靠的程度之深。不过，陈廷敬的年迈不居虚位的观念也是坚决的。康熙四十九年十一月，他第四次提出请辞，康熙帝也只好同意了。据记载：陈廷敬于"庚寅十一月，力请谢事。奉旨，卿才品优长，文学素裕，久侍讲幄，积有勤劳。自简任机务以来，格慎益著，倚毗方殷，览奏以衰老乞罢，情词恳切，著以原官致仕。"②所谓"原官致仕"，即仍保留大学士之名，以原品级退休。不仅如此，皇帝帝还下旨说陈廷敬"修书未毕"，要他

①《午亭山人第二集》卷1，页8。
②雍正《山西通志》卷122，页66。

"留京办事"①。因此，陈廷敬虽然致仕，但仍留住北京，一方面继续修书，一方面还经常受到康熙帝的召见。

陈廷敬致仕后半年，便又接到了康熙帝"命暂入内阁办事"的谕旨。这是因为：康熙五十年五月，大学士张玉书在随皇帝巡视热河途中因病逝世。吏部题请补授，"得旨，张玉书病未久，此本著暂收贮。其大学士员缺，俟回銮再奏。大学士李光地现在患病，原任大学士陈廷敬，系年老告休，令暂到衙门，办理事务"。②

陈廷敬非常了解此时内阁缺人的困难，即使年老亦未再请辞。这样一来，年已七十三岁的陈廷敬第二次入阁任大学士。既然是皇帝的任命，自然是名符其实的大学士，但陈廷敬在内阁中办事列名，均在名前加"予告"二字。据记载："辛卯六月，张文贞玉书薨，命陈复起视事，凡内阁章疏，列名必书'予告'二字。"③"予告"起源于汉时，当时官吏致仕有"赐告"、"予告"之别。后世大臣年老致仕一般称"予告"。陈廷敬在署名时加此二字，仍在强调自己是已退休人员。至康熙五十一年二月，以耄耋之年继续在内阁办事的陈廷敬终于积劳成疾，卧病不起，虽经两个多月的各种方法的治疗，却均无效果，终于于四月十九日逝于北京宅邸。

在陈廷敬病重期间，康熙帝曾给予了他特别的关怀，在他逝世后又予以隆重祭奠，并谥号文贞。

①《午亭山人年谱》。

②《圣祖实录》［三］卷246，页444。

③吴振棫：《养吉斋丛录》卷1，上海古籍出版社1983年版，页7。

学术上的重大成就

陈廷敬在康熙二十二年之前的治学情况，于本章第四节中已经述及。他于康熙二十二年离开翰林院，调任各部任职之后，一直到病逝于大学士任上，工作内容虽有变化并且比以前要忙碌得多，但他仍然"雅嗜读书，懦哜经史"，仍然抽暇致力于诗词的创作和学问的研究，始终坚持做官又治学的道路。加之，他长期任经筵讲官，尤其在入值南书房后，经常领有康熙帝直接任命的纂修各类书籍的任务，所以研究学问就成为他的日常工作。因此，随着他年龄的增长，官位的提高，他的学术成果也越来越丰厚。陈廷敬逝世后，留给后人的，除了他高尚的道德操守、清廉的官风以及惠民政策之外，还有丰富的文化遗产。他的逝世，不仅使得清朝失去了一位政治家，康熙帝失去了一位良师益友和得力的宰辅，而且使当时的文学界和思想界失去了一位著名学者。

陈廷敬的学术成果，包括四大部分：其一是诗词，其二是学术论文和杂文，其三是有关经学的研究，其四是主编的各类图书。

陈廷敬是一位多产诗人，生平写诗很多。他刊刻发表的诗集，除前已谈及的《参野诗选》、《八家诗选》中的《说岩诗选》以及《北镇集》之外，以后又陆续刊刻了《御览诗集》、《丁丑诗卷》以及研究杜诗的专著《杜律诗话》。康熙三十六年（1697），陈廷敬的《尊闻堂集》刊刻问世，这是他的第一部全集，所创作的诗篇，包括已经刊刻过的，绝大部分都收集于其中。康熙四十一年（1702），又有《午亭集》问世。康熙四十七年（1708），由他的学生林佶代为整理，作为他的诗文全集的

《午亭文编》一书刊刻行世，他一生所写的诗篇大部收集在这本书中。乾隆时，有《午亭文编》的续集《午亭山人第二集》出版。上述所有陈廷敬的诗集或兼载诗作的文集，本书作者基本上都已见到，截至本书付印前，已见到的陈廷敬存世的诗作达两千六百七十首，实际创作的数目肯定还要多。

陈廷敬生平所写的文章很多，从文章的内容上去考察，他所著的文章大体可分为经学研究、政论文、记叙文和杂文四部分。有关经学的著述，是陈廷敬学术研究的最主要部分。《午亭文编》第三十五、三十六、三十七卷，主要是解《易》，第三十八卷主要是解《书》、《诗》、《礼经》。另外，在该书的第二十一、二十二、二十四和二十九卷中，也都集有关于经学研究的文章。这类文章，除了第四节中已经提到的《困学绪言若干则》、《蓍卦赋》等四篇文章外，重要的经学著述尚有《三正说》、《胡氏安国夏时冠周月辨》、《春秋始隐公论》、《书钱氏春秋论后》、《古今易说》、《皇极数说》、《方泽坛左右辨》、《春秋齐桓晋文说》、《春秋明天道说》、《春秋因事约文说》、《春秋为史法说》、《家氏铉翁〈原夏正〉辨》、《经解》、《讲筵奏对录》、《岁终讲义循例题明疏》、《经学家法论》等。除此之外，还有《日讲四书解义》两部，是喇沙里（时任翰林院满族掌院学士）和陈廷敬（时任翰林院汉族掌院学士）奉康熙帝之命，将日讲官们进讲的《论语》、《孟子》、《大学》和《中庸》的内容，分别重新整理刊刻的，但执笔者是陈廷敬。书的主要内容，有的是陈廷敬自己在日讲中所讲，也有的是其他讲官所讲，但都经过了陈廷敬的加工，增添了他自己的东西，故此书也是他在经学研究上的贡献。

除了有关经学研究的文章之外，陈廷敬还有不少研究史志的文章。除了他写的《汉高帝得天下之正论》、《汉高帝知吕氏之祸乱论》等论文外，还写了对汉朝人物的评论文章数十篇，评论五十多人，反映出他对两汉、三国的历史以及《汉书》、《后汉书》和《三国志》曾进行过深入的研究。他写的有关志书的文章并不多，但在《与徐少宗伯论〈一统志〉书》中，对于史和志的异同以及在许多地方的具体问题上都提出过自己的见解，反映出他学问基础之深厚、广博。在陈廷敬的散文中，除上列各类外，其他体裁的文章甚多，包括序、引、记、书、颂、箴、铭、传、赞、阡表、志铭、神道碑、墓碑、祭文、题跋等，数目达一百五十余篇，分别集在《尊闻堂集》和《午亭文编》中。

陈廷敬自任检讨之后就参与各种官修书籍的编纂工作。这是因为康熙帝执政之后，非常重视文化建设，非常重视各类书籍及各种政书、史书、志书、字书以及类书等的编撰，而时任翰林院掌院学士的陈廷敬，自然首当其责，特别是他入值南书房之后，主编各类书籍又是首要任务之一。所以自从他任检讨起，就参与编纂《世祖章皇帝实录》，此后又相继担任纂修《太宗文皇帝实录》副总裁、纂修《皇舆表》总裁官、纂修《明史》总裁官、纂修《三朝圣训》副总裁、纂修《政治典训》总裁官、纂修《平定三逆方略》总裁官、纂修《大清一统志》总裁官、纂修《三朝国史》副总裁、纂修《平定朔漠方略》总裁官、纂修《佩文韵府》汇阅官、纂修《康熙字典》总阅官等，共参与主编各类书籍共十余种。上述这些书籍，像《明史》，已成为国学宝库中的重要文献，《太宗文皇帝实录》、《世祖章皇帝实录》等书，也成为研究清史不可或缺的重要史料，像《康熙学典》和《佩文韵府》，又是中国字书宝库中的珍品。总之，陈廷敬参与主编的这些书籍，都是中华文化的宝贵遗产，是他对中华文化的重大贡献。

总结陈廷敬的一生，"学问淹洽，文采优长"。对于他的学问，清朝的学界多有评论，如李祖陶说他的文章"磊矿雄奇，磅礴遒厚，郁而能畅，幽而愈老"①。又如《四库全书总目》的评论说："（陈廷敬）值文运昌隆之日，从容载笔，典司文章。虽不似王士祯笼罩群才，广于结纳，而文章宿老，人望所归，燕许大手，海内无异词焉。亦可谓和声以鸣盛者矣。"②近代以来，有的学者对陈廷敬的学问也有评论，如邓之诚先生是这样讲的：

> 廷敬与王士祯、汪琬为友，而诗文各不相袭。诗名不及士祯，而工力深厚似过之；文摹欧曾，一变其乡傅山、毕振姬西北之习，同时达官无能及之者。性尚含容，不立异，无与人门户意气之争，故能为人所容。久值南书房，领修官书，始终恩礼不衰，同时达官亦无能及之者。③

这些评论道出了陈廷敬的学问深厚，也道出他的学问在清初学术界的地位。特别是，邓之诚先生说他的文章是"同时达官亦无能及之者"，更说明他在清初学术史上的地位是很高的。

———————————

① 《国朝文类》，页621。
② 永瑢：《四库全书总目》卷173，中华书局1965年版，页1522。
③ 《清诗纪事初编》卷6，页732~733。

与康熙帝的密切关系

任茂棠

陈廷敬生于明朝末年，学业有成于清顺治年间，而其仕途生涯主要是在清康熙年间。从康熙元年起，到康熙五十一年逝世，他在康熙皇帝手下做官整整五十一个年头。由于职务的关系，这五十多年中他和康熙皇帝的接触不仅是频繁的，而且是非常密切的。按照一般情况，大臣忠于皇帝，有功于皇帝，皇帝就多加封赐，如果这个大臣没有违背皇帝意旨，亦无获罪，那么与皇帝的关系就始终是和谐的，二者之间的关系就算很美满了。而陈廷敬与康熙帝之间的关系远远超出这种情况。

康熙帝的师友

陈廷敬是康熙帝的重臣、近臣，这在前一章中已经说得很清楚。所谓近臣，主要是与康熙帝接触密切，是经常活动在康熙身边的很亲近的大臣，在这种亲近中很重要的一项，就是康熙把他当做师友之一。因此，全面阐述陈廷敬与康熙的关系，必须先从康熙重视学习和他的师友谈起。

康熙帝作为一个封建皇帝，一生中削平三藩叛乱、统一台湾、反击俄国侵略、亲征朔北、重农治河、兴文重教，对安定中国社会、统一中国领土、发展社会生产等方面都作出了重要贡献。与中国历代皇帝相比，康熙还有一个很突出的特点，就是勤奋好学。因为他童年时父母早丧，特别是在他父亲顺治皇帝死后的一个时期内，清统治者内部守旧势力抬头，原来由顺治帝所采取的尊孔崇儒、学习汉族文化的政策，未得到很好的实行，康熙少年时期也就未能系统地学习儒家学说。所以，康熙帝在八岁（1661）继位之后，由于鳌拜集团的阻挠，顺治时就已经决定的、帮助皇帝学习儒家经典的经筵日讲制度也一直未能实行。所以，自康熙帝亲政之后，一些汉族大臣就不断地上书，劝导皇帝早开经筵，学习儒家经典，把儒家经典作为治理天下之本。例如，时任内弘文院侍读学士的熊赐履，早在康熙六年就上书康熙，建议他："慎选左右，辅导圣躬，熏陶德性，优以保衡之任，隆以师傅之礼；又妙选天下英俊，使之陪侍法从，朝夕献纳。毋徒事讲幄之虚文，毋徒应经筵之故事，毋以寒暑有辍，毋以晨夕有间。于是考诸六经之文，监于历史之迹，实体诸身心，以为敷政出治之本。"①这样要他选师求教、熏陶德性、朝夕苦读，以儒家经典作为治天下之本的劝导，使得这位年轻皇帝很快就懂得了学好儒家经典对他统治的极端重要性。于是，康熙八年擒拿了鳌拜，清除了鳌拜集团之后，康熙便开始筹措经筵日讲，决心努力学习儒家的著述。

经筵日讲，是宋朝以来皇帝"留心学问，勤求治理"的一种制度，或者说是封建君主学习的一种方式。每到春秋两季之始，皇帝先举行经筵大典，除了祭孔外，主要由经筵讲官给皇帝讲课一次，此外再由翰林院选送翰林十数人充日讲官，在经筵大典之后，分别给皇帝进讲。经筵日讲的内容主要是四书、五经以及《通鉴》等。康熙十年（1671）二月，康熙帝便举行了他继位以来的第一次经筵大典。三月初，康熙"以翰林院掌院学士折库纳、熊赐履，侍读学士傅达礼、宋德宜、史大成，侍讲学士李仙根，侍读张贞生、严我斯，修撰蔡启僔，编修孙在丰俱充日讲官"，三月十七日又决定"初次举行日讲，遣大学士杜立德告祭

①《清史稿·熊赐履传》。

先师孔子"①，次日便开始了第一次日讲。

宋朝以来的历代皇帝也举行经筵日讲，但大多数皇帝都是把经筵日讲当作形式。有的只是在春秋两季举行经筵典礼，摆个皇帝要学习的样子，根本就不进行日讲。有的即使实行日讲，也是有名无实。而康熙帝则不同，在日讲中，他是极为认真的，学习也是非常努力和勤奋的。关于康熙对日讲的态度，《康熙起居注》中有下列记载：

> 康熙十二年二月七日，上谕日讲官傅达礼等："人主临御天下，建极绥猷，未有不以讲学明理为先务，朕听政之暇，即于宫中披阅典籍，殊觉义理无穷，乐此不疲。向来隔日进讲，朕心犹然未惬。嗣后尔等须日侍讲读，阐发书旨，为学之功，庶可无间。"②

> 三月四日，上谕："人君讲究学问，若不实心体认，徒应故事，讲官进讲后，即置之度外，是务虚名也，于身心何益？朕于尔等进讲之后，仍再三阅绎，即心有所得，犹必考正于人，务期道理明彻乃止。"③

这两条记载，第一，说明他对于学习积极主动，持之以恒，把原来规定的隔日进讲改成每日进讲。不仅如此，后来他还命令把原

---

①《圣祖实录》［一］卷35，页475。

②《康熙起居注》，页80。

③《康熙起居注》，页86。

来冬夏季不进讲的规定改成常年进讲。当然，一位日理万机的皇帝，每月每天都要上课学习是不可能的，但康熙确实是尽最大的可能坚持自己的学习。据统计，在日讲最初几年，有不少的月份，每月进讲都在二十次以上。第二，说明康熙帝学习勤奋，态度认真踏实，讲究实效。也正因为康熙帝一生坚持学习，尽管他幼年时期对学习有所耽误，但在学习效果上却超过了历代君主，所以有的清史专家认为：在努力学习上，中国历代的皇帝中康熙帝是空前绝后的。事实确实如此。

康熙帝对日讲既然这样重视，这样坚持学习，他必然对日讲官员也是非常重视的。他不仅慎重考查和选用日讲官，而且对他们还体恤备至。虽然皇帝与日讲官之间是君臣关系，虽然日讲官是站立着讲课，但康熙把他们却看做是教他学问的师友，对他们相当尊重。相互间的密切程度，远非其他官员所能相比。不仅如此，康熙十年（1671）清朝设立起居注官，每日轮流有满汉起居注官各一人在内庭值勤，专门记录皇帝每日的言行。当时康熙决定，这些起居注官由"日讲官兼摄"①。这样一来，每日有两名日讲官整日不离皇帝左右。每日进讲时，除直接进讲的日讲官三人外，入值的日讲起居注官也参与其间。因此，通过日讲，这些日讲起居注官不仅和康熙切磋学问，而且还是他的顾问，参与机要。日讲官与康熙帝关系的密切程度就不言而喻了。

更需要提出的是，康熙十年，即在恢复经筵日讲的同一时期，康熙便设立了南书房。该机构"密迩宸宸，不仅如前代秘书阁、集贤殿，入值者止供文翰而已。凡诏旨密勿，时被顾问，非

①《圣祖实录》［一］卷36，页489。

崇班贵禀、上所亲信者不得入"①。就因为该机构是康熙帝的一个机要机构，入值者既与康熙切磋学问，共同研究书画，又是他的政治顾问，负责起草有关诏书，所以入值南书房的官员，是康熙帝最信任、最器重的人物。南书房的官员也是轮流入值，不过不是一日一轮换，有人曾连续入值数十日。更为重要的是，入值南书房的人大多数是从日讲起居注官中选拔出来的，这些人和康熙的关系本来就很密切，现在又入值南书房，随时和康熙研讨书法，剖析经典，讨论朝内政治，有时还和康熙一起赏花钓鱼。他们一方面是康熙的政治顾问，一方面又是整日相伴的师友，不仅有紧密的政治关系，并且个人之间的感情也非常融洽。

在设立南书房的初期，最早入值南书房的是曾任编修、署按察使、直隶通蓟道（后贬浙江宁波同知）的沈荃和初任《世祖章皇帝实录》缮写的励杜纳。之后，相继入值的是时任翰林院掌院学士、日讲起居注官的熊赐履和任翰林院编修、充日讲起居注官的张英，内阁中书高士奇也在这一时期在南书房入值。对于这些入值者，康熙都是以师友对待，倍加信任。例如，沈荃指导康熙书法，"每下笔即指其弊，兼析其由"。康熙却"深喜其忠益"②。这与老师指导学生的方式已没有什么区别了。在当时的社会上，也确实有人把充当日讲官并入值南书房的人称为"帝师"，如当时的著名诗人汪琬在其所著《城南山庄画像记》一文中，就指着任过日讲官和入值过南书房的王士祯和陈廷敬说：他二人"各以名德为帝师"③。不过，这里把他们比作帝师，是说他们是起过老师

①肖奭：《永宪录》，卷1。
②《清朝先正事略》卷6，《沈荃传》。
③《百尺梧桐阁文集》卷3，页38。

作用的人，与朝廷直接选任的、被皇帝称为师傅的帝师仍然不同。

康熙帝对于任过日讲起居注官又入值过南书房的人，一向是提拔重用的。例如，熊赐履曾于康熙十四年迁内阁学士，当年又被授予武英殿大学士，张英入值南书房的第三年就提升为翰林院掌院学士兼礼部尚书。不仅如此，这些人即使因犯有错误而遭到弹劾，康熙也多是设法保全。例如，熊赐履于康熙十五年因"改草签，欲诿咎同官杜立德"而被夺官，"侨居江宁"①。康熙对他多年不忘旧情，两次南巡都召他"入对"，并赐御书。至康熙二十九年就"起故官，仍直经筵"。三十八年，就又"授东阁大学士兼吏部尚书"②。由此可见，康熙器重、信任、照顾入值南书房的官员，确实超过了对待其他官员。

这里之所以要介绍康熙帝的学习和师友以及他和师友们的密切关系，主要是因为陈廷敬就是康熙帝师友中的重要人物之一，而且是与康熙帝最密切的师友之一。

陈廷敬于康熙十一年，即康熙开始实施日讲的那一年，也被任命为日讲起居注官，旋即入值。从此，他便成了康熙师友的重要一员。康熙十六年，他又被任命为经筵讲官和日讲官，接着便开始了给康熙进讲，次年便召入南书房值勤，后又总督南书房。在这些师友中，康熙最信任、最器重和最亲近的是三个人，按照时间顺序，第一个就是熊赐履，第二个是张英，第三个便是陈廷敬。这三人后来也都被擢为大学士。

陈廷敬从检讨一直升到文渊阁大学士。正如清人所讲的，他

①《清史稿·熊赐履传》。
②《清史稿·熊赐履传》。

"膺受非常之知遇，出入禁闼几四十年"，与康熙的关系达到极为密切的程度。他不仅倍受康熙的器重和信任，甚至有时还予以特殊照顾（例如，在张汧案中康熙对陈廷敬的保全）。这里需要我们探讨的是，康熙为什么那么信任和器重陈廷敬呢？这主要与康熙的用人标准和陈廷敬本人的才学品德以及作风有关。康熙帝的用人，其标准主要为品和才。他所谓的品和才，当然首先是指忠于清朝和皇帝的人。关于这一点，陈廷敬在做人、行事等任何方面，与当时任何忠于清朝的官吏相比，都是有过之而无不及的。他为官五十多年，都是"平生自守冰渊志"，在主持翰林院、詹事府、都察院以及各部的工作中，所办的一切事情，都是从忠君和利民角度出发。他作为一位诗人，在他诗作中向皇帝表达忠心的内容颇多，而且多是发自内心的真情表露。例如，《赐石榴子恭纪》中的"风霜历后含苞实，只有丹心老不迷"诗句，康熙二十五年撰写的《赐游西苑记》中的"且随芝阁分藜火，剩有冰心奉至尊"诗句，等等，都是他向皇帝表示自己耿耿忠心。就是因为陈廷敬始终是忠于朝廷，所以就博得了康熙帝的信任。正如时任大学士的李霨在其《北镇集序》中，评论陈廷敬在康熙十五年去祭北镇时所写的诗说："发为篇章，颂扬祖烈，则仰歌风思沛之遗徽；瞻望关河，则深白云亲舍之远慕。……其尽职之勤及立言立意，则朝廷之所重子端（廷敬字，作者），与子端之所以克副眷遇者，俱于是篇得之。"[1]李霨所说的中心意思是，康熙帝之所以重用陈廷敬在于他"尽职之勤"，同时也在于他忠于清朝、颂扬清朝的"立言立意"。当然，说陈廷敬受康熙帝的重用和信

---

[1]李霨：《北镇集序》，《四库全书存目丛书补编》册78，页457。

任，只在于他写过忠于康熙帝的诗，也未免失之偏颇，像《清史稿》中就有"廷敬初以《赐石榴子诗》受知圣祖"①的说法，自然是有些片面，因为康熙帝看了此诗后心中虽然非常高兴，但他对陈廷敬的看法是积累了若干次印象所形成的，不可能只凭这一首诗。不仅如此，除了忠于朝廷之外，康熙帝还看到了他的品德和才学。

谈到陈廷敬的品德操守，他一贯公正清廉，"处脂不染，情操肃然"。这在前一章中已有诸多述及，这里不再赘言。在作风上，康熙帝很看重谨慎和安分守己的人，曾多次说过"谨慎便是好人，人能恪勤守分，何所不宜"②之类的话。而陈廷敬也正是这样的典型人物。他一贯谨言慎行，不乱交朋友，"守官奉职，退辄闭门，不愿妄从流俗交游，朝士多不识其面"③。与他接触非常密切的李光地说："泽州之慎守无过，后辈亦难到。"④然而，康熙帝更看重陈廷敬的，则是他的学问。陈廷敬曾说："今天子锐意尧舜三代之治，政具毕张，进贤退不肖，思得学问经术有名迹可用佐国家兴理平者。"⑤特别是在削平三藩之乱后，国家百废待兴，这位在政治上准备有所作为的皇帝，很想靠儒家思想来治理国家，所以就网罗天下"学问经术有名迹"者来加强经筵日讲，并从中选拔重要执政大臣。谈到学问，自然更是陈廷敬的强项，他在经学研究上不仅造诣很深，而且是当时的经学名家，

①《清史稿·陈廷敬传》。

②《康熙起居注》，页893。

③《午亭文编》卷39，《与毕亮四书》。

④李光地：《榕村语录续集》卷2，页4。

⑤《午亭文编》卷44，页3。

这自然是康熙首先要看重的。所以大学士李霨还说："皇上右文重道，最慎讲幄之选，子端以学行膺简拔，橐笔螭头豹尾之间，效启沃，蒙顾问，恩宠至渥。"①

总之，就是因为康熙帝赏识陈廷敬的"夙具才干"、"克励公忠"、"学术弘通"、"小心弥著"，才对他信任和器重。或者说，陈廷敬的这些素质和表现，才是与康熙帝保持密切关系的基本原因。

对康熙帝的影响

关于陈廷敬对康熙帝的影响，有的清史学者认为："陈廷敬与康熙帝之间这种密切的政治关系，在一定程度上深刻影响着清朝政治的发展。"②笔者非常同意这一见解，现结合有关史料进一步论述。

前面已经提及，康熙帝即位之初，清朝最高统治集团内部守旧势力有所抬头，加之鳌拜集团的擅权，原来顺治帝确定的以儒家思想作为统治思想的国策有所动摇。因此，当时许多汉族大臣，尤其是那些在经学研究上有所造诣的人，极力想改变这种局面。他们有的给朝廷上书，请求"皇上隆重师儒，兴起学校。畿辅则责成学院，各省则责成学道，使之统率士子，讲明正学，非六经语孟之书不读，非濂洛关闽之学不讲"③。他们把儒学作为

---

①李霨：《北镇集序》，见《四库全书存目丛书补编》册78，页457。

②高翔：《陈廷敬论述》，见王思治、阎守诚主编：《陈廷敬与皇城相府》，北京燕山出版社2002年版，页15。

③《圣祖实录》［二］卷22，页309。

"正教"，要求由皇帝下旨，"非六经语孟之书不读"。不仅如此，他们还十分懂得，提倡儒学，把儒学作为治国之本，唯一有效的办法就是要想方设法使当今皇帝本人学习儒学，信奉儒学。所以，有的大臣从康熙即位那年开始，就不断地给皇帝上书，要求及早恢复经筵日讲制度，以便使少年的康熙帝尽快系统地学习儒学。据《圣祖实录》载，从康熙帝即位到康熙八年，上书要求皇帝开设经筵日讲或制订自学计划的人，先后就有工科给事中王日高、福建道御史王聐、吏科给事中蔺挺达、内弘文院侍读熊赐履、福建道御史李棠、贵州道御史田六善、兵科给事中刘如汉等人。

在他们的奏疏中，有的说："君德关于治道，圣学尤为急务"[①]；有的说："皇上躬亲大政，天心之眷顾方殷，祖宗之付托至重"，自应"讲求经史，研究义理，……如五经、四书，皆修身治国平天下之道。惟通经而后明理"[②]；有的说："伏愿皇上朝夕讲贯，证诸六经之文，通诸历代之史，以为敕政出治之本"[③]。在他们看来，只有使这位年轻皇帝系统学习儒家经典，掌握了内圣外王之道，才能巩固清朝以儒学为治国之本的国策，才能巩固清朝的统治。同时这些大臣们也自然会考虑到，康熙帝尚在少年时期，其可塑性很强。如果能够使他对学习产生兴趣，他们的目的会达到的。果然，也就是前面已叙述过的，少年的康熙帝，年龄虽小，却志气不小，有着很高的政治抱负，在他亲政不久，便开设经筵日讲，物色了一批学有专长的学者为经筵日讲

---

① 《圣祖实录》[一] 卷14，页221。

② 《圣祖实录》[一] 卷23，页315。

③ 《圣祖实录》[一] 卷22，页310。

官，开始了他勤奋学习儒家著述的过程，而这些经筵讲官和日讲官们，也就开始了用儒家学说塑造这位皇帝的过程。

康熙帝的日讲，开始于康熙十年（1671）确定的日讲制度，次年正式开讲，康熙二十五年四月（1686）停止日讲，总共讲了十四年。也就是说康熙帝从十九岁开始听讲，发愤学习，一直到三十三岁，整个青壮年期间都在努力学习中。日讲中，日讲官们分别讲解了《论语》、《孟子》、《大学》、《中庸》、《尚书》、《易经》、《诗经》和《通鉴纲目》。在此期间康熙不仅系统地学习了儒家经典，还在师友们的影响和帮助下，自学了儒家和程朱理学的许多著述。在日讲的过程中，康熙帝多次对讲官们进行赞扬和奖赏，并表示自己深受教育。例如，康熙十六年三月初九日，讲官喇沙里、陈廷敬、张英进讲《通鉴纲目》，讲毕，康熙谕曰："览尔等所进讲章甚为精详，实于学问政事大有裨益。"① 该年九月初六日，喇沙里、陈廷敬等进讲《孟子》"仁言不如仁声之入人深也"之后，康熙帝在懋勤殿谕曰："尔等每日进讲，启导朕心，甚有裨益，嗣后天气渐寒，特赐尔等及同进讲官叶方蔼貂皮各五十张，表里缎各二匹，以示朕重道崇儒至意。"② 正如陈廷敬在进呈《刊完日讲四书解义疏》中所写："（康熙帝）凡在六经诸史，靡不极意研精；至于四子之书，实备百王之道。比年以来，次第进讲，历寒暑而罔间，积日月以成编。固已体验于宸衷，抑且发挥于政治。"③ 儒家学说已被康熙帝吸收，并且已经

---

① 《康熙起居注》，页295。

② 《康熙起居注》，页325。

③ 《午亭文编》卷30，《刊完日讲四书解义疏》。

用于政治实践，说明进讲早就有了实效。经过多年以来日讲官们的努力，康熙帝终于被塑造成一位"治道在崇儒"①的皇帝。康熙崇儒，特别尊崇程朱理学,他不仅命人编纂多部理学著述，还将朱熹正式升配孔庙，尊崇为十一哲。与当时的封建政治和封建经济统治相适应，推崇程朱理学便成为清王朝的国策。

康熙帝在位六十一年，在政治、经济、军事、文化各方面均取得了突出的成就。从此，清朝的统治进入了全盛时期。康熙帝的这些成就的取得，与他潜心学习儒家经典是分不开的，特别是在内政方面，表现得尤为明显。

康熙时，清朝的统治进入全盛期的一个重要的原因，就是康熙帝大力推行了便民政策，即在重农、恤商、蠲免钱粮、治河、开矿等方面均采取了许多切实可行的政策。就因为实行了这些政策，才改变了明末清初以来由于战争频仍而形成的社会经济凋敝的状态，使整个国家出现了经济恢复、生产发展、人口增长甚至百业兴旺的欣欣向荣的局面。无论是从当时的效果看，还是从实行这种政策的长期性和许多具体措施来看，康熙并不是把便民政策当作一时的权宜之计，更不是搞什么表面文章或骗人的把戏，而是他经过深思熟虑之后而采取的治国之策。究其原因，这是与他系统地学习过儒家经典分不开的，或者说是儒家思想在他的脑子中已经根深蒂固后所产生的结果。试看，康熙推行的各项便民政策，不就是孔孟所提倡的"仁政"、"王道"吗？不就是儒家的"民为贵"、"以民为本"思想的具体体现吗？他自己在《耕织图序》中曾这样写道：

---

①《圣祖实录》［一］卷66，页846。

朕早夜勤毖，研求治理，念生民之本以衣食为天。尝读《豳风》、《无逸》诸篇，其言稼穑蚕桑，纤悉具备。昔人以此被之管弦，列于典诰。有天下国家者，洵不可不留连三复于其际也。①

因为他强调民以食为天，所以他非常重视农桑，以便安定人民的生活。这不正是遵从了孟子"治国以王政为本，而王政以养民为先"以及"省刑法、薄税敛、深耕易耨"的教诲吗？说到这里，要特别提到的是，康熙十六年，由陈廷敬执笔整理的《日讲四书解义》呈给皇帝，其中的《孟子》部分中，讲解"滕文公问为国"一章中有这样的话：

此一章书是孟子言民事乃国之根本，宜法古井田之制以为养民之善经也。……孟子曰，国以民为本，民以食为天……田耕之事乃国家之本计所关，不可视为缓图而不为之经理区画也。《诗经·豳风·七月》之篇有云：田家勤苦，常无暇日。昼也则取覆屋之茅；宵也则制绳索之具，急升屋而治之。来春则始事南亩，播厥百谷，无暇治屋矣。可见小民终岁勤动，无一时不念及于稼穑，如此，人君可不以百姓之心为心乎？②

①《耕织图序》，《圣祖仁皇帝御制文集》卷32，见《四库全书》册1298，页643。
②《日讲四书解义·孟子上》，见《四库全书》册208，页420。

试看这一段讲解，与康熙自己在《耕织图序》中所说的那段话，何其相似！这说明日讲制度对康熙帝的影响是深刻的。

除此之外，在康熙帝的政治作风和生活作风中，儒家思想的影响更是极为深刻的。众所周知，许多清史书籍以及有关康熙的著述，都赞扬康熙帝本人的勤政、务实、宽厚和崇尚节俭的作风。确实如此，康熙帝每日"御门听政"，即每日早起亲自听政，而且始终坚持，是历代皇帝中少见的，向来被人所称道；在施政中，他"以实政为务"，向来不潦草从事。因为他实行"仁政"，所以十分关心百姓，如下令永停圈地，"滋生人丁，永不加赋"以及多次赈济饥民；他宽待各级官吏，"立志待大臣如手足，不论满汉蒙古，非大奸大恶、法不可容者，皆务全保之"①。说他"待大臣如手足"，这话或许有些太过，但康熙确实是杀人（包括杀大臣）较少的一个皇帝。此外，他还宽待侍从之人，对其兄弟以及近亲也都十分友爱。所有这些，也都是在儒学影响之下，使他懂得"政治之本在宽仁"。正如他自己所说："古之帝王以宽得之多矣，未闻以宽失也。"②

综上所述，我们有理由这样认为，康熙时代推行程朱理学尽管有其消极的一面，但不能否认这样的事实：康熙朝盛世局面的出现，与康熙帝本人尊孔崇儒是分不开的；或者说由于康熙帝大行仁政，才出现了康熙盛世。而康熙帝的潜心儒学以致确定尊孔崇儒的国策，又是与康熙帝青壮年时期所实行的经筵日讲制度有

①《圣祖实录》[三] 卷246，页443。
②《宽严论》，《圣祖仁皇帝御制文集》卷17，见《四库全书》册1298，页174。

着直接的关系。更具体地说，日讲当中日讲官们系统地给康熙讲解儒学经典起了决定性的作用。日讲官们培育、塑造了一位儒学皇帝，或者说是一位理学皇帝。

在设日讲官的十五年中，先后担任日讲官的共有十九人。毫无疑问，这十九位日讲官都对康熙帝的思想和政治产生了一定的影响。但，产生影响最大的到底是谁呢？在学术界有人认为"对康熙帝的思想和政治产生影响较大的是熊赐履、汤斌"，并认为其他日讲官和入值南书房的翰林们，除张英和高士奇外，即包括陈廷敬在内的其他人虽都有一技之长，对康熙帝的文化政策产生了一定的影响，但"在康熙皇帝确定统治思想和大政方针时，他们多随声附和，政绩上也无所表现"[1]。笔者认为，熊赐履、汤斌、张英、高士奇在康熙帝的师友中，确实是对康熙帝影响较大的人物。但是，前述见解中却忽略了陈廷敬。如果说陈廷敬"在康熙皇帝确定统治思想和大政方针时"是"随声附和，政绩上也无所表现"的人物，是不符合历史真实的。在上述十九位日讲官中，陈廷敬任经筵讲官的时间最长。在日讲的次数上，他虽然不是最多的（进讲次数最多的是孙在丰，共讲四百四十八次，其次是叶方蔼，共讲了三百三十七次），但其进讲次数却超过了熊赐履和汤斌。除此之外，他还受康熙帝之命，同喇沙里一起刊刻出版了《日讲四书解义》，而这部书又是康熙帝手不释卷的读物。

康熙十六年三月初九日，喇沙里、陈廷敬和张英进讲《通鉴纲目》完毕后，康熙帝对他们说："览尔等所进讲章甚为精详，

---

[1]白新良：《康熙皇帝全传》，学苑出版社1994年版，页348~351。

实于学问政事大有裨益。"①类似这样表示听讲受益并对讲官进行表彰的话，在陈廷敬进讲中康熙帝曾多次谈到。特别是在康熙十六年五月二十八日的进讲中，康熙帝对讲官喇沙里、陈廷敬、叶方蔼、张英四人曾说过这样的话：

> 卿等进讲启导，一一悉备，皆内圣外王修齐治平之道。朕虽不敏，罔不孜孜询之。每讲之时，必专意以听。但学问无穷，不在徒言，要惟当躬行实践，方有益于所学。②

在这段话里，康熙帝不仅表彰了讲官们的功绩，而且是非常明确地说明了讲官们对他的学问和他的施政的影响。这里要强调的问题是，当时进讲的四位日讲官中，喇沙里和陈廷敬当时的官阶最高，都是翰林院掌院学士，叶方蔼和张英当时分别是侍讲和侍读。而喇沙里是旗人，故进讲中的主讲无疑是陈廷敬。就当年进讲的次数说，共进行了八十二次，叶、张二人有时是分别参加的，而陈廷敬却是每次都参加了进讲。从这些情况中可以看出，上述康熙帝所说的讲官们的功绩或对自己的影响，陈廷敬是占主要地位的。到了康熙二十六年日讲停止之后，康熙帝曾总结他自己的学习："朕政事之暇，惟为读书。始于熊赐履讲论经史，有疑必问，乐此不暇，继而张英、陈廷敬等以（依）次进讲，于朕

①《康熙起居注》，页295。
②《圣祖仁皇帝御制文集》卷6，见《四库全书》册1298，页80。

大有裨益。"①由此可见，在进讲官给皇帝的影响上，康熙帝自己是把陈廷敬与熊赐履、张英并列的。除此之外，陈廷敬"出入禁闼几四十年"，除任经筵日讲，多年入值南书房和任过南书房总督外，又两任大学士，与康熙帝的政治关系非帝密切，对康熙的影响更是显而易见的。因此，在谈论对康熙帝影响最大的人物时，不仅不能漏掉陈廷敬，并且应该认为是一位主要人物。

那么，陈廷敬对康熙帝到底有怎样的影响呢？

首先，他和熊赐履等人一样，以一颗忠君之心，竭力用儒家思想来塑造康熙皇帝，以期推行以儒学治国的国策。他曾这样写道："尝慕宋臣以半部（《论语》）佐君，先明敬信节爱；愿学朱子以四子入告，亦曰诚意正心。即致斯世于致平，不外明德亲民之理，而使吾君尚尧舜，敢忘责难陈善之意。"②这说明，效法宋臣以半部《论语》佐君，是他的宿愿。他希望康熙帝"天德与王道同功，修己与治人兼至"③，即希望皇帝把儒家学说当作"人君之极则"，用儒家思想来"修身、齐家、治国、平天下"。无论在进讲当中，还是长期在南书房与康熙帝的密切接触中，陈廷敬随时都为把康熙帝塑造成儒学皇帝而竭尽全力。因此，其对康熙帝的影响是显而易见的。

第二，康熙帝由一般的推崇儒学到重点崇尚程朱理学的过程，与熊赐履、汤斌向他讲述程朱之学，确实是有很大的关系，但不能忽略的问题是，陈廷敬也是当时的经学大家，在研究程朱

①《圣祖实录》［二］卷130，页397。
②《午亭文编》卷30，页2~3。
③《午亭文编》卷29，页18。

理学上造诣颇深，他在这方面对康熙的影响也是颇大的。例如，早在康熙二十一年（1682）八月，陈廷敬和康熙帝曾在一起谈到程朱理学。当时康熙帝讲："道学之士，必务躬行心得。"陈廷敬对曰："自汉唐儒者用于经学，以为立身致用之本，而道学即在其中。至宋，周、程大儒倡明绝学，而朱子继之集其成，折衷诸儒之说，发明先圣之道，授徒讲学，实为千里道学之宗，有功于天下后世。故元人修《宋史》，特为道学立传，不为无见。"康熙帝说："然。"①像这样向康熙帝论述程朱理学，对作为一位理学家的陈廷敬来说是自然而然的事，也是经常的事。有关这方面的最重要的证据就是康熙帝与陈廷敬在理学一些要旨的理解和信仰上，是非常一致的。

　　理学是主"敬"并重"躬行"的，而"敬"的实质是忠诚务实；"躬行"就是注重实践，反对空言。而陈廷敬与康熙帝都具有务实、"重行"、反对空言的思想。从陈廷敬来说，无论在学术思想或政治上，他一贯是重视躬行和讲究务实的。有的对陈廷敬学术思想研究颇有心得的学者认为，陈廷敬具有"求实、务实的治学倾向，学以致用的思想观点"②。这无疑是非常正确的。陈廷敬在《杂著·困学绪言若干则》中写道："君子以身言，小人以舌言。故欲知其人，观其行而已，言未可信也。"他还针对当时社会上好空言、少实践的风气写道："若一向辟缁黄，斥异学，虽其议论明快俊真，而不问其实践力行，自得乎己者何在？

①《康熙起居注》，页879。
②魏宗禹：《陈廷敬在清初思想文化史上的历史性贡献简论》，载王思治、阎守诚主编《陈廷敬与皇城相府》，北京燕山出版社2002年版，页120。

则亦徒托之空言而已矣。"①这些论述，都充分表达了陈廷敬的务实和"实践力行"思想。除此之外，陈廷敬还提出过"因名以责实"的观点，曾说："三代以上之帝王，其名最著于世者，无过尧舜禹汤文武，使人君者好尧舜禹汤文武之名，求尧舜禹汤文武之实，因而以成其名，安见名之遂不好哉！"②陈廷敬的思想如此，而康熙帝呢？前面已经提及，他在政治上始终坚持勤政务实，而在思想上也主张"重行"，即所谓"君临天下之道，惟以实心为本，以实政为务"③。他曾说："朕平日读书穷理，总是要讲求治道，见诸措施。故明理之后，又须实行；不行，徒空言尔！"④他也批评社会上的那些空言家，说："道学者必在身体力行，见诸实事，非徒托之空言。今视汉官内务道之名者甚多，考其究竟，言行皆背。"⑤

可以看到，他二人对理学要旨的理解是一致的，亦即在学术思想和为政思想上是一致的。在当时的学术界，提倡程朱理学的大有人在，但确实有些人是多空言少实践的学者，而批判这些人的学术作风，陈廷敬与康熙帝态度又是一样的。这种一致，对虽无师生关系之名而有师生关系之实的陈廷敬与康熙帝来说绝对不是偶然的，无疑是老师影响了学生。

第三，据史籍记载："廷敬雅嗜读书，擂哙经史。讲幄初开，首膺特简，日进讲弘德殿中，敷演详剀，析义在文句之

---

① 《午亭文编》卷 24，《杂著·困学绪言若干则》。
② 《午亭文编》卷 32，《好名论》。
③ 《圣祖实录》[三] 卷 252，页 7。
④ 《康熙起居注》，页 116。
⑤ 《康熙起居注》，页 1194。

外。"①陈廷敬自己也说："叨侍讲筵，多历年所，……每当玉音下询，获申奏对，因而讲义之外，薄有敷陈。"②所谓"析义在文句之外"和"讲义之外，薄有敷陈"，都是指陈廷敬在进讲中，结合讲述内容阐发自己的政治主张和见解，在用人行政等具体问题上向康熙帝提出建议。例如，他在进讲中曾告诫康熙帝，为帝王者要谨言慎行。他说："帝王以天下为家，一言之微，有前后左右之窃听；一行之细，为子孙臣庶之隐忧，是以圣帝明王必慎乎此。"③又如：康熙二十年（1681）年末三藩之乱平定后，陈廷敬于第二年五月进讲时便建议康熙帝，说："至于世道休明之日，人心联合之时，正当大有为之际，必有纪纲宏远之规模，为社稷灵长之大计，虑万年毋狃于旦夕，成大事毋见于小利。此又忧盛危明，防于未暌之道也。"④在这里，他提醒康熙帝，要成大事切忌急功近利，趁平定三藩人心思治的大好机会，要为清朝基业制定长远规划。再如，在进讲中，陈廷敬经常趁机向康熙帝谈君臣关系。他曾大谈君臣道合，谓："上有尧、舜之君，下有皋陶、稷、契之臣，明良喜起，都俞吁沸于一堂之上。后世如唐之太宗，致治几于三代之隆，必有魏征、房、杜之为其臣，故能成贞观极盛之治。此谓君臣道合，一德交浮也。"⑤他还曾说："人臣尽忠事主，岂得以希荣干宠为心？人君以礼使臣，固必有报德

---

① 雍正《山西通志》卷122，页38。
② 《午亭文编》卷29，页1。
③ 《午亭文编》卷29，《讲皇帝要慎言行》。
④ 《午亭文编》卷29，《讲成大事毋见于小利》。
⑤ 《午亭文编》卷29，页6~7。

酬功之典。"①明君与良臣志同道合，臣事君以忠，君待臣以礼，才会使国家兴旺发达。将这样的为君之道，讲给年轻的康熙帝，无疑是非常必要的。陈廷敬的用心，也就非常明显了。除此之外，陈廷敬在进讲中曾多次谈说君子与小人，谈小人之"巧佞回邪"、"以同利为党"、"乘权藉（借）势"和"贪位固宠"，并说：对这样的小人应该"断然解去之，不使其为国家之患也"②。陈廷敬这样反复地谈小人问题，显然不是泛指一切小人，而是针对当时朝内的具体人。据有的学者考证分析，陈廷敬所指的这个小人，就是当时权倾朝野的大学士明珠。从史实来看，明珠当时的表现与陈廷敬所描述的小人确实是很相似的，因此这种分析是很有道理的。

第四，陈廷敬在为官期间，曾在注重百姓生计、加强吏治和力行教化等方面，作出了很大贡献。这些，在本书的其他章节中有全面的阐述，这里不再重复。只是需要进一步强调的是，陈廷敬在为政思想和实践方面的贡献，不仅影响到康熙帝的施政，而且对康乾盛世的形成也具有重大影响。

综上所述，在把康熙帝塑造成一位儒学皇帝的过程中，在康熙帝当时实行有利于国计民生的大政方针中，在康乾盛世的形成过程中，作为康熙帝的重臣、近臣和师友的陈廷敬，其影响是非常巨大的。因为种种原因，陈廷敬这一历史人物长期未得到学术界的重视，不仅使他在经学、诗学等学术上的造诣和影响被忽视了，而且他在政治上的影响，特别是在对康熙帝的影响上，也被

①《午亭文编》卷29，页2。
②《午亭文编》卷29，页8~10。

忽视了。我们应该还其原来的真面目。

受康熙帝的高度赞扬

陈廷敬从顺治十五年（1658）选为庶吉士，到康熙五十一年
（1712）逝世，为官共五十四年。在此期间，他仕途顺畅，屡任
要职，并且是康熙帝朝夕相处的师友，这充分说明了他和康熙帝
关系的密切程度。此外，陈廷敬与康熙帝的密切关系，还体现在
康熙帝对他的封赏、关注和颇高的评价上。

这里所谓的封赏，指的是封赠和赏赐。关于清朝的封赠制度
和陈廷敬所受封赠，上一章中曾有所涉及。这一制度，虽然对被
封赠者来说，并没有什么实际的利益，但朝廷封赠的目的是为了
"遂臣子显扬之愿"，即被封赠者可借此显示本人、先祖及妻室的
荣耀。显示荣耀也是清朝对官吏的一种待遇。陈廷敬在五十多年
的仕途中，从任检讨时被封为文林郎起，封阶也随着他官品的加
高而加高，曾被封为奉政大夫、通议大夫、资政大夫，直到最高
封阶的光禄大夫。另外，清朝的封赠制度还包括封赠官吏的上辈
和妻子，七品至四品官封赠父母和妻子，三品、二品追赠包括祖
父母，一品官要追赠太祖父母。因为陈廷敬从检讨累官至大学
士，随着他官品的升高，他曾祖父母、祖父母、父母和妻子也受
到了相应的封赠。其曾祖陈三乐"初赠光禄大夫、刑部尚书，累
赠光禄大夫、吏部尚书、文渊阁大学士"。其祖父陈经济"初赠
文林郎、浙江道御史，累赠光禄大夫、吏部尚书、文渊阁大学
士"。祖母"累赠一品太夫人"。其父亲陈昌期，最初"封翰林院
庶吉士、征仕郎"，随着廷敬官品的加高，又累封文林郎、奉政

大夫、弘文院侍读学士、通议大夫、资政大夫、经筵讲官、都察院左都御史、资政大夫、吏部尚书。"后二十年，廷敬以非才入阁办事，主上推恩赠先公（陈昌期，作者）光禄大夫、吏部尚书、文渊阁大学士。"①其母张氏，据陈廷敬自己说："初封孺人，再赠孺人，晋封宜人、淑人。……又赠淑人，晋赠夫人，再赠夫人，晋赠一品夫人。先公赠阁衔，先夫人赠一品太夫人。"②应该着重指出的是，封赠大都是逢国家盛事或朝廷喜庆时进行的。但对陈廷敬父母的封赠中，有的则是由于康熙帝本人对陈廷敬特别看重而"推恩"封赠的。

关于陈廷敬在为官期间所受到的赏赐可分为两种。一种是按照制度规定，经过考察的加级食俸。在多次京官考察中，陈廷敬都被列为"考察一等"，故他先后享受过加一级、加二级、加三级和加四级食俸的待遇。这样的加级，一般情况下都是按照清初制度的规定得到的，绝大部分不是受康熙帝个人的意志所定。而另外一种为皇帝对陈廷敬的赏赐，既是临时性的又有皇帝的随意性。其中包括皇帝赏以金银、实物或赐匾、赐字等。在陈廷敬五十多年的任官期间，康熙帝给他的奖赏是很多的，不仅年年都有，而且每年不仅是一两次。其中有的是陈廷敬同他人一起受奖赐，有的是他个人或同家人一起受奖赐。例如，早在康熙十一年七月，康熙帝因《世祖实录》告成有功，特奖陈廷敬银币、鞍马，并加一级食俸。接着于十一月初八日，陈廷敬又因进讲，同讲官傅达礼等一起，接受到康熙帝赐给的貂裘、羔裘、缎等物。

---

① 《午亭文编》卷43，页8，9~10。
② 《午亭文编》卷43，页9~10。

因此陈廷敬曾有"忽闻天语春温至，曾赐貂装故事稀"①的诗句。康熙十二年十月十二日，康熙帝曾"特赐"讲官熊赐履、陈廷敬、张英等八人紫貂、白金等物。②正如当时翰林院的翰林、著名诗人汪懋麟所说：陈廷敬"生平所历，呜呼盛矣！天子优渥异数，每撤御宴、珍味、宫貂、羔羊、白金、文绮以赐"③。关于其中提到的赐御宴，据陈廷敬自己说：康熙四十三年正月十五日"上命撤御宴赐臣廷敬"及全家，并在他的诗注中写道："是日撤御馔赐臣，且命膳人谓臣……重热与食。圣恩至矣！"④康熙帝摆御宴宴请大臣是常有的事情，陈廷敬也多次参加过这样的御宴，但把成桌的御宴赐给一位大臣及其全家，则是很鲜见的。康熙帝对陈廷敬关照之备至由此可见一斑。除了赐金、银以及其他实物之外，康熙帝更喜欢给有功和亲近的大臣赐字。因为与陈廷敬的关系密切，康熙帝赐给陈廷敬的字、匾额以及楹联更多。例如，康熙十六年三月，康熙帝赐陈廷敬等御笔楷书"清慎勤"三个大字。康熙三十九年正月，康熙帝赐陈廷敬"点翰堂"匾额，次年又赐"清立堂"匾额。这些匾额至今仍悬挂在皇城相府中。特别是康熙五十年，为了特殊奖赐陈廷敬，康熙帝还特别为其家乡写了"午亭山村"四个大字和"春归乔木浓荫茂，秋到黄花晚节香"的楹联。据陈廷敬自己所记，康熙帝写好这副楹联后曾这

---

①《午亭文编》卷10，页15。

②张英：《文端集》卷1，见《四库全书》册1319，页16。

③汪懋麟：《午亭集序三》，载《四库全书存目丛书补编》册78，页455。

④《午亭文编》卷18，页16，19。

样说："朕特书匾联赐卿，自此不与人写字矣。"①陈廷敬因此深感这是"圣笔如山"、"主圣怜臣"。后来陈家专门在中道庄城门前建御书楼，将御书"午亭山村"和楹联镌刻其中。康熙帝的所有赏赐，说明了陈廷敬在康熙帝心目中的地位，也充分反映了他们之间的密切关系。

除了奖励、赏赐以外，康熙帝对陈廷敬还有许多特殊的关照。例如康熙四十四年（1705）四月，陈廷敬扈从康熙帝南巡至杭州，康熙帝"诏（廷敬）至湖（指杭州西湖，作者）上，命出观一日"②。"且云：'廷敬老臣，遇宫眷车不须避路。'"对这样的关照，后人曾有过"洵承平盛事也"③的赞语。此外，前一章提到的张汧案中，康熙帝对陈廷敬的保护，是从政治上对陈廷敬最大的关照。更有甚者，在陈廷敬父母的丧事中，康熙帝在慰问和祭奠上所采取的一些措施，则更是体贴入微的。康熙十七年十月，陈廷敬的母亲张氏病逝。康熙帝得报后，便破除原来只有满大臣有丧才派人赐茶酒的规定，特遣人往陈廷敬家赐茶酒。据记载：

> 谕大学士等："满大臣有丧，特遣大臣往赐茶酒。满汉大臣，俱系一体。汉大臣有丧，亦应遣大臣往赐。著大学士明珠、翰林院掌院学士喇沙里等，携茶酒往赐。"④

---

① 《午亭山人第二集》卷2，页15。
② 《午亭文编》卷19，页18。
③ 陈康祺：《郎潜纪闻》二笔，卷9，中华书局1984年版，页496~497。
④ 《圣祖实录》［一］卷78，页997。

　　国初，惟满大臣之丧，遣官赐茶酒。汉大臣之丧，遣官赐茶酒，自康熙十七年始。……陈文贞廷敬有母丧，诏阁臣察前明实录慰问例具闻。遣内阁学士屯泰、翰林院掌院学士喇沙里，赍赐乳茶、湩酒赐之。慰问之典，实始于此。①

把满汉大臣当作"一体"，符合康熙帝"联汉"的思想和政策。但平等对待满汉大臣的丧事，首先从陈廷敬身上开始，这又反映了康熙帝与陈廷敬之间的密切关系。不仅如此，当时"部议：廷敬母以詹事任封，例不得与祭葬。上曰：'廷敬侍从勤劳，其母准以学士品级赐恤。'"②一个三品汉官的母亲"以学士品级赐恤"，这在当时也是非常特殊的。对于上述这一切，当时的汪琬就有深刻的感受。他说：

　　子端陈先生将奔其母张淑人之丧，所司以闻，天子为之恻然，诏遣学士屯泰公、喇沙里公劳问先生于丧次，赐以乳茶、湩酒四器，且宣上谕曰："尔廷敬宜勿过哀，以致灭性。"恩意有加焉。已而复命，上又问先生动止容色如何？两学士具以对。呜呼休哉，此皆君臣相与之异数。考诸故事，惟满洲重臣始得之，先生汉人也，其官又甫及三品，顾独蒙眷注优渥如此，本朝三十

①吴振棫：《养吉斋丛录》卷25，上海古籍出版社1983年版，页263。
②《午亭文编》卷43，页10。

余年未曾有也。①

汪琬与陈廷敬同期为官，并且过从甚密。在他看来，皇帝派人赐茶酒和关注陈廷敬在母丧中的情况，乃是"君臣相与之异数"。满洲重臣能得到的待遇，破天荒地施与一个当时仅是三品官的汉族大臣陈廷敬身上，确实是他"独蒙眷注优渥"。毫无疑问，汪琬的看法代表了当时官吏们的普遍看法，说明康熙帝对待陈廷敬与对待其他官吏相比较，有许多地方是很不相同的。康熙三十一年（1692）七月，即陈廷敬调任刑部尚书不久，其父陈昌期因病去世。康熙帝仍然援陈母例，派人前往慰问。陈廷敬自己写道："蒙圣心矜怜，遣内阁学士兼礼部侍郎臣戴通、内阁学士兼礼部侍郎臣王尹方至廷敬私寓恩赐茶酒。"②

康熙帝对陈廷敬关注的最特殊的表现，则是对待陈廷敬的生病和陈廷敬本人的丧事。

据陈廷敬之子陈壮履记述，陈廷敬自康熙五十一年二月二十七日患病，到当年四月十九日晚逝世，在此期间，时时刻刻受到了康熙帝的亲切关怀。二月二十七日，陈廷敬"得疾卧枕，不能入阁办事"。该日康熙帝于"畅春苑澹宁居听政，问中堂温达等：'陈大学士为何不见？'温达回奏：'陈廷敬偶患二便秘结，不曾来，具有折子。今伊子陈壮履在外启奏。'上云：'二便不通，服药难效。坐水坐汤，立刻可愈。'即将坐水坐汤之法向陈壮履说知，俾回去如法调治。少刻……传旨著太医院右院判

①汪琬：《诰封陈母张淑人墓志铭》，《尧峰文钞》卷18，页1。
②《午亭文编》卷43，页10。

刘声芳速往诊视。"①在以后的日子里，康熙帝对陈廷敬经常"遣侍医赍秘药珍膳，朝夕候视，中官慰问，相望于道"。但派去询问陈廷敬病情的人，因道路较远一时不能返回，有时已"漏下三鼓"，但康熙帝仍然"秉烛等待"消息。②四月十四日，陈廷敬的病已经是越来越重，康熙帝特"谕臣壮履：'汝父病体要紧，汝不必亲身启奏，每日但具折子，令家人交与南书房转奏可也。'"特别是陈廷敬生命垂危的四月十九日，康熙帝又派近臣到陈廷敬寓传旨说："朕日望大学士病体速愈，再佐朕料理机务几年。若事出意外，大臣中学问人品如大学士，可代理内庭事务者为谁？"接着又谕陈壮履："倘老大人身后，汝家中有何难处事否？朕自与汝作主，不必忧惧。"除此之外，为了准备陈廷敬的后事，他还关心陈廷敬的棺材木料，派人问陈壮履："山西有梢板否？梢板用否？"③

上述康熙帝对陈廷敬的关怀，可谓事无巨细，无微不至。正如陈壮履所述："康熙五十一年四月十九日是夜戌时，臣父身故。伏念臣父服官五十余年，备员政府，供职内庭，蒙皇上知遇之恩，至深至久。自卧病以至易箦，复荷圣心轸念，日遣御医诊视，时命近臣慰存，上药特颁，珍味叠赐，优渥隆施，亘古未有。"④因为康熙帝的这些表现，完全超出了一般君臣的关系，对待自己的亲人也不过如此，所以有人认为这种情况为"亘古未

---

①陈壮履：《叠遣近臣存问》，《皇城石刻文编》，页23。
②李光地：《说岩陈公墓志铭》，见雍正《山西通志》卷200，页48。
③陈壮履：《恩赐器》，《皇城石刻文编》，页19。
④陈壮履：《叠遣近臣存问》，《皇城石刻文编》，页23。

有"，完全是有道理的。因为一个皇帝这样亲自关心一个大臣的病情，历史上确实是鲜见的。

陈廷敬逝世后，康熙帝的表现更是特殊。在得知陈廷敬逝世的消息后，他非常伤心，"感叹弗置"。为了表达他对陈廷敬的"缅怀劳绩，日笃不忘"，他不仅写了挽诗，并且亲笔写了祭文。其挽诗云：

> 世传诗赋重，名在独遗荣。去岁伤元辅，连年痛大羹。
>
> 朝恩葵衷励，国典玉衡平。儒雅空阶叹，长嗟光润生。①

所谓"去岁伤元辅，连年痛大羹"，指的是去年张玉书辞世，今年又走了陈廷敬，两年内失去了相当于他的左膀右臂的两位重臣，尤其是陈廷敬更是与他朝夕相处数十年，他当然要悲痛的。就是因为陈廷敬对清朝有功，并且与康熙帝感情深厚，所以在他后事的处理上，康熙帝与对待其他大臣不同，除了赐谥号文贞，另"赐紫杉器一具，赙银千两"②外，在祭奠上尤为隆重。四月二十一日"特召皇三子诚亲王率侍卫、内大臣吊奠，九卿皆会"③。皇三子及诸大臣至陈廷敬灵前，"陈设御赐茶酒二器，举哀致奠，行三叩礼"④，并宣读御制祭文。到五月十三日，康熙帝又特命对陈廷敬加祭一次，并派人宣读了他亲笔写的祭文。

---

① 《康熙御制陈廷敬挽诗碑》，《皇城石刻文编》，页10。

② 雍正《山西通志》卷122，页66。

③ 李光地：《说岩陈公墓志铭》，雍正《山西通志》卷200，页48。

④ 《钦命亲王临奠》，《皇城石刻文编》，页27。

该年的八月二十四日，陈廷敬灵柩回原籍，康熙帝又特遣"沈一揆护丧归里"①。

从陈廷敬得病起，到灵柩护送回原籍，康熙帝几乎对每件事都亲自关照。这不仅仅因为陈廷敬忠于康熙帝和对朝廷有功，更是因为陈廷敬与康熙帝之间感情深厚和关系密切。

谈到康熙帝对陈廷敬的评价，无论是生前或逝后，评价一直很高。对于陈廷敬的人品，康熙帝认为他"器资厚重，品诣纯深"；对于陈廷敬的学问，康熙帝多次说他"经史淹通"、"深通儒术"，特别是对陈廷敬的诗作极为欣赏，称赞他的诗"清雅醇厚，非积字累句之初学所能窥也"②，甚至认为可与李白、杜甫相媲美；对于陈廷敬对皇帝的忠心，康熙帝也多次赞扬，说他"盖在仕籍者余五十年，而秉忠贞者恒如一日"③。更为突出的是，康熙帝竟称陈廷敬是"老大人"、"是极齐全底人"。对此，陈廷敬曾写《苑中谢恩蒙谕卿是老大人，是极齐全底人，臣感激恭纪二首》，其第一首云："敕旨已褒因旧学，口宣更许是全人。帝思风励先多士，天与恩光及老臣。"④李光地也曾说："上谕卿（指陈廷敬，作者）是耆旧，可称全人。"⑤"老大人"、"全人"的话是康熙帝在允许陈廷敬原官致仕时对陈廷敬所说。称他为"老大人"，是因为他年事已高，又是德高望重，是对他

---

① 《午亭山人年谱》。
② 《清史列传》卷9，《陈廷敬》。
③ 《皇城石刻文编》，页14。
④ 《午亭山人第二集》卷1，页8。
⑤ 李光地：《说岩陈公墓志铭》，雍正《山西通志》卷200，页52。

的尊重；称他为"全人"，是称赞他品德高尚、学问渊博、稳重勤劳、慎守无过。这无疑是康熙帝对陈廷敬多年治学和为官、为人的总评价。

综上所述，康熙帝对陈廷敬在政治上和生活上的各种特殊照顾和关怀以及对其非常高的评价，既反映了陈廷敬治学、为官和对清朝作出了重要贡献的实际，又说明了康熙帝与陈廷敬之间的密切关系。与陈廷敬同时任过大学士的张玉书对于陈廷敬与康熙帝的密切关系，曾有这样的描绘：

> （陈廷敬自康熙帝）亲躬大政，开今上讲筵，直禁幄，由侍从洊历卿贰，两掌邦宪，四登尚书，挈持纲维，表率寮采，遂进参化权，弼亮左右。自通籍五十年以来，白首一节，终始无间。上之所以眷倚公者，久而益深。而公之所以勤劳事上者，亦久而未艾。君臣相得，昔人谓之千载一时，夫岂易事欤！[1]

这些话讲得既实际，又确切。一个在中国历史上创造过"康乾盛世"的皇帝，一个在这一创造中有过突出贡献的大臣，二人的确是"君臣相得"。而这种"君臣相得"的密切关系，确实又是千载难逢的。

---

① 《张文贞公集》卷 5，页 20。

诗词创作

李正民

今所见陈廷敬的诗作，据《午亭文编》、《午亭山人第二集》、《午亭集》以及魏宪《皇清百名家诗选》四种合计，去其重复，得两千六百七十首。他最早的诗集《参野诗选》（收了他二十一岁至二十五岁五年间所写的诗）已佚。故陈廷敬的诗作当在三千篇以上，而他写诗只不过是繁忙公务之余事而已。由他的身份所决定，他的诗歌的总特点是"和声以鸣盛"，其大部分诗歌为台阁体。

"和声以鸣盛"的台阁体诗

"台阁体"之称，始于明初的三位大学士的诗文，即杨士奇、杨荣、杨溥的创作。20世纪80年代以前，大陆学者一般对"台阁体"评价偏低，甚至予以批判。《辞海》释"台阁体"曰："其特征是形式典雅工丽，内容多为粉饰太平和颂扬统治者的功德。"（上海辞书出版社1980年版）高校文科教材《中国文学史》，论述以"三杨"为代表的"台阁体"诗派说："所作诗歌都是歌功颂德、粉饰太平的作品。号称词气安闲、雍容典雅，其实陈陈相因，极度平庸乏味。"（人民文学出版社1964年版）此说影响所及，使"台阁体"在人们心目中具有了贬义，故一般文学史的论著、论文，甚至研究清代文学，清代诗歌的论著、论文，对大学士陈廷敬的诗作几乎一字不提。

21世纪初，随着旅游热的兴起和皇城相府集团的首倡，电视剧《康熙大帝》中出现了陈廷敬的形象。人们才由此开始知道他，但仍限于其官位和《康熙字典》等典籍的总纂。有个别学者注意到陈氏的诗歌，但讳称"台阁体"。其实，只要我们坚持实事求是的学术态度，对具体对象作具体分析，是可以对陈廷敬的诗歌予以科学的定位和较为准确的评价的。

"台阁体"仅是诗文的一"体"，本与内容无关。其"体""典雅工丽"、"雍容典雅"，是形式上的特色；至于内容是否"歌功颂德，粉饰太平"、"陈陈相因，平庸乏味"，则需要分析具体作品。

《四库全书·午亭文编·提要》称："正值国家文运昌隆之时，而廷敬以渊雅之才，从容簪笔，典司文章，得与海内名流以咏歌鼓吹为职业。故其著述大抵和平深厚，当时咸以大手笔推之。"接着指出陈廷敬与汪琬、王士禛"其诗文实各自成家，分途竞爽。虽就其才力之所及，蹊径不无稍殊，而要为和声以鸣盛，则固无异轨也"。而所谓"咸以大手笔推之"，即《四库全书总目》所云："文章宿老，人望所归，燕许大手，海内无异词焉。亦可谓和声以鸣盛者矣。""燕许大手"，即燕许大手笔，指唐代中宗、玄宗时的燕国公张说、许国公苏颋。《新唐书·苏颋传》："自景龙后，与张说以文章显，称望略等，故时号'燕许大手笔'。"

以上引文中，有几点值得注意：一是康熙朝陈廷敬任职期间，"正值国家文运昌隆之时"，这已是无需争议的历史事实；二是陈廷敬"典司文章……以咏歌鼓吹为职业"，这是说陈廷敬写诗乃是一种本职工作；三是说陈廷敬诗文的总体特征为"和声以鸣盛"，既遭逢盛世，自己又是高级官员，"出入禁闼几四十年"，以诗歌"和声以鸣盛"自是情理中事；四是以"燕许大手笔"评价陈之诗文，亦即认为他是台阁诗人之冠。

"和声以鸣盛"出自韩愈《送孟东野序》："天将和其声而使鸣国家之盛。"所谓"和声"，《四库全书·午亭文编·提要》之意为陈廷敬与汪琬、王士祯之诗文"固无异轨"。然观陈氏诗作，其"和声"，当理解为"治世之音安以乐，其政和"①，方能把握陈诗的本质特征。正如其《南巡歌十二章》之"击壤"所写，"蠲租除赋，赦过省刑。太和之化，洋溢万国。记曰：心和形和，则天地之和应之，此作乐之本也。"②

沈德潜《国朝诗别裁集》选陈廷敬诗十五首，评曰"典质朴茂"、"风调音节，俱近唐贤"，并首选《平滇雅三篇》。陈廷敬在《献平滇雅表》中说：

臣廷敬尝诵《诗》，见大小雅《六月》《采芑》《江汉》《常武》，皆言周宣王南征北伐，兴治拨乱，以定四方平天下之功。臣尝窃叹，以为如诗所载，可谓盛哉！……苟非其臣尹吉甫、召、穆公辈作为雅诗，传之于今，今虽欲望宣王之形容，及其辅佐之盛，其道无从；而宣王定四方平天下之功，亦不能赫赫必传于后世。……方今功德盛隆，迈于周雅……而大雅不作，不胜惑焉……臣备员法从，尤以文章为职业……谨撰《平滇雅三篇》，再拜以献。③

①《礼记·乐记》。
②《午亭文编》卷1，《南巡歌十二章》。
③《午亭文编》卷1，《献平滇雅表》。

沈德潜认为,《平滇雅三篇》可与柳宗元的《平淮夷雅》相媲美。其实陈作更强调"天心恻楚,悯怜下民",寓有深意。

《午亭文编》卷一之《朝会燕飨乐章十四篇》《北征大捷功成振旅凯歌二十首》《圣武雅三篇》《南巡歌十二章》等,皆属此类。陈廷敬既然"以文章为职业",又逢盛世,自必歌功颂德。然而关键在于康熙是否有功可歌、有德可颂,陈之歌颂是否出于真情,其诗艺如何。让我们看一看相关文献,并略作分析。

《清史稿·圣祖本纪》载,康熙二十三年首次南巡时,"登岸行数十里,询耆老疾苦"。康熙四十四年南巡前下诏:"所至勿缮行宫,其有科敛累民者,以军法治罪。"康熙四十六年南巡前下诏:"南巡阅河,往返舟楫,不御室庐,所过勿得供亿。"康熙共南巡六次,亲临治河,作有《江南诸臣》一诗:"廿载安澜自有因,河干亲临至于频。白首常思善后策,青畴每念力农心。……吴越山川犹在目,虽忘多景不忘民。"陈廷敬给康熙讲经时就曾说过:"存心于天下,加志于穷民,洞知闾阎之疾苦,历观稼穑之艰难。"[1]上述康熙的言行,正是陈廷敬教导的实践。《南巡歌十二章》第三章"淮水清"(述留漕也)写道:"淮水清,黄水波,中有漕船过。……寒者待衣,饥者待哺。留船漕二十万石。行者得休,居者得食。感皇恩,歌以易泣。"第四章"江南北"(纪统免江南北逋赋也)写道:"江南北,江茫茫。吾君恩泽,江流与长。江以南,江以北,颂洋洋。缓新除旧赋,妇子偕乐康。"此外,还有第五章,"纪免淮扬额赋";第六章"纪免浙江逋赋";第七章"纪恤商";第八章,"述广入学额";

---

[1]《午亭文编》卷29,《经筵奏对录》。

第九章"纪免凤阳额赋";第十章,"纪免山东额赋并赐缓征逋租也"。陈廷敬在《南巡歌十二章》序中说:"乐府之作,皆以被之金石丝竹,荐之朝庙,用之家国,非徒为文字观美而已。"不难设想,陈氏将此作献给康熙后,必将进一步鼓励他施行善政,"用之家国"。

至于康熙八年下诏"永行禁止"圈地,以及平定三藩、收复台湾、击退沙俄入侵、平息准噶尔叛乱等功业,史学家早有定评。所以,陈廷敬"和声以鸣盛",便是理所当然、情之必至的事了。

陈廷敬在《岁暮题新诗卷与豫朋》一诗中说:"《三百篇》言一字情",①以真情为《三百篇》之魂。他的《午亭文编》中古体诗的压卷之作《咏古四首》又说:"托志在大雅,讲德观王风。永言播声律,和平民所衷。"故其诗往往真情充溢,不能自已。康熙帝于四十四年有诗赐陈廷敬,题曰:"览《皇清文颖》内大学士陈廷敬作各体诗,清雅醇厚,非积字累句之初学所能窥也。故作五言近体一律,以表风度,诗云:'横经召视草,记事翼鸿毛。礼义传家训,清新授紫毫。房姚比雅韵,李杜并诗豪。何似升平相,开怀宫锦袍。'"康熙对陈廷敬给以极高的评价,将他拟之为唐代贤相房玄龄、姚崇,比之为诗仙李白、诗圣杜甫。这时,已六十八岁的陈廷敬"感激之下,涕泪零落",以七律一首为答:"衰钝何堪感至尊,频蒙激赏是殊恩。抛残绮语文焉用,老罢丹心事可论。一饭不忘如杜甫,平生无憾胜虞翻。传闻多恐遗青史,留取新诗示子孙。"陈氏在《史蕉饮过江诗集序》

①《午亭山人第二集》卷3,《岁暮题新诗卷与豫朋》。

中又说："上尝有是言矣，赐廷敬诗序有曰：'清雅醇厚，非积字累句之初学所能窥也。'于戏！此风雅之本原，诗人之极致，廷敬何足以当之！"①所以他要"致身在报国，耻学时人甘肉食，深恩不酬良可惜。曾谁能缓旰宵忧，宣室苍生须借筹"②，要像贾谊那样献治国安邦之策，为帝王分忧解愁。他在《题东坡先生集》中指出"斯文配天命，大化需人为"，感叹苏轼"何不陟辅相，致民如尧时"③！于此可见，所谓"粉饰太平"、"陈陈相因，极度平庸乏味"的断语，是与陈廷敬诗歌的创作实际相去甚远。

陈氏的多数诗作，确属台阁体。他为李霨《心远堂诗集》作序称："写一时交泰之盛。盖遭际盛时，故其诗有雍容太平之象，古人所谓台阁文章者，盖若是矣！"这段话也可看作陈氏的"夫子自道"。李霨评陈廷敬诗曰："其言高华深稳，无繁声促节噍杀啴缓之习也……而归其性情于正。"徐乾学论陈诗说："固已备古近之体裁，极抒写之能事，煌煌乎雅颂之遗。所以黼黻当世而润色鸿业。"汪懋麟说："（陈廷敬）所著诗多朝庙雅乐，纪载典实……感时触物之际，又复忧深思远，含蕴以出。词无不工，义无不备，真得诗人正大之遗音者。"

李东阳《麓堂诗话》指出："朝廷典则之诗谓之台阁气。"陈廷敬之所以多为"朝廷典则之诗"，是由他的身份、地位决定的。"语言文章，各人有各人身份，唯其称而已。所以寻常妇人难得伟词，穷老书生耻言抱负。至于身厕戎行，躬擐甲胄，则辛

---

① 《午亭文编》卷37，《史蕉饮过江诗集序》。
② 《午亭文编》卷3，《沈绎堂翰林殿廷橐笔阁门赐貂图》。
③ 《午亭文编》卷5，《题东坡先生集》。

稼轩之金戈铁马、岳武穆之收拾山河，固不能绳之以京兆之推敲、饭颗之苦吟矣。"①陈廷敬的身份意识即廊庙意识，决定了他的创作必须与朝廷意识形态相吻合，以雍容平稳为标志，和声鸣盛，润饰鸿业。

陈廷敬有几首标准的台阁体诗，颇为著名。早年有《赐石榴子恭纪》："仙禁云深簇仗低，午朝帝下报班齐。侍臣密列名王右，使者曾过大夏西。安石种栽红豆蔻，火珠光迸赤玻璃。风霜历后含苞实，只有丹心老不迷。"《清史稿·陈廷敬传》曰："廷敬初以《赐石榴子诗》受知圣祖，后进所著诗集，上称其清雅醇厚，赐诗题卷端。"这首诗名为咏物，实则歌颂皇家气象，又以"丹心老不迷"形象地表白对康熙的赤胆忠心，颇似杜甫之志。杜甫"流落饥寒，终身不用，而一饭未尝忘君也欤"②，故康熙对此诗深为赞赏，"诵之至再"。陈廷敬晚年有《苑中谢恩蒙谕卿是老大人，是极齐全底人，臣感激恭纪二首》，其一云："敕旨已褒因旧学，口宣更许是全人。帝思风励先多士，天与恩光及老臣。弱本似蓬宁自直，清非如水敢言贫。平生自守冰渊志，一语阳和鉴苦辛。"这首诗所抒发的感戴之情，确是出于一个臣子的真诚。陈廷敬的诗与王士禛诗相比，更切用于"鸣盛"以润饰鸿业，自然更为康熙帝看重，而陈亦能有当世之荣，却因此为近世读者所轻。其实，只要我们承认"康熙之治"在中国历史上是有重要贡献的，就不能不肯定陈氏之歌功颂德有历史的合理性。

除了颂圣、鸣盛、纪恩、恭和之作外，陈廷敬有不少诗抒写

---

① 陈衍：《石遗室诗话》卷32。
② 苏轼：《王定国诗集叙》。

"相臣心事"，表现了对朝廷要务的关注和对古代名相的倾慕。如《问蝗行》云："下言小民吾根本，三时勤苦终岁饥。长官鞭笞吏卒怒，但向公府供轻肥。夏秋税粮分应尔，缓之数月谷庶几。"《南旺分水行》则赞赏济宁同知潘叔正建言开河通漕运和民间水利专家白英的功绩。对古代名相的倾慕，如《谷城山在东阿东北五里》云："子房年少时，击秦博浪中……伏腊祠黄石，此义千古雄。"《平山堂》云："欧公千载后，何人共跻攀？"沈德潜评陈廷敬《赠孝感相公》一诗说："兵戎未停，疮痍满野，而以为民请命望之相臣。"他评陈氏《渡江见焦山作怀林吉人》曰："以不能荐贤为耻，相思不断，如水东流，尤见相臣心事。"

　　虽说庙堂文学自当以清醇典雅、雍容大度为正，这也是陈诗的主导特色，但他的诗风并非千篇一律。杨际昌《国朝诗话》就指出："泽州陈相国廷敬《闻笛》诗云：'一片长安秋月明，谁吹玉笛夜多情。关山万古无消息，肠断风前入破声。'丰致洒然，绝不妆点台阁气象"。此诗见《午亭文编》卷十一。同卷又有《征途闻笛》云："一片关山春月明，边愁遥起故园情。回思吹笛千门夜，落尽梅花送我行。"两首诗皆言"边愁"，故杨际昌说"绝不妆点台阁气象。"陈廷敬身为台阁重臣而"绝不妆点台阁气象"，适见其真，颂盛世则出于至诚，写边愁则流露深情，殊为难得。据《午亭山人年谱》载，陈廷敬九岁时曾赋牡丹诗，有句云："要使物皆春。"人许以"日后必为名宰辅"。他晚年时再说："文章图报国，只此是真诠。"①陈廷敬的这几句童诗和病中真言，是我们理解其诗作的钥匙。

①《午亭山人第二集》卷3，《病中作三首》。

"报国"是陈廷敬写诗的目的，道统、学统、文统的整合，则是他这位学人之诗的基本内涵。他在《午亭文编》的自序中说："将以力之所近者，求至于吾道焉已耳。"他在《吴元朗诗集序》中说："文之精者无如诗。夫文以载道，诗独不然乎？"他在《癸未会试录序》中说："道尊而学正，学正而文兴。"他又特别重视理学"躬行"之旨，故他的学生林佶说他："为诗古文词，贯文与道而一之。"

姜宸英也指出："（陈廷敬的诗文）理弸于中而文暴于外。其所言者，皆得乎性情之正，而所述者无非仁义道德之旨也。则可谓富哉！信乎其为载道之文欤！"①

陈廷敬所谓道，即尧舜禹汤文武周孔之道。他认为："尧舜禹汤文武以道学而为君，皋陶伊尹周公以道学而为相。上下二千年，入乎此则君明臣忠而天下以治，出乎此则君暗臣邪而乱已随之。至于春秋，道学之统不在君相而在师，是以孔子为道学之大宗也。……今天子以圣人而为君，行尧舜禹汤文武之道，将必有如皋陶伊尹周公其人者以为之相。"②陈廷敬以帝王师而居相位，其内心深处，隐然以周公、孔子自许。这当是他几十年如一日，兢兢业业，忠于职守，学以致用，终成"完人"的内在动力。

《午亭文编》卷首《朝会燕飨乐章十四篇》之"庆平章"写道："帝仁如天，帝明如日。亲贤任能，爱民育物。礼备乐成，声教四讫。"这便是陈廷敬主张的道、学、文一以贯之的理想境界。

---

① 姜宸英：《湛园集》卷1，《尊闻堂集序》。
② 《午亭文编》卷36，《大司寇魏环溪先生七十寿序》。

刘然《国朝诗乘》选陈廷敬诗二十九首，评曰："台阁之诗，工为应酬，虽藻粉铺张而其中无有，亦坐其人胸中无识。……先生诸篇于沉博绝丽之余，寓感讽规切之意，长句片语，莫不称是。天人之相与，主臣之交孚，淋漓恺切，唯所欲言。要其忠孝蟠郁，蓄极而流，不可遏抑如此。诗乃为有为而作也！"刘然可谓真知陈诗者，他明确地将陈诗与"工为应酬"、空洞无物的台阁体诗划清了界限。

反映重大政治事件、关心民生疾苦的作品

陈廷敬留存的两千余首诗篇中，题材甚广，抒情、叙事、写景、怀古、咏物兼备。其体裁包括古体杂言、四言、五言、七言，近体五言、七言律绝以及古乐府、骚体。其艺术风格有宗唐学杜者、学韩者，宗宋近苏者，也有学王、孟、韦，颇具神韵者。故康熙诗坛盟主王士禛对陈廷敬诗予以高度赞赏："自昔称诗者尚雄浑则鲜风调，擅神韵则乏豪健"，而陈廷敬之诗却"能去其一短，兼其两长"。

徐乾学也指出："（陈廷敬诗）固已备古、近之体裁，极抒写之能事，煌煌乎雅颂之遗，所以黼黻当世而润色鸿业。"[①]

首先应予重视的，是陈诗中反映重大政治事件的作品。除前已论及的《平滇雅三篇》、《南巡歌十二章》等以外，再如《岁暮杂感二首》：

> 云山万里一雕鞍，急羽应须起谢安。

---

① 徐乾学：《北镇集序》，《四库全书存目丛书补编》，册78，页458。

岭海梅花旌节远，江城金鼓戍楼寒。

苦吟独客身将老，小酌幽襟醉后宽。

旅兴易伤西望眼，数峰深翠路漫漫。

紫极青宵怅远天，桂阳险绝羽书悬。

题诗万马中宵动，草檄孤城百道连。

直北风云凭障塞，征南笳鼓在楼船。

将军前部何时到，雾散龙沙夜月圆。①

康熙十二年（1673）十一月，吴三桂杀云南巡抚朱国治，举兵反叛。贵州提督李本深响应。十二月二十一日，叛讯传至北京。这两首诗是陈廷敬闻讯后所写。第一首诗开宗明义，主张立刻起用文武韬略之重臣，率军前往平叛——"急羽应须起谢安"，表现了诗人心系国事的热切之情和对军事形势的洞察。谢安，字安石，曾为东晋尚书仆射，淝水之战中为征讨大都督，指挥将帅大破苻坚军。时人常言："安石不出，将如苍生何？"李白亦有"但用东山谢安石，为君谈笑静胡沙"之句。全诗第一句，以"万里"与"一雕鞍"构成对比，不仅写出羽檄传书军情之紧迫，更有暗示形势危急之喻义，并与下句"急羽"紧密关合，从而突出"起谢安"的必要性和紧迫性。第二联，"旌节远"、"戍楼寒"，具体表现吴三桂独霸云南、中央政府鞭长莫及的现状。第三联回到眼前，写自己忧虑国事，所谓"醉后宽"是背面敷粉的写法，足以托出"醒时焦虑"的形象。尾联以一个

---

① 《午亭文编》卷10，《岁暮杂感二首》。

"伤"字点题，又以"路漫漫"双关惆怅不尽之忧思。

第二首第一句以一个"怅"字与第一首衔接，情感一气呵成。首联进一步说出"起谢安"之必要。颔联、颈联想象平叛大军的声威。尾联以"雾散龙沙夜月圆"，预想平叛胜利，玉宇澄清，江山一统。

这两首诗之神、形，俱近杜诗。

八年之后，平三藩之叛取得全胜，捷报传至京师。陈廷敬抑制不住激动之情，一口气写了《滇南大捷诗十首》。第一首云：

> 夜半传呼万岁声，边书送喜拔围城。
> 霜天破贼烟尘静，不待新年贺太平。

诗人与国运休戚相关，边书送喜贺太平，内心之兴奋溢于言表。

第五首云：

> 烽火双悬大将旗，孤城三道集王师。
> 遥知铜柱销兵地，别号昆明洗甲池。

所谓"铜柱销兵"，见《史记·秦始皇本纪》："收天下兵，聚之咸阳，销以为钟、镶、金人十二。"是说秦统一全国后，收缴天下兵器，融化之后铸为钟、镶和十二个铜人。陈廷敬借此事说明三藩乱平，天下大定，不再有战争，可以销毁武器了。"昆明洗甲池"，即以吴三桂叛乱的根据地云南昆明滇池为"洗甲池", 用杜甫"安得壮士挽天河, 洗净甲兵长不用"诗意, 表现天下太平、长治久安。全诗写清军三路围攻, 一举平叛, 表达了诗人庆幸和平的喜悦心情。

第七首云:

一举楼船定海隅, 雕题卉服效前驱。

三军所过都无恙, 况复频年诏赐租。

"雕题"指以丹青绘雕额头, 乃西南少数民族之装饰; "卉服"即草衣, 也是少数民族的服饰。全诗第二句是说, 吴三桂之叛不得人心, 当地少数民族的战士和百姓都愿当清军的向导和先锋。后两句说大军纪律严明, 秋毫无犯, 更何况皇上已连年下诏免除了租税。虽然, "三军所过都无恙"难免过誉, 但这里主要表现的是陈廷敬对战区人民的关心, 唯恐受到损害。这正是"相臣心事"中最重要、最可贵的核心。

第九首说: "上将指麾皆庙算", 第十首说: "几载忧勤识圣情", 以亲历亲见称颂康熙的雄才大略, 言出于衷, 足以服人。

陈廷敬的目光从未离开现实的政治生活。其咏北征噶尔丹的《北征大捷功成振旅凯歌二十首》《圣武雅三篇》, 咏康熙帝南巡的《南巡歌十二章》等, 均以洋洋洒洒的篇章歌咏了重大的现实政治事件。他的这些诗章不单单是一般的赞颂, 而是紧紧结合实际问题有感而发, 真实而形象地记录了这一幕幕动人心魄的历史事件。其咏康熙帝亲征噶尔丹, 称为"本意为销兵", 即以战止叛, 并终收"刻日边沙一战清"之奇效。诗人以饱满的激情, 绘声绘色地讴歌了这场捍卫国家统一与完整、意义重大的亲征。在"萧萧龙笛出关声"中，雄师出征之壮观场面、战罢收军之恢宏气势与喜悦情景，以及用"剑花弓月指云还，归路边庭障塞闲"等形象描写，以高瞻远瞩的视点，展示了征师浩荡凯旋后，广袤大漠随之安谧之事实。诗人虽未具体地描述征战的过程，却抓住了征战中的关键，加以热情讴歌：

> 汉马河源饮欲干，夕阳万灶冷炊烟。
> 王鞭应有山灵护，指处三军见井泉。
> 宜阳时节草芊芊，便是穷荒大有年。
> 风伯雨师齐效顺，可知圣德格皇天。
> 算得西营计日粮，玉音才罢见封章。
> 悬知宿饱三军士，金革衔恩在战场。

战事在漠北展开，数十万大军于数千里荒漠中，长途跋涉征战，最关键、最困难之问题集中在水源之查找、战马之喂养及粮饷的运送等方面。对此，康熙帝十分关注，积极筹划，顺利解决，保证了战事按预期进行。陈廷敬所咏即此：

> 幕南庭北接王畿，一道清尘捷骑飞。
> 四十九藩先拜舞，朔天养生在皇威。
> 九边万里抱神京，地尽遥荒戍不惊。
> 夜夜关门开晓月，天家本不用长城。

这是说蒙古各部心向朝廷，僻远遥荒之地亦一片宁谧，关门虽设而无夜警。这里吟咏的是康熙帝平叛取胜后，以人心为长城，即积极团结、争取少数民族之正确方针政策之功效。诗人在另一组诗中亦有"黄图开拓要荒外，柔远何须闭玉关"之句，也是深情地赞颂国家的统一与社会的安定。将严肃的政治、军事等重大题材，以艺术的手法形象地展现出来，是陈诗不同凡响的重要价值与意义。这类诗篇可作为诗史来读。

陈廷敬关注民生疾苦，并反映到他的诗篇之中。如《桑林午食二首》：①

> 底柱山前乱石村，十家今有一家存。
> 千岩万壑人踪在，正是皇朝赐复恩。
>
> 石田漠漠草菲菲，破屋炊烟四散飞。
> 行到前村还怅望，五年不见一人归。

同治《阳城县志》评曰："写兵乱凋丧后故里，空村人烟荒寂之景，萧条满目，宛然如见，最得诗人抚时感叹之遗意，非深至于此者或未知也。"这两首诗真实地写出了清初战乱所造成的百姓家破人亡的社会现实。所谓"正是皇朝赐复恩"，究竟是恩惠大还是灾难大，陈廷敬当然明白，但他以如此曲笔来表达复杂的心情，正是诗人"抚时感叹"之遗意。元好问有"只知河朔生灵尽，破屋疏烟却数家"之句，陈廷敬《书元遗山集》云："史公

---

① 《午亭文编》卷15，《桑林午食二首》。

野史欲同群……秀容山色太行云"，以元氏后继者自命。从《桑林午食二首》中确实可以看到元好问对陈廷敬的影响。《大凌河夜风雷》云："阴风何漠漠，流水自凄凄。近海奔雷壮，临边苦雾低。空城鬼火出，废垒戍乌啼。野店寒更断，无眠听曙鸡。"诗人之"无眠"，当然决不仅是受风浪之声干扰，而主要是对"空城鬼火"引发的感叹。全诗结句所谓"听曙鸡"，也只是一厢情愿的习惯而已，既为"空城"，何能听到鸡鸣？

《首山》诗，则忧虑肥沃的北大荒竟然无人耕作："太息炊烟稀，沃野无人耕。"虽只揭示现象，但批判之意自含其中。读者当然会问：造成这种现象的原因是什么？

"唯歌生民病，愿得天子知。"当是陈廷敬写这类诗篇的目的，即希望康熙采取相应的措施，实行善政。

在《长水道中重题沧波亭怀宋牧仲中丞》一诗中，这种意图表现得十分明显。诗中借"野老"之口说："又言我苏州，正赋天下冠。赋外曰火耗，似是冶与锻。不知始何年，长吏恣垄断。始初输一金，四三分兼间。后来至七八，实重吴人患。""火耗"是明清两代在正项之外加征的赋税。清初火耗极重，有高到百分之五十的。地方官又别立新名加以浮收，往往中饱私囊。陈以此诗揭露火耗制度的弊端和地方官盘剥百姓的劣迹，希望朝廷改革弊政。

陈廷敬更以上疏的形式，向康熙直陈此弊，建议："通饬督抚凡保荐府、州、县官，必确察其无加派火耗，无黩货词讼，无朘削富民……如保荐不实，严加处分。"康熙纳谏，"通饬督抚嗣后保举开列实迹，以无加派火耗等事为第一条"。[1]陈廷敬以御史的身份进谏，取得了一般诗人不可能取得的实效。

陈廷敬的这类诗篇生动真实地再现了当时的社会状况和人民的生存状态。它说明自明末以来社会的凋敝、困窘，尚未有根本的改变。清政府虽为扭转局势，颁布了招垦复业等宽松政策，然收效未著，百姓仍在苦难中挣扎。陈廷敬诗作对现实社会的深沉关注及对人民苦难的由衷同情，继承了中国诗歌中"为时而著""为事而作"的优良传统，反映了一个正直诗人心系国事民生的高尚情操。

抒发宦情、友情、亲情、乡情的作品

陈廷敬有不少抒情气氛浓郁的诗篇，除以上所举的篇章外，还有写宦情、友情、亲情、乡情的作品，使我们看到除政治角色外更加真实的诗人陈廷敬。

有鼓励同僚厉行善政、以政绩擢升的：

> 丈夫五十如少壮，努力清时致卿相。[2]

有看破功名、寄情诗酒的：

> 功名底用缘时会，诗酒从教见性真。[3]

---

① 《清史稿·陈廷敬传》。
② 《赠施岘山侍御》。
③ 《读〈唐书〉》。

有揭示世态炎凉、萌发归隐之心的：

> 已甘人面冷，何苦世情浓。
> 咫尺青山路，烟花隔几重。①

这类诗篇中最动人的代表作，是《哭张幹臣学士三十六韵》：

> 友朋既零落，贤哲几凋伤。习俗交垂丧，清流独奋扬。斯人高位置，吾道岂摧藏？泗水三千士，尼山数仞墙。颜瓢堪陋巷，由瑟已升堂。经阁初刊谬，名山续补亡。霸图羞管乐，儒略慕轩唐。凤昔延英殿，追游供奉行。衣冠存正色，星宿丽寒芒。步缓晨趋珮，归迟晚袖香。苦心随豹尾，失涕近龙床。奏对封章切，言词面诤长。讲筵多献替，词馆自辉光。烨赫雷霆下，昭回日月傍。薄游辞宛洛，厚谴得江乡。帝念深依眷，天心顿激昂。再三中旨召，敦迫舍人装。纵斧千寻干，洪炉百炼钢。孱羸看吐舌，疾病见刚肠。燕寝须眉在，春灯骨肉凉。盖棺犹布被，易箦只空囊。尚冀收遗草，临危绝谏章。治安难画策，存殁易沾裳。铜马三军愈，金戈万户疮。鼓鼙思大将，肺腑托天王。富贵恩宜报，艰难志敢忘。寒蝉咽危露，鸣凤集高冈。天路嗟颠折，泉台恨渺茫。孤儿将旅榇，十口寄边疆。黯黯初扃户，凄清旧直

———————
① 《四月初六夜宿北墅早起示壮履》。

121

房。此行歌薤露，何地哭悲杨。素幕逢寒食，归舟傍战场。关山尘漠漠，江汉路苍苍。宿草樵苏乱，新阡燧火荒。大名身寂寞，流恸泪沧浪。哀挽交期罢，千秋有范张。

张幹臣，即张贞生，字幹臣，又字箕山，江西庐陵人。顺治十五年进士，官至侍讲学士。为康熙时与熊赐履齐名的理学家。陈与张为莫逆之交。康熙十年，张贞生上疏谏阻遣大臣巡察，以越职言事降二级罢官，归故里。十四年，奉旨召用，至京病逝。陈廷敬这首诗对这位生死之交的直臣之死表示了极大的悲痛："此行歌薤露，何地哭悲杨"，"大名身寂寞，流恸泪沧浪"。他的早逝与被贬有关，而遭贬则是由于"奏对封章切，言词面诤长"。这就包含了一个"冤"字，增加了悲痛的深度。诗中回顾了张贞生"清流独奋扬"，"刊谬"、"补亡"、"献替"等功绩，高度评价他"霸图羞管乐，儒略慕轩唐"。又以"一箪食，一瓢饮，在陋巷。人不堪其忧，回也不改其乐"的颜渊来比喻张贞生安贫乐道的生活状态（"颜瓢堪陋巷"）。这就使人由尊重、同情油然而生深沉的叹惋之意。全诗结句用典"千秋有范张"，准确地表达出陈与张坚贞不渝的生死之谊。《后汉书·范式传》载：范式与张邵在洛阳结为好友后各自返乡。范居山阳，张住汝南，相隔千里。范式在分别时曾言，二年后将赴汝南拜见张邵的父母。至期，范式果然来到。其后张邵病危，恨不能一见范式。范式忽然梦见张邵说，我于某日死，君能送葬否？范于是立刻千里奔丧，素车白马，号哭而至。送葬者千余人"咸为挥涕"，范式又住在坟地，植树护墓后才离去。而陈廷敬当张贞生被革职回乡之际，就不避风险地写了《送张篑山归庐陵》一诗；其后，又写了《张篑山学士以言事左迁归里赋赠二首》，明确表示赞赏张贞生"危言切"的"赣直情"。可以说，陈廷敬与这位直臣的友情，已经犯了一个朝臣的大忌。故此诗以"千秋有范张"一语总结全诗，可谓言简意赅，十分贴切，省去不少笔墨。

还有一点应当指出：这首诗既含为张贞生鸣冤之意，则难免令人认为陈廷敬在指责朝廷处罚不当。怎么办？必须得有颂圣之语，即："帝念深依眷，天心顿激昂。再三中旨召，敦迫舍人装。"张贞生死后，朝廷"尚冀收遗草"。还必须得说明张贞生对朝廷的忠心："苦心随豹尾，失涕近龙床。"陈氏可谓用心良苦，又深得诗人讽谏之旨。

全诗对张贞生的一生作了扼要的总结和崇高的评价。情意缠绵而不掩锋芒，叙事、抒情、议论浑然一体，行文流转自如，语意周至，结尾气足神完。

史载陈廷敬一生谨慎，律己甚严。这于其《阁中即事二首》中可见一斑。其二云："莫以头衔溷大官，万钟一介要心安。度支已自知辞禄，堂馔还将见素餐。"诗后有自注："典籍以衔名请俸，止之。请月餐钱，辞，然后受。"可见康熙对陈廷敬"恪慎清勤"的评价，实非虚言。

陈廷敬作为诗人，与康熙诗坛盟主王士祯的关系，显然是十分重要的。

《午亭文编》自序中说："新城王阮亭①方有高名，吾诗不与

①王士祯，字贻上，号阮亭。

之合。王奇吾诗，益因以自负。然卒亦不求与之合。非苟求异，其才质使然也。……后召见殿中，余言贻上。……王今且为名臣。"又说："（与王士禛之诗）不欲苟雷同，岂唯才质乎？将以力之所近者，求至于吾道焉已耳。"

这里的意思值得剖析。

王士禛《渔洋诗话》说："陈说岩廷敬相国少与余论诗，独宗少陵。略记其一云：'晋国强天下，秦关限域中。兵车千乘合，血气万方同。紫塞连天险，黄河划地雄。虎狼休纵逸，父老愿从戎。'"在《题说岩相国午亭图兼留别三首》中又说："太行西来龙蜿蜒，析城王屋相勾连。中有岐公好泉石，风流千古两樊川。"王将陈廷敬比为唐代大诗人杜牧，在为陈诗集写的序言中，又对陈诗多样的风格予以赞赏。

陈廷敬则在《河间道中怀阮亭》诗中说："陶谢吾生晚，斯文厄横流。非君展心目，千古谁冥搜？"令人联想到元好问的："汉谣魏什久纷纭，正体无人与细论。谁是诗中疏凿手？暂教泾渭各清浑。"陈廷敬将王士禛比作直承陶渊明、谢灵运的诗中"疏凿手"。

陈廷敬"独宗少陵"，而王士禛之诗则近于陶、谢、王、孟一流，这是其不同，但王士禛既由陈廷敬推荐擢升为同僚，作为诗人又互相倾慕。二人惺惺相惜，实为诗坛佳话。

值得注意的是，陈廷敬写诗并不求与"有高名"的王士禛略同。他认为这不仅是"才质使然"，而是为了"求至于吾道"。所谓"道"，主要是指周公、孔孟的礼乐文化与仁政爱民之道。这说明陈廷敬比王士禛更自觉地重视诗歌的政治教化功能。其次当为诗艺和创作规律的探讨。姜白石有言："作者求与古人合，不若求与古人异；求与古人异，不若不求于古人合而不能不合，不求与古人异而不能不异。"①陈廷敬晚年写的一些小诗清新秀丽，颇有神韵，如《流花峪》："晓风吹残红，夜雨洗微绿。不愁风雨多，流花满溪谷。"王士禛在中年以后创作的《蜀道集》，高古雄放，近于韩愈、苏轼的风格，与陈廷敬诗的主导倾向相似。这说明二人在切磋唱和的过程中，自然发生了互相影响。这也可证明他们在诗学旅途中，不求合而不能不合、不求异而不能不异的"技进于道"的艺术攀升。

陈廷敬有"怀阮亭""寄贻上""和贻上"之类的诗多首。如《追悼王西樵吏部兼怀阮亭》云：

> 海内谁知己，相思大小王。
> 风来关塞远，月落梦魂长。
> 多病宽腰带，流年积鬓霜。
> 鸰原悲宿草，重与泪霑裳。

"大小王"指王士禛及其兄王士禄（号西樵，官至吏部考功员外郎）。陈廷敬与王氏兄弟交情甚深，以之为"海内知己"。从全诗看，陈廷敬仿杜甫《梦李白二首》诗意，隐然以杜甫自比，而以李白拟"大小王"。"风来关塞远，月落梦魂长"似脱胎于杜甫的"魂来枫林青，魂返关塞黑。""鸰原悲宿草"则源于杜甫《赠韦左丞丈济》："鸰原荒宿草。""鸰原"典出《诗经·小雅·常

_____
① 《白石道人诗集·自叙二》。

棣》："脊令在原，兄弟急难。""脊令"即鹡鸰，为水鸟，今在原，则失其所，故有难。后以"鸰原"指兄弟急难。陈诗之"悲"则指王士禄之死。

《和贻上嘉陵驿见怀》云：

客里音书寂寞迟，西风过雁苦参差。
穷交别后三年泪，好事传来八子诗。
杜曲寒花秋送远，嘉陵古驿夜相思。
销魂桥外残阳树，衰柳天涯忆汝时。

诗题表明陈廷敬收到王士祯"见怀"（即怀念自己）的诗，奉和一首。首联写终于收到王士祯的"客里音书"，"迟"字说明陈廷敬对王士祯消息的企盼。"过雁"，则以雁行（兄弟行）比拟二人的关系；"苦参差"表示离别之苦。颔联除进一步写思念之苦外，又表达了"君子之交淡如水"的意思。所谓"八子诗"，指康熙十一年（1672）刊出的吴之振《八家诗选》。该书选了程可则、宋琬、施闰章、王士禄、王士祯、陈廷敬、沈荃、曹尔堪八人的诗。他们都官于京师，常有文酒之会，唱酬颇多。以后这八人即号称"海内八家"。颈联上句写"我"对王的思念，有"折梅寄江北"之遗韵，下句写王对"我"的思念，以至夜不成眠。"杜曲"指自己所居之处。陈氏《午亭山水图诗序》云："盖予所居樊川终累牧之城南下杜之称。"陈廷敬的故乡中道庄南临樊川，而唐之杜牧则居于长安南之樊川，名杜曲。故王士祯赠陈诗即将他与杜牧相比为"风流两樊川"。尾联令人联想到稼轩词"斜阳正在，烟柳断肠处"。"销魂"，极言离别相思之苦，语出江淹《别赋》："黯然销魂者，唯别而已矣！"

《同湘北送贻上东归》云：

> 青丝络酒玉壶香，未到分携意已伤。
>
> 客路萧条偏入梦，离魂老大易沾裳。
>
> 即教对面翻成别，却费来书细作行。
>
> 月落灯残思后夜，断鸿寒景最苍茫。

"湘北"，即李天馥，字湘北，号容斋，合肥人。他官至吏部尚书、武英殿大学士，与陈廷敬、王士禛为同僚诗友。王士禛为山东新城人，故曰"东归"。首联写饯行："未到分携意已伤"，情意比苏李送别诗"携手上河梁"更深一层。颔联上句写王士禛思念自己，系于魂梦；下句写自己思念王士禛，竟欲离魂远送。颈联对仗工稳而灵动，用流水对，上句写眼前感受，下句想象别后情景。尾联上句写彻夜相思，下句以"断鸿"孤雁、苍茫长空陪衬，形容思念之绵长无尽。全诗从眼前写到别后，从三人对饮写到孤雁苍穹，五十余字包容了一个情感织就的浩大时空网，将内心真挚的友情表达得感人至深。王士禛有《李容斋相国千首诗序》，云："予弱冠游京师，于翰林友二人焉，曰今相国合肥公与今户部尚书泽州陈公。……每下直必相聚，聚必相与研六艺之旨，穷四始五际之变，至参横月落，然后散去。中间纵迹离合数变易，而三人者之交白首如新，终不易也。"[1]

---

[1] 王士禛：《带经堂集》卷73，《李容斋相国千首诗序》。

《晓雨怀王十一贻上》，似近于王士禛的诗风："细雨入幽梦，醒闻松际残。开窗归雁过，拂树莺啼阑。云乱远峰翠，晴回初夏寒。昨朝王仪部，吟兴接余欢。"再如《送陈其年归宜兴》七绝，亦神韵悠然。诗云："白雁过时木叶青，霜林秋气已凋零。相思后夜孤帆客，知宿江程第几亭？"陈其年，即著名词家陈维崧，江苏宜兴人，于陈廷敬为前辈。这首诗采用背面敷粉法，以白雁、叶青、霜林红之重色，衬凋零、孤帆、相思之情。后二句写遥念远人，至"后夜"尚未入眠，揣想他这时投宿在何处。此诗以细节传神，更真实动人。全诗前二句以秋景起兴，引发后二句之相思主题。《诗经·秦风·蒹葭》曰："蒹葭苍苍，白露为霜。所谓伊人，在水一方。"陈诗深得《蒹葭》之遗意。王士禛的送别诗如《真州绝句》："晓上江楼最上层，去帆婀娜意难胜。白沙亭下潮千尺，直送离心到秣陵。"意象朦胧。其第二句写离别时内心的痛苦难以忍受，但不知所送何人。"婀娜"二字又使人猜想舟中人可能是女性。第四句写出了二人情感之深，难分难舍，更诱发读者探索的兴趣。而陈诗之标题则明写送陈其年，诗中更明确地突出了"相思"二字。与王诗相比，陈诗更多地继承了《诗经》、杜甫的传统，而王诗在学王维、孟浩然的基础上，似乎在求新求变，曲折地反映了当时文人失落迷惘的复杂心态。

陈廷敬抒写亲情的作品，真朴深挚，极易引起共鸣。如《题家书后》云："杨柳红亭路，青青又放春。远游思弟妹，薄禄谢交亲。客里南来雁，愁边北去人。梅花窗下月，二十五回新。"再如他得知次子豫朋升迁回京师任职时，就写诗告诫儿子说：

"关陇迢迢六七年，归来相对转凄然。白家已卖西街宅，季子曾无附郭田。自古荣枯双寂寞，残生去住两缠绵。敝裘羸马霜天路，赖汝清名到处传。"①他教导儿子不要看重功名利禄，要做个清官，保持陈家清廉的节操。

陈廷敬第三子陈壮履任内阁供奉，偶有过失，陈廷敬就"具折奏请处分"，并写诗教训儿子说："得失知何定，艰危睹未萌。前非应痛悔，后患免怔营。"②真可谓严于律己，善于教人。由此可见，陈氏一家于宦海风波中"伴君如伴虎"，终至安然无恙，实非偶然。

陈廷敬还有一首悼念亡仆徐勉、徐恩兄弟的诗，表现了他对"下人"的关爱："汝魂适何所？予老将奚为？踽踽形与影，惨慄掺其危。岂无昔亲爱？契阔不我知。独于汝未忘，感叹固有时。厚者宁敢薄？聊以恤吾私。"

抒发思乡之情的如《太原夜梦故园》：

> 晋北燕南滞此行，栖栖遥夜故园情。
> 间关千里成归梦，惜别城头晓角声。

还有，《并州剪刀》：

> 霜淬风搏出冶豪，雪花照地捷吹毛。
> 乡心如水知难断，嗟尔并州快剪刀。

---

①《豫朋自岷州来感示以诗》。
②《午亭山人第二集》卷1。

貌似咏物，实则写如水难断的"乡心"。

《屯留道中二首》其一：

> 留滞乡关路，凄迷小县城。
> 野禽呼有字，村店问无名。
> 秋树变黄绿，漳流兼浊清。
> 山川与时物，不减别离情。

屯留具为陈廷敬由阳城至京师的必经之地。此诗为陈廷敬回乡守丧期满返京时作，诗中表现了对故乡恋恋的不舍之情。"漳流兼浊清"又写出了地方特色：漳水有清漳、浊漳之分，源头不同，但均出于山西，至河南会合。秋树由绿变黄，漳水有浊有清，但"我"的乡情却不会因"山川与时物"之变化而变化。以景衬情，深合诗家意在言外之旨。

咏史诗、写景诗、咏物诗

陈廷敬的咏史诗上承汉魏之风格，借古喻今，抒情言志。如"孤灯读史雄心在"[1]，"远溯龙门业，谁当继史公"[2]，隐然以司马迁之后继者自许。陈廷敬这一风格的代表作有《咏古四首》、《咏汉事六首》、《咏史四首》、《春秋左传杂咏十首》等。

《咏古四首》之三赞张良："子房王者佐，英风振孤标。报

---

[1]《夜读书情》。
[2]《东山上怀古之作》。

韩计不就，椎秦功已高。呜呼博浪中，举事轻鸿毛。后来刘项辈，以此气益豪。匹夫定王霸，片言胜萧曹。晚从赤松游，黄石可相邀。"陈廷敬还有一首《记梦》诗，说："赤松黄石梦中见，仿佛遥度谁能详。青云为衣白霓裳，与君游兮高驰翔。"可见他以张良这位帝王师为榜样，心驰神往，以至形诸梦境。

延君寿《老生常谈》评陈廷敬的《咏汉事六首》说："五古咏汉事数首，用笔自然，锐不可当。太白'秦皇扫六合'等篇，正是此诗之源。识者辨之。"

《春秋左传杂咏十首》，分别赞美石碏的大义灭亲、蹇叔的军事预见、秦穆公的用人不疑、子产的不毁乡校、史鱼的戒骄、韩无忌的推贤、华元的容众等。第九首感叹伍子胥的悲剧结局，第十首以"获麟"诗为终结，礼赞孔子"圣笔元同造化功"，将孔子列为最高的榜样，再次反映了陈廷敬尊崇儒学的文化立场。

陈廷敬的咏史诗多以士人为主体，以士人的思想、情感、实践、命运为主题。诗人正是于这灿烂的历史遗产中寄情，同时将生命与文采都融汇其中，从而成为这种辉煌文化的继承者和传递者。他的咏史诗，既是文化性格的生动写真，也是生命流年的里程纪念。

精于写景，也是陈廷敬诗的特色之一。他的山水诗有三方面的描写重点：一是祭告北镇之行，时为康熙十五年，任詹事府詹事，奉使出关祭告北镇；二是两次扈从康熙帝南巡，分别为康熙四十四年、康熙四十六年；三是对故乡山水的描绘。其诗既有"骏马秋风塞北"的雄阔气势，又有"杏花春雨江南"的旖旎风光，也有对家乡林泉木石的亲切写真。

《澄海楼观海》，是陈廷敬祭告北镇之行时写的，是描绘中国北部海域壮景的代表作：

燕山蜿蜿如游龙，东将入海陵虚空。

峦壑汹涌变形状，腾波赴势随飞虹。

长城枕山尾掉海，海楼倒挂长城外。

地坼天分界混茫，山回城转横烟霭。

楼脚插入大海头，巨灵触搏海怒流。

呼吸万里走雷电，崭凿中涌堆山丘。

乍到魂虑忽变慑，意象懊慌难寻求。

五岳拳石渺一粟，九洲小屿浮轻沤。

沧溟浩荡乾坤窄，弱水流沙在咫尺。

扶桑弄影杳何处，空青一线摇金碧。

却忆洪涛泛滥时，苍茫神禹经营迹。

百川既导万穴归，天吴海若安窟宅，四海以内真弹丸。

秦还汉往如翻澜，海月万古堆玉盘。

愿得一食青琅玕，乘风破浪生羽翰。

我来手拍洪崖肩，仰天大笑忘愁叹。

辽宁省北镇县西有医巫闾山，即广宁山，一向被封为北方的镇山。陈氏于康熙十五年（1676）奉使祭告北镇。山海关南老龙头筑有周长一里的宁海城，内有澄海楼。此诗首四句写燕山如游龙蜿蜒而来，形状百变。次四句写山海关雄姿与澄海楼形势，写出其位于山海之间山水混茫之地。其后浓墨重彩地写登上澄海楼观海的情景，写出海浪如山、喷雷走电、水天缥缈、怒流澎湃的雄伟壮观景象，并用五岳拳石、九州小屿、天地为之狭窄、扶桑渺不可寻等多种手法渲染衬托，写得有声有色，雄奇变幻。继而写大禹治水，导百川而归于海，而天下以安，神鬼都有休息之所。后七句写宇宙之无限，自然之永恒，而人事有代谢，秦还汉往速如翻澜，浮生苦短。还望传说中的蓬莱仙境，顿生飘飘然羽化而升仙之感。意在言外，有惜时如金、及早建功立业之意。

《赴北镇发京作三首》之三写道：

> 旧披辽海图，天地疑将穷。
>
> 远游足自豪，万里浮空濛。
>
> 日月出海水，乃在扶桑东。
>
> 男儿志四方，龊迫以自终。
>
> 翻慕游侠儿，鞍马生雄风。
>
> 行行尽绝漠，仗剑凌长虹。

诗中"日月出海水"、"万里浮空濛"，写尽辽海的壮阔之美，可与杜甫《登岳阳楼》中名句"吴楚东南坼，乾坤日夜浮"相比，似更见气势雄大。一写海，一写湖，虽同有湖海豪气，而海纳百川，与湖自有区别。诗的后半部以写游侠吐出胸中豪情，更是神来之笔。"翻慕游侠儿，鞍马生雄风。行行尽绝漠，仗剑凌长虹。"情景交融，抒情而景在其中，写景而意在言外，确属上乘之作。

陈廷敬写故乡风光的七律《太行四首》，辞雄气壮，极富声势，烘托出"紫塞连天险，黄河划地雄"的宏伟山川。其一云：

天井关门跨碧空，太行开辟想神功。

　　遥连绝塞羊肠尽，下视中原虎踞雄。

　　嵩岳诸峰元拱北，河源万里远随东。

　　驿楼斜日凭轩意，回首萧萧落木风。

其四云：

　　绝嶂登临兴未孤，白云回合尽平芜。

　　界分韩魏初盟土，表里山川旧帝都。

　　曾度千峰趋大漠，懒从五岳问真图。

　　更见天上黄河水，长作岩前雪练铺。

同样写太行山的《洞阳山》，更令人惊心动魄：

　　我家太行尽处村，蛟龙欲活留爪痕。

　　蜿蜿腹背故隆起，振鳞掉尾如雷奔。

　　波涛隐见吞万壑，似揽众水穷河源。

　　古称上党天下脊，兹山拔地尤腾骞。

　　俯视砥柱一卷石，析城王屋双杯樽。

　　颇讶大禹所经画，足迹未到回南辕。

　　径下河济急疏沦，北顾参井高莫扪。

　　乃知龙性跃天汉，肯同蝘蜓尺水浑。

　　……

《午亭诗二十首》则是其五绝的代表作。如：

《梅子冈》："远林闻微香，青春入丛薄。散步梅子冈，幽花自开落。"

《老姥掌》："夜静山月高，照我石楼上。微闻松萝风，遥递石泉响。"

《樊口》："樊山南下处，十里到樊口。春风复如何？惟见花与柳。"

《西坨》："朝为西坨游，暮为东坨宿。溪行人不知，野桥夹修竹。"

这组诗极易使人联想到王维的《辋川集》。如《辋川集》中的《南坨》："轻舟南坨去，北坨淼难即。隔浦望人家，遥遥不相识。"《辛夷坞》："木末芙蓉花，山中发红萼。涧户寂无人，纷纷开且落。"《鹿柴》："空山不见人，但闻人语响。返景入深林，复照青苔上。"只要稍加比较，我们便可知前人所谓陈廷敬诗"独尊少陵"之说是片面的。但陈诗与王诗相似中也有不同：王维受佛学息心避世思想影响，诗中身心俱静；陈廷敬则以儒家用世思想为归，虽学王维，但静中有动意，难掩本色。

陈廷敬在六十八岁和七十岁时，两次扈从康熙南巡。"江南有梦竟成真"，使他深感幸运。他随着船队，先后来到扬州、镇江、苏州、松江、嘉兴、杭州等江南文化名城，每一处山水、古迹都唤起了他自幼从书籍中获知的美妙记忆。他曾有卜居江南之意，经过数十年的审美期待，他终于置身于江南的水光山色之中。眼前的一切都使他陶醉，诗的风格也变为鲜丽清新、婉约柔美，与描写北国风光、大漠孤城、平沙万里的篇什大异其趣。

《云间竹枝五首》之二云：

> 江城流水逐门开，水上残红映碧苔。
> 试问柳塘深几许？儿童相报早潮来。

《舟次杂咏四首》之三云：

> 夜夜水上宿，识得水上趣。
> 鸳鸯与鹭鸶，原在无人处。

《西湖八首》之一云：

> 不愁平展涟漪水，最爱斜堆断续山。
> 谁识天公才思好，留将诗画与人间。

《蒋山》云：

> 蒋山行处是，碧玉削芙蓉。
> 一别青溪曲，云岚隔几重。
> 风林前浦笛，烟寺远江钟。
> 似有神灵语，他年访旧踪。

《瓜步道中》云：

> 渚村维画舫，步屧入烟萝。
> 水牸风眠柳，江鱼雨戏荷。
> 笛声浮翠落，帆影拂云过。
> 归去淮南路，青山隔岸多。

"绿杨城郭古扬州，多是三生梦里游。"在江南文人眼中极为寻常的水牛、帆影、池塘、荷花、水鸟，以至于青山、江潮，到了陈廷敬笔下竟化平凡为神奇，青山成了碧玉芙蓉，儿童的习见也成了新鲜的趣闻。"平展涟漪水"，"斜堆断续山"，确是北方罕见之景；"风林前浦笛，烟寺远江钟"，更是北人闻所未闻。陈廷敬敏感而准确地提炼出江南水乡的特征，使这几首诗自然地具有了杨万里"诚斋体"的特色和韵味。故王士禛赞赏陈廷敬的诗兼具风调、神韵，确为有据。

陈廷敬记事、怀古的诗篇，往往透露出人生感悟，于晚年尤甚。《即事自慰》云：

> 悟得浮云万事轻，洒窗风雪梦还惊。
> 生生誓断人间想，日日闲禁客里情。
> 纵是海山归有路，须知天地始无名。
> 午亭多少沧浪水，且傍清流一濯缨。

《阅旧诗有感二首》云：

枝辞吾岂敢？撼树亦徒然。

诗未因官减，名须与世传。

生涯同逆旅，晚节谨归田。

后五百年外，当为知者怜。

《赠书》云：

从此萧然四壁余，不容一物在吾庐。

樵渔答问还无暇，何用高文大册书。

《记梦》云："尺有所短寸有长，我宁与世争毫芒？"这就是一位日理万机的台阁重臣的内心独白。这正是中国传统的智慧，即"夫唯不争，故天下莫能与之争"。①

《赤桥》诗则难掩"诗是山西老将雄"的气势：

赤桥北跨晋渠遥，自古人称豫让桥。

流水自应知客恨，故添风雨夜潇潇。

《野史亭》赞叹元好问"立言"之不朽：

柔翰功名一叶萍，也将文字照丹青。

朱门万户凄凉尽，唯有元家野史亭。

---

①《老子》第22章。

陈廷敬的咏物诗，除前引《赐石榴子恭纪》，咏物兼明志外，再如《冉冉孤生竹》：

> 冉冉孤生竹，今为蓟丘篁。
> 地寒出不高，枝叶稀飘扬。
> 不恨枝叶稀，三冬被严霜。
> 岂无雨露滋？时至则萎黄。
> 讬根失处所，抚心多慨伤。

《古诗十九首》中有《冉冉孤生竹》，为思妇之诗，慨叹"思君令人老，轩车来何迟"。陈廷敬借题发挥，字面上似感叹"蓟丘篁""讬根失处所"，故"三冬被严霜"，但联系其"相臣心事"，则当理解为他对下层贫苦百姓的同情。他本人"讬根"得所，仍"抚心""慨伤"失所之民，可见其悲天悯人之情怀。这首诗较《古诗十九首》中的同题诗境界更博大，忧思更深远，确实是咏物诗中的精品。

陈廷敬有的诗还具有戏曲史文献价值：

> 从他假面奏伊凉，休美登筵舞袖长。
> 六代歌风吴季子，元家词曲蔡中郎。
> 古今过眼看遥夜，神鬼临头坐广场。
> 多少荣枯谁料得，与君且醉手中觞。[1]

———

[1]《春夜观剧莲士有诗戏和其意》。

陈廷敬的《答孙庶庵》等赠答酬唱诗，则为考证孙旸、张贲、杨瑄诸人之生平事迹，提供了重要依据。

陈廷敬的《异星行》云："幽州五月方炎天，……道逢异星当昼悬。我生三十未见此。"按《清史稿·天文志》载，康熙四年二月（陈廷敬二十八岁）及康熙十二年二月（陈廷敬三十六岁），两次出现异星。陈此诗则云"五月"，似为另一次出现异星，可补《天文志》之遗。

诗学渊源

关于陈廷敬诗学的趋尚，主要有两说：一是尊唐学杜；二是宗宋学苏。

《四库全书总目》说：陈廷敬"论诗宗杜甫"，《四库全书·午亭文编·提要》说：陈廷敬"门径宗仰少陵"，王士禛《渔洋诗话》说："陈说岩廷敬相国少与余论诗，独宗少陵。"张玉书说，陈廷敬诗"陶铸百家，牢笼万有，而一以少陵为归"。①沈德潜《清诗别裁集》选陈诗十五首，指出其"风调音节，俱近唐贤"，"命意遣词，如出唐人手"，"读《晋国》一篇，爱其近杜"。

而翰林编修曹禾却认为：陈廷敬之诗乃"眉山氏（苏轼）之诗也"。他指出："今人动诋诃宋诗，不知承唐人之宗者，宋人也；而承杜韩之大宗者，眉山也。"他认为陈廷敬与苏轼的继承关系，相当于苏轼与杜甫、韩愈的继承关系。故"承苏之宗者"即为陈

①《张文贞集》。

廷敬，"翰林学士陈说岩先生之诗，今代之眉山也"①。今人袁行云先生指出：陈廷敬诗"取材既富，议论闳深，善学苏、陆"②。

总的来说，陈廷敬尊杜学杜是其主导倾向。杜甫不薄今人爱古人，清词丽句必为邻。"上薄风骚，下该沈宋，古傍苏李，气夺曹刘，掩颜、谢之孤高，杂徐、庾之流丽，尽得古今之体势，而兼人人之所独专。"③所以陈氏兼学别家，也正是学杜的表现。且看陈廷敬的《东山亭子放歌》：

> 东山望南山，百里堕我前。山亭横绝浮云翠，阑干缥缈临无地。我来气与霜天高，风尘归后寒萧骚。拂衣枕石每独往，垤蚁群笑沧溟鳌。百年回头如旧否？一片青山落吾手。倦客重回岗上庐，童时旧种门前柳。尽扫西风万古愁，且倾落日三杯酒。君不见，谢公高卧东山时，起为苍生已白首。昔时丝竹转凄凉，美人黄土今安有？百年我亦一东山，日夕樵歌动林薮。④

此诗与李白的歌行相似，真可以说是"俱怀逸兴壮思飞，欲上青天揽明月"，而诗中含蕴的人生沧桑之感，又令人联想到曹操"对酒当歌，人生几何"的咏叹，却不能掩"老骥伏枥，志在千里"的慷慨豪情。

在宋代文人中，陈廷敬最心仪苏轼。而韩愈则是由杜甫到苏

---

① 《北镇集序》。
② 《清人诗集叙录》，文化艺术出版社1994年版。
③ 元稹：《唐故工部员外郎杜君墓系铭并序》。
④ 《午亭文编》卷5，《东山亭子放歌》。

轼的过渡性大家。陈廷敬曾说，"不学西昆学杜韩"①，"楮窗坐久朝阴改，是读杜诗韩文时"②。

关于中国诗歌史上由杜甫、韩愈到苏轼的发展演变，曹禾有精辟的论述："唐之初，能变乎六朝者也。少陵上薄风雅，下该沈宋，一变而极正，固俨然集成矣。昌黎以为莫由过之也，遂变而为奇，然而其奇皆法也。其纵横排宕、抑扬顿挫者，有以异乎？是善继夫杜者莫若韩也，而韩乃与杜并峙而不朽。苏之于杜、韩，犹韩之于杜也。……眉山氏兼之，乃变而为肆。……究其指，与杜、韩异者鲜矣。"曹禾认为："（陈廷敬）之于苏，犹苏之于杜、韩也。盖变而为浑，究比兴之源流，究述作之本旨，凡古之能言者，无不会于心也。"陈氏"学而善变"，故"能为古人之所不能为，是真能继古人者也"。曹禾以"正"概括杜诗，以"奇"概括韩诗，以"肆"概括苏诗，以"浑"概括陈诗，是相当准确的。他强调"学而善变"，则更是对诗学发展的内在规律的深刻揭示。

应着重指出的是，曹禾在诗序中说"今人动诋诃宋诗"的风气。时为康熙甲寅年（1674），陈廷敬当时只有三十七岁，却能不以风气为转移而学习宋诗、学习苏轼。纳兰性德也曾指出："十年前之诗人，皆唐之诗人也，必嗤点夫宋"（即1674年前之诗人，故"诋诃宋诗"），"近年来之诗人，皆宋之诗人也，必嗤点夫唐"③。所谓"近年来"即1684年前几年。可见陈廷敬以翰

---

① 《自嘲兼简内直诸公》。
② 《楮窗读韩文》。
③ 《通志堂集》卷14，《原诗》。

林院掌院学士的身份创作的具有宗宋倾向的诗歌，对于转变诗坛风气已产生了影响。陈廷敬诗学的可贵之处就在于对唐诗、宋诗之精华确有真知灼见，故不盲目跟风，"诋诃宋诗"时坚持学苏，"嗤点唐诗"时仍然尊杜学韩。他能"学而善变"，终至成为一代大家。

就诗体来看，陈的近体诗多学杜，古体诗多学韩、苏。而到了晚年，陈氏则向慕陶渊明、白居易，诗风冲谈平易。

杜甫的近体诗已臻登峰造极，但陈学杜更重要的原因在于，杜甫对国君的"油然忠爱之心"与自己对康熙的忠爱之心发生了共鸣："一饭不忘如杜甫"，"潜藏一饭不忘君"，"君恩山岳重，何日再朝天"①。陈廷敬"近杜"之作，最典型的便是《晋国》："兵车千乘合，血气万方同。紫塞连天险，黄河划地雄。"神气逼肖少陵。故王士禛、沈德潜皆以此诗为"独宗少陵"之证。其实陈的五律、七律，中间两联常用阔大的空间意象和绵长的时间意象，正是学杜的表现。这种写法颇有典则气象，很适合于台阁体。如《澄海楼观海》（五律）："云起碧落尽，潮来紫浪翻。有天浮昼夜，无地著乾坤。日月还高下，蛟龙自吐吞。乘桴知圣意，浩荡与谁论。"《六箴来自武昌》："车马到门千里外，光阴弹指五年余。"《析城道中望樊山》："砥柱三山皆拱北，太行千里尽回东。"《上元夜扈从出永定门作》："天回烟景低帷殿，野旷星河出幔城。"这些诗句如同杜甫的："江间波浪兼天涌，塞上风云接地阴"②，"万里悲秋常作客，百年多病独

①《午亭山人第二集》卷3，《病中作三首》。
②《秋兴》。

登台"①，"五更鼓角声悲壮，三峡星河影动摇"②，等等。陈廷敬的五律《获鹿对月》云："今夜鹿泉月，闺中应再圆。光留长塞外，影断故山前。香雾含空色，清辉映独妍。别来小儿女，相忆在天边。"此诗显然脱胎于杜甫的《月夜》。杜诗云："今夜鄜州月，闺中只独看。遥怜小儿女，未解忆长安。香雾云鬟湿，清晖（辉）玉臂寒。何时倚虚幌，双照泪痕干。"因环境不同、心情不同，陈诗将杜诗中的"独看"、"遥怜"、"泪痕"改为"再圆"、"独妍"、"相忆"，悲调顿减；而"光留长塞外，影断故山前"一联，尤较杜诗境界阔大，可谓"学而善变"，不失本色。再如，陈廷敬的排律《自题午亭山村图一百韵》，铺张扬厉，波澜壮阔，有杜甫《冬日洛城北谒玄元皇帝庙》之气概；其《书湘北秋水渔父图》，近于杜诗《奉先刘少府新画山水障歌》。至于五古《赠孝感相公》，受杜甫《北征》、《自京赴奉先县咏怀五百字》之影响，更为明显。

陈廷敬还有不少律句明显出自杜甫。陈诗有"嗷嗷正值投林鸟，山鸟山花思友于"③，杜诗有"山鸟山花吾友于"。陈诗有"残杯冷炙易酸辛，多少京华旅食人"④，杜诗有"残杯与冷炙，到处潜悲辛"。陈诗有"求诗入海气峥嵘，却卷波澜见老成"⑤，杜诗有"毫发无遗憾，波澜独老成"。陈廷敬的五言律诗，如

①《登高》。
②《阁夜》。
③《题宋山言清泠图》。
④《菜根二首》。
⑤《和赵秋谷观海诗二首》。

"山连遗堞起，河入断垣清"，化自杜诗"山带乌蛮阔，江连白帝深"①。还有一些诗是"学杜工部而泯其迹，细味之中边虚实俱到"。延君寿《老生常谈》认为陈廷敬的《问王给事病》就是这样的诗："昨夜眠多少，思君落月时。高斋闻雁早，秋圃见花迟。省掖稀囊草，安危有鬓丝。连朝同寂寞，吾病亦支离。"②延君寿指出："五律，学唐人不抉其髓，则失于熟；学宋人但袭其皮，则失于生。惟浓不染唐之蹊径，淡不落宋之窠臼，经营于意象之间，咀嚼于神味之外。午亭五律，刚到好处。《登普照寺》云：'树杪水溅溅，群峰矗碧天。松门留晓月，板屋过流泉。谷口山城远，窗中鸟道悬。前林人迹少，寒磬下溪烟。'此首似是从太白'犬吠水声中'化出，却无迹象可求。尤佳是后半不弱。"

陈廷敬的古体诗，受韩愈影响较大，体现尚奇的特点。如《石鼓歌》中即自言敢犯险境："石鼓歌者韩与苏，我今捉笔捋虎须。""我歌石鼓排郁纡，韩苏歌后补所无。"他所补的是宋徽宗之后石鼓的命运。陈诗《墙花》则学韩愈的《山石》，起句为"墙花繁香新叶肥，苔径漠漠蛱蝶飞"，末四句为"幽处窈窕出林屋，山红涧碧含芳菲。试歌韩公荦确句，安得至老不更归"。韩愈《山石》的起句为"山石荦确行径微，黄昏到寺蝙蝠飞"，第七句云"山红涧碧纷烂漫"，末云"安得至老不更归"。陈廷敬还常用韩诗原韵，如《秋怀诗次昌黎韵十一首》、《秋日述怀次用昌黎此日足可惜赠张籍韵》、《虾蟆石》等。《蜀山》诗则不袭杜、韩之词而求其神似："此山似是巨灵开凿时，残峰断岭分携

---

① 《渝州》。
② 《午亭文编》卷17。

将。东置汶田西维扬，汶水连绵浩渺茫。洒作云海东边窈窕色，岩岫喷薄天门旁。"想出天外，说巨灵神开凿蜀山后带来残余峰岭，分置于汶上与扬州，彩色岩石化为天边霞光。神奇瑰丽如太白诗，峻伟奇崛又似杜、韩。韩愈正是开启宋诗特征的关键人物。

所以，陈廷敬古体诗宗宋，实非偶然。其具体表现为：以才学为诗者，如《石鼓歌》、《开元钟》、《右军书〈乐毅论〉真迹歌》、《焦山古鼎赠林吉人》等。以文为诗、以习见的古文句法入诗、运用古文章法者，如《南旺分水行》中，"河于中土一大物"、"尔后六百有余载"、"是何老人白其姓"等，具有宋调特征。《右军书〈乐毅论〉真迹歌》采用古文章法的结构，由在张吏部家观赏王羲之《乐毅论》真迹写起，几句简单的交代之后，陈廷敬便转入到对历史的回顾。他先写王羲之何以书写《乐毅论》，并顺带评论其书法之妙，然后像讲故事一样写这件作品的流传经历，其后又回到开头，写观赏这一件稀世墨宝之时，众人喜不自禁的举止和自己按捺不住的激动心情，最后是抒发感慨。通篇或叙事，或议论，或抒情，掌控自如，处理得起伏跌宕，曲折盘旋，同时又历历落落，井然有序，显然得力于古文章法。以议论为诗者，如《秋日述怀次用昌黎此日足可惜赠张籍韵》，开头就是一大段议论，发表了饱含人生经验的深沉感慨。《书刘西谷白渠举锸图》，由白渠的前身郑国渠写起，转到白渠之兴。与之相联系，说到秦祚之短与汉武帝王朝之盛，顺势总结出这样两句"富强要是人所为，陵替何曾关水土"。之后，讲到汉以后关中地区之兴亡，讲到成周八百四十载此地人民之纯朴安乐，讲到对包括画家在内的时人的期待，无不与上述两句精辟的议论相呼应。这两句议论，蕴含着作者对历史、对现实的深刻思考，蕴含着他丰富的政治经验，显得分量很重，成为全诗的点睛之笔。

陈廷敬对苏轼的推崇，集中于《题东坡先生集》一诗中：

> 星宿渺一泉，潆沆归沧池。
>
> 黄河天上来，仿佛青莲词。
>
> 杜韩郁崩腾，回风激泷湄。
>
> 香山放乎海，淡淡天无涯。
>
> 余子导其流，遥遥分纤支。
>
> 苏公天上人，万丈银河垂。
>
> 举手扪星辰，足踏龙与螭。
>
> 旋斡周四运，浩气森淋漓。
>
> 感心生直亮，体道忘艰危。
>
> 圣删三千篇，劫火烧其遗。
>
> 真宰固有意，风雅将在兹。
>
> 斯文配天命，大化需人为。
>
> 何不陟辅相，致民如尧时。
>
> 一闻韶濩音，季叶还春熙。①

宋末元初诗论家方回曾说："宋诗有数体，有九僧体，即晚唐体也；有香山体者，学白乐天；有西昆体者，祖李义山。如苏子美、梅圣俞并出欧公之门，苏近老杜，梅过王维。而欧公直拟

---

① 《午亭文编》卷5，《题东坡先生集》。

昌黎，东坡暗合太白，惟山谷法老杜。"陈廷敬诗中所谓"仿佛青莲词"，正是"东坡暗合太白"之意。

陈诗赞美苏轼气魄顶天立地，手扪星辰，脚踏龙宫，斡旋六方，周流四时，气势充沛，浩气淋漓，论定苏诗出自忠直刚正的情怀，得《三百篇》的真精神，是天生的风雅正音。末段则感叹苏轼不能君臣遇合、身登相位，让百姓如生在尧舜时代，和谐美满地享受文明的韶濩之音。

从《题东坡先生集》可以看出，陈廷敬对苏轼诗的认识和评价主要有三个要点：一是认为苏诗可与唐代李白诗相媲美。陈廷敬曾有《梦太白五月初六日作》一诗，云："太白天上人，入世思沉冥。昔过酒楼下，扁舟系客情。昨夜忽梦公，千载犹峥嵘。花月十年醉，声名一日荣。"从"太白天上人"与"苏公天上人"的诗句，正可以看出陈廷敬认为苏轼是李白那样的天才。二是认为苏诗符合"直亮、体道"的忠义道德标准，是风雅正音。三是惋惜苏轼不能得时行道，造福百姓。陈廷敬同情苏轼一生"颠沛于道途，又徙居无常处"的遭际，他屡和苏诗的目的不仅在于学习苏诗的艺术技巧，更重要的还在于学习苏轼的忠义精神，坚持直道而行的政治品格。

陈廷敬的《读书台》诗又赞苏轼曰："公气如龙薄九天，公才如海归百川。"他和苏轼诗以及用苏轼诗韵写的诗达三十余首，提及苏诗之处就更多了。他的《生日》诗说："梅花书阁晚婆娑，短景流年自勘磨。拘束正教如杜老，龙钟犹未似东坡。文章小技聊为耳，岁月浮生欲奈何？千里过庭风雪夜，天涯灯火伴吟哦。"①这首诗写于康熙丙辰年（1676），陈廷敬过三十九岁的生日时。诗中明确提出他效法的两位诗学典型——杜老与东坡。苏轼《除夜病中赠段屯田》中说："龙钟三十九，劳生已强半。岁暮日斜时，还为昔人叹。"陈廷敬也像前人一样，认为三十九岁已是"岁暮日斜"的晚年了，故曰"岁月浮生欲奈何"，流年短景转瞬即逝。这里已透露出他转慕陶潜、白居易诗的信息。

　　陈廷敬确实做到了像杜甫那样"转益多师是汝师"。他在《晦庵论诗》中说："记得考亭诗法好，先从陶柳入门庭。"他赞同朱熹的诗法。他也赞美白居易胸怀坦荡、性情率真，"香山放乎海，澹澹天无涯"，"谁知白傅是仙人"。他晚年写的《入仕》诗说："在官八十日，入仕五十年。……弱龄虽浪漫，颇慕陶公贤。"陶潜为官八十日即挂冠辞去，而陈廷敬自己已入仕五十年了，所以他感到"形影坐自愧，神去已翩翩"，"心共白云边"②，并已萌退隐之意："征夫告予以归路，袖手且读陶公诗。"③在《论晋中诗人怀天章》诗中，陈廷敬对王维、柳宗元、李商隐、元好问等均表钦佩："摩诘秀千叶，柳州严天人。义山最崛起，流别自有真。上下五百载，遗山接清尘。"李祖陶在《午亭文录引》中指出："盖河、汾之浩荡，太行、王屋之嵯峨，郁积千年。前钟于人为遗山，后钟于人为相国。"李祖陶以陈廷敬为元好问之后继者。陈廷敬还称赞韦应物诗"鲜食冰玉洁"，"澹然

①《午亭文编》卷11，《生日》。
②《诵陶公形影神释诗二首》。
③《杂兴九首》之四。

生道心"[①]，评价梅尧臣"宛陵含清真，论诗造精域"[②]，甚至对于一位山西老秀才的诗也予以奖掖："咏从洛下书生好，诗是山西老将雄。"[③]

试看下列诗句：

蝉声咽疏雨，马首带残云。

——《七月三日野宿》

鸟宿新移树，萤流夜卷帘。

——《题庭前合欢花》

家在山岩中，清晖带林樾。
门前碧玉流，金波漾新月。

——《月岩二首》之二

蹊回秋风温，径仄残阳闪。
坡陀下高风，草木相掩苒。

——《径秘魔崖登卢师山作》

板桥还渡水，野屋半眠云。
山鬼残灯梦，邻鸡月落闻。

——《九日夜宿板桥》

裂帛湖光春水生，馀霞欲散绮还成。

——《裂帛湖》

只缘白首林间去，便觉青山户外横。

——《夜未中而觉起坐摊书达晓》

---

① 《韦苏州诗书后》。
② 《九日宋玉叔招同诸子宴集梁家园池亭》。
③ 《酬赠于子龙秀才》。

拍天风滚边沙来，乱石却走如崩雷。

——《涂河行》

垣短条垂弱缕，水明叶蘸微波。

燕语巧催春去，花飞知愁奈何。

——《杨花六言二首》之二

直下波涛惊地轴，倒翻河汉动天根。

——《泊太白酒楼下》

深枝鸟动山池月，寒草萤流野岸烟。

——《孙仲礼过午园贻诗奉答》

軑书似蠹空钻纸，兀坐如蚕自裹丝。

——《寄舍遇张子美》

于生早契道，谓予云之然。

——《酬赠于子龙秀才》

陈诗其中有陶潜、谢灵运，有李、杜、高、岑、王、孟、韦、温，还有白居易、李贺、贾岛以及宋人之遗响；有阔势壮澜，也有幽峭之境；或俊逸多姿，或比喻新巧。陈诗甚至不避俗语：如"五更疏雨滴，遮莫是龙乡"①，"济济三千人，渊路有几个"②等。

张玉书说，陈廷敬诗"陶铸百家，牢笼万有"；元龙说，陈廷敬诗"台阁郊岛之迹胥化"；魏宪说：陈廷敬的诗"搴六朝之旗，树三唐之帜"，均非虚言。而陈氏自己则说："夫文，言之

①《午亭山人第二集》卷3，《病中作三首》。
②《改过》。

精也；言，心之声也。神明乎吾心，其溢而为精光，自不容掩，谓之文。"①他的诗歌，正是其心声焕发的精光。

康熙五十二年，《御选唐诗》三十二卷成书，"博收约取，漉液熔精"。陈廷敬为总阅官，吴廷桢等十一人作了注释。其注释为："每名氏之下详其爵里，以为论世之资。每句之下，各征所用故实与名物训诂，如李善注《文选》之例。至作者之意，则使人涵泳而自得，尤足砭自宋以来说唐诗者穿凿附会之失焉。"②

清朝出现了多种清诗选本，都选入陈廷敬的诗。如康熙年间的：

《八家诗选》，选陈诗二百一十四首。魏宪《皇清百名家诗选》，陈诗六十首入选。王士禛《感旧集》，陈诗二十六首入选。陈维崧《箧衍集》，选"高雅恬澹"的陈诗四首。邓汉仪《诗观三集》，选陈诗二十首。吴蔼《名家诗选》，选"真学问、真性情"的陈诗十首。刘然、朱豫《国朝诗乘》，选陈诗二十九首。陶煊、张璨《国朝诗的》，陈诗十三首入选。

雍正十二年，陈以刚等辑《国朝诗品》，陈诗入选的达四十三首。

乾隆二十三年，沈德潜《国朝诗别裁集》选入陈廷敬"典质朴茂，风调音节俱近唐贤"的诗十五首。

清末张维屏《国朝诗人征略》引陈诗数首，并录十余首诗之摘句。其后，徐世昌辑《晚晴簃诗汇》，收陈廷敬诗十三首。

清人诗话、文集、笔记中论及陈廷敬诗者难以完全统计。例

---

① 赵士麟：《读书堂全集》卷12，引。
② 《四库提要》。

如：王士祯《渔洋诗话》，延君寿《老生常谈》，杨际昌《国朝诗话》，查为仁《莲坡诗话》，郭兆麒《梅崖诗话》，李光地《榕村语录》，赵士麟《读书堂彩衣全集》，梁章钜《浪迹丛谈》，吴长元《宸垣识略》，徐锡龄、钱泳《熙朝新语》，戴璐《藤荫杂记》等均有收录。

杜律诗话

康熙二十七年（1688），陈廷敬五十岁时，完成了一部《杜律诗话》（二卷）。这是他研究杜诗的体会，也是为培养儿子学习杜诗而写。《杜律诗话》精选杜甫五十五首七言律诗，一一为之解说。其贡献有：体例的创新、精辟独到的杜诗新解、求真务实的态度和科学先进的方法。

"诗话"一体，是中国古代诗歌理论批评的一种形式。这种体例的发展过程，大致可分为三个阶段。早期的诗话，其内容基本上为诗人和诗作的琐事逸闻，其写作目的是"集以资闲谈也"（欧阳修《六一诗话·自序》）。此后，诗话的内容不断扩大，包含了"辨句法，备古今，记盛德，录异事，正讹误"（《彦周诗话·自序》）。第三个阶段，诗话的内容越来越集中于谈论诗歌创作和诗歌理论问题，奠定了其理论批评的性质。如严羽《沧浪诗话》、李东阳《怀麓堂诗话》、王夫之《姜斋诗话》、王士祯《渔洋诗话》等。《辞源》"诗话"条下有两个义项：其一，评论诗篇或记载诗人故实的著作；其二，宋代说唱文学的一种，略如平话之类，有诗也有散文，如《唐三藏取经诗话》，每节前为说话，末系以诗，故曰诗话。

陈廷敬的《杜律诗话》，与前人所著的大量"诗话"不同。通观其二卷全部文字，若题为"杜律新解"，似更为切合实际。《杜律诗话》精选了杜甫五十五首七言律诗，一一阐说。其体例是先破后立，即先引较为通行的谬说或误解，予以驳斥，再申说己意。其间旁征博引，又时出独得之悟。可以说，《杜律诗话》开创了"诗话"的一种新体例。

《杜律诗话》所选的五十五首杜甫七言律诗，都是当时颇为称道的杜诗七律的代表作，但注家们却有不同的理解。有的解释具有权威性，影响很大，但陈氏认为其解是错误的，于是特为辩证。在《杜律诗话》的"自记"中，陈氏认为："杜诗说之诚难，而律诗尤难。盖古诗如《哀江头》、《洗兵马》等篇，文义事实有可推考；律诗则托兴幽微，寓辞单约，说之故尤为难。"他"尝见世所传诸家解杜诗，意多不合"，所以他讲授杜诗时，"多用己意"。

被《杜律诗话》指为解诗有误的"注家"，主要有钱谦益、金圣叹、朱鹤龄、顾宸之、王士禛等。《钱注杜诗》刻于康熙六年（1667）。金圣叹《杜诗解》刻于康熙十八年（1679）。朱鹤龄之《杜诗注》在康熙朝已盛行于世。王士禛则为当时诗坛领袖，比陈廷敬大六岁。此外还有一部影响有更大的仇兆鳌《杜诗详注》，但其自序写于康熙三十二年（1693），书刻于康熙四十二年（1703），比《杜律诗话》晚了十几年。仇氏《杜诗详注》之"凡例"中，已列举出"泽州陈冢宰之《律笺》"（即陈廷敬《杜律诗话》），并于诗注中多处引用《杜律诗话》之解释，表示赞同。可见《杜律诗话》在当时已引起学界重视，产生了积极影响。

陈廷敬对所选杜诗的新解，有些确实是精辟独到的。例如，杜诗《题郑县亭子》："巢边野雀（一作鹊）群欺燕，花底山蜂远趁人。更欲题诗满青竹，晚来幽独恐伤神。"陈廷敬解之曰："或谓雀欺燕、蜂趁人亦即景所见，不必谓喻群小谗谮。按：此诗明有寄托，亦不必概去之。诗无他意，强作附会；诗有寄托，反谓无他，皆好异之过也。"这里表现了他求真务实的科学精神。陈氏指出此诗为乾元元年（768）杜甫赴华州时所作。乾元元年，杜甫因进言救房琯，由左拾遗贬为华州司功参军。房琯实为贤相，但为宠臣崔圆等嫉恨，因故被举报，遂致遭贬。杜甫时为言官，理应进谏，然亦牵连外放。故诗中所言野雀欺燕、山蜂趁人，实为有因。杜甫曾说过"唐尧真自圣，野老复何知"（《秦州杂诗二十首》），"恨无匡复姿，聊欲从此逝"（《送樊二十三侍御赴汉中判官》），也是在发政治牢骚。故杜甫于乾元二年即弃官而去。陈氏认为"此诗明有寄托"，是符合实情的。

杜诗《九日蓝田崔氏庄》：

蓝水远从千涧落，玉山高并两峰寒。

明年此会知谁健（一作在），醉（一作再）把茱萸仔细看。

陈氏解之曰：

末句"仔细看"，或谓看茱萸，或谓绾上蓝水、玉山言之，两通。须知，蓝水、玉山非但写景。山水恒在，

155

人难常健。当日生感之意在此。

这里实际上运用了心理换位的思维方式，所以陈廷敬能设身处地，深切地体察到杜诗是在用情景反衬的写法，抒发生命短促之感。蓝水、玉山之永恒，正引发出"明年此会知谁健"之生命咏叹。

杜诗《卜居》：

浣花流（一作之、一作溪）水水西头，主人为卜林塘幽。

已知出郭少尘事，更有澄江销客愁。

无数蜻蜓齐上下，一双溪鸠对沉浮。

东行万里堪乘兴，须向山阴上（一作入）小舟。

陈廷敬解曰：

或云：甫卜居便有东行之兴，且东行欲至山阴，羡莒万里，公必有不得已于卜居者；冕之为主人者可知。冕谓裴冕。此说实未然。"成都万事好，未若归吾庐"，公岂欲终老于蜀者？且（据）史（书）：乾元二年六月，以左仆射裴冕为御史大夫、成都尹，持节，充剑南节度副大使、本道观察使。三年三月，以京兆尹李若幽为成都尹、剑南节度使。是年闰四月，改乾元为上元。公卜居在是年春三月，堂已成，冕亦将去。今人说公成都

156

诗，往往罪冕不能厚公，冕亦冤矣，特为雪之。"东行欲至山阴"语，更非是！盖山阴上舟，咫尺有万里之思，故是妙句。若谓欲至山阴，索然无味，全失诗情矣！公古诗有《寄裴施州》诗、《郑典设自施州归》诗，"裴施州"即冕。读此二诗，当知冕在成都遇公应不薄也。

"或云"指顾宸之说："公欲万里而至山阴，则冕之为人可知。"陈氏以史诗互证法为裴冕洗冤，不仅有助于正确理解杜诗，而且涉及如何准确评价历史人物的问题，很有意义。仇兆鳌《杜诗详注》完全赞同陈氏的见解。

对"东行万里堪乘兴，须向山阴上小舟"的解释，陈氏深得诗人之趣，足见其审美眼光。他认为："盖山阴上舟，咫尺有万里之思，故是妙句；若谓欲至山阴，索然无味，全失诗情矣！"《文心雕龙》论神思云："故寂然凝虑，思接千载；悄焉动容，视通万里；吟咏之间，吐纳珠玉之声；眉睫之前，卷舒风云之色。……或理在方寸而求之域表，或义在咫尺而思隔山河。"陈氏所会心者，正是此意。说明他对形象思维确有独到的体察。山阴即绍兴，在浙江省鉴湖边。杜甫《壮游》诗云"鉴湖五月凉"，深羡山阴风景之美。王羲之说："山阴道上行，如在镜中游。"王献之进一步解释说："从山阴道上行，山川自相映发，使人应接不暇。"《会稽郡记》的记载更为形象生动："会稽郡特多名山水，峰崿隆峻，吐纳云雾，松栝枫柏，擢干竦条，潭壑镜彻，清流泻注。"明乎此，则杜甫之"向山阴"，陈氏之解杜诗，即豁然贯通。

再如陈氏解杜诗《野人送朱樱》时，对传统诗论命题"诗穷而后工"有所发挥，认为杜甫此诗："油然忠爱，遂为独绝。遇固不幸，诗反因之据胜。人谓诗能穷人，又谓穷而后工；由此论之，不独穷而工也。"这一点是陈廷敬对诗论的新贡献。"诗穷而后工"的观点，杜甫、白居易、韩愈都曾有所论述。至欧阳修，则进行了规律性的概括："予闻世谓诗人少达而多穷，夫岂然哉？盖世所传诗者，多出于古穷人之辞也。凡士之蕴其所有，而不得施于世者，……内有忧思感愤之郁积……盖愈穷则愈工。然而非诗之能穷人，殆穷者而后工也。"①其中"穷"与"达"对举，显然不仅指生活的贫穷，而是指"不遇"、"不顺"，处于困境。于是"内有忧思感愤之郁积"，发愤著书。这里包含了批判现实的意义。但所谓"工"却指的是艺术方面的成就，并不涉及思想内容。陈廷敬看出这一缺陷。他认为，从杜甫的《野人送朱樱》一诗来看，"不独穷而工也"，而是"油然忠爱，遂为独绝"。"穷"，不仅有助于诗人磨炼诗艺，更是对诗人忠君爱国的意志品格的考验。杜甫在穷困潦倒之际，得到农夫赠送的樱桃，仍然念念不忘国君"赐沾门下省"的恩宠，回忆当年"擎出大明宫"的毕恭毕敬，思君忠爱之心，油然而见。陈氏由此对"诗穷而后工"的成说，有了进一步的体认，丰富和提升了这一诗论命题的内涵。如果我们结合陈氏作为康熙朝重臣，一生惓惓于国君的经历来看，陈氏所谓"不独穷而工也"的论断，包含着"不穷而工"的意思，即"达而工"。"工"，兼有内容忠爱与艺术上乘

①《梅圣俞诗集序》。

之意。而他自己的诗，正是"达而工"之实例——这是否为陈氏不便揭明的言外之意呢？于此，时隔千载的杜、陈二诗翁，"心有灵犀一点通"。陈廷敬在《七夕唱和诗序》中又说："诗穷而后工，岂其然哉？使其人皆遇而不穷，其诗亦未必不工。"可与此处议论相生发。

关于科学先进的方法，当然是相对而言的。《杜律诗话》运用了系统的观点和方法，形象思维和换位思维方式，以及"连类诠释法"、"以杜注杜法"、"双重比较法"、"诗、史、事、情综合考证法"、"归谬法"、"以兵法论诗"等研究方法。

杜诗《题桃树》：

> 小径升堂旧不斜，五株桃树亦从遮。
> 高秋总馈贫人实，来岁还舒满眼花。
> 帘户每宜通乳燕，儿童莫信打慈鸦。
> 寡妻群盗非今日，天下车书正（一作已）一家。

陈廷敬解之曰：

> 或曰：此诗首曰"小径升堂旧不斜"，末曰"天下车书正一家"，疑所题者故园之桃。时方全盛，未逢祸乱，故桃亦可怀如此，以叹今之不然，与"移柳几能存"同感。若云题成都桃，末二语难通。愚谓：此解正自难通！公诗本无不通。"寡妻群盗非今日"，言鳏寡孤独频经祸乱，触目可伤。"天下车书正一家"，言（叛）逆削

平，四海一家，吾人又安可以区区小物，彼此贪戾于兵火之余也！与后夔州《又呈吴郎》一首同看，其意自见。"高秋总馈贫人实"，"堂前扑枣任西邻"，"枣熟从人打"，"拾穗许村童"，"寡妻群盗非今日，天下车书正一家"，"已诉征求贫到骨，正思戎马泪盈巾"，"安得广厦千万间，大庇天下寒士俱欢颜"，"雄者左翮垂，损伤已露筋"，"白鱼困密网"，"分减及溪鱼"，"吾徒胡为纵此乐，暴殄天物圣所哀"。集中此等不可悉举。尝谓公仁人长者也，读其诗者宜知。

陈氏在对这首诗的别解中，明确示范了以杜解杜的研究方法，即以杜诗互证互解。这实质上是系统论的观点。遗憾的是研究者并不都是从全部杜诗中贯通求解，而是轻信旁证，以图省事，人云亦云，以致"诬古人而迷误后世"。

杜诗《涪城县香积寺官阁》：

寺下春江深不流，山腰官阁迥添愁。

含风翠壁孤云细，背日丹枫万木稠。

小院回廊春（一作深、一作清）寂寂，浴凫飞鹭晚悠悠。

诸天合在藤萝外，昏黑应须到上头。

陈氏解之曰：

"上头"二字，亦自有本。古乐府"东方千余骑，夫婿居上头"是也。公《奉同郭给事汤东灵湫作》诗亦云："东山气濛鸿，宫殿居上头。"此诗题香积寺山腰官阁，'上头'即山顶也。"诸天"自四天王天至非有想、非无想天，影略山顶殿像也。"昏黑"有二意：承上"晚"字；又承上"藤萝"字及"背日万木稠"也。

陈氏运用"融会贯通法"解诗，即所谓"字不离词，词不离句，句不离篇"。此法含二意：其一字、词、句、篇之贯通；其二诗意、意境之融会。这里体现了"当看其全体力量如何"和"结构第一"的有机整体观。

杜诗《送王十五判官扶侍还黔中（得开字)》：

大家东征逐子回，风生洲渚锦帆开。
青青竹笋迎船出，白白江鱼入馔来。
离别不堪无限意，艰危须（一作深）仗济时才。
黔阳信使应稀少，莫怪频烦（一作频频）劝酒杯。

陈氏解之曰：

题曰"还"、诗曰"回"，犹有作"之官"解者，诸家皆致辩。所谓不足辩者，此类是也。杨用修以"将"字易"逐"字，人多非之。余谓"逐"字本不佳，无怪用修欲易。"将"，领也；"凤凰将九子"，杨亦引之，

161

不必训"养"。或谓《东征赋》原作"余随子乎东征"，当易以"随"字。"白白江鱼"，或引《列女传》姜诗事，"每旦辄出双鲤"，以"日日"为是。按"白白"与"青青"对，"白白"是也。

对这首诗的别解，突出地体现出陈氏求真务实的科学态度。他不客气地指出：杜甫此诗首句"大家东征逐子回"的"逐"字，"本不佳"。有人认为杨慎不自量，竟敢妄改诗圣之诗，以"将"字易"逐"字，故"人多非之"。陈廷敬极为尊重杜甫，他的诗学杜、近杜而成家；作为诗人，杨慎不如杜甫，但陈廷敬却能实事求是，就这首诗作具体研究，认为杨慎改得对。

杜诗《示獠奴阿段》：

曾惊陶侃胡奴异，怪尔常穿虎豹群。

陈氏解之曰：

陶侃之奴，伪苏注及刘敬叔《异苑》其不可信，人皆知之。然其事卒不知所出。愚旧有臆解："陶侃"或是"陶岘"。岘，彭泽之孙，浮游江湖，与孟彦深、孟云卿、焦遂共载，人号"水仙"。有昆仑奴名"摩诃"，善泅水。后岘投剑西塞江水，命奴取。久之，奴肢体磔裂，浮于水上。岘流涕回棹，赋诗自叙，不复游江湖。岘既公同时人，其友又公之友，异事新闻，故公用之耳。陶奴入水，卒死蛟龙；公奴入山，宜防虎豹，事相类。"侃"、"岘"音相近。但岘事僻，人因改作"侃"也。公常以时人姓名入诗，如李白、云卿之类。又传写讹谬，如"周"作"何"之类。此说或亦可存。

这里运用了诗、史、事、情综合考证法：其一，杜诗常以时人姓名入诗；其二，陶岘事见于《甘泽谣》；其三，传写讹谬，如"周"误作"何"之类，因字形相近；其四，"侃"、"岘"音近，但陶岘事僻，故误作"侃"。四重证据论证充分，加强了说服力。故仇注杜诗全文引陈氏此解。[①]

日本学者松冈先生为日本翻刻《杜律诗话》写序时称："其为说也，不依诸家，而出于独得。证之以本集诸诗，参之以新旧唐史，广采当时事迹，发杜老胸中之蕴，辨注家因袭之误，非吞剥缀辑之徒所能仿佛也。所谓简易明白，有资于幼学者，莫过于此。"

陈廷敬的《杜律诗话》，貌似分散，不成体系，但在别解杜诗的过程中，确实包含着丰富的、有价值的诗论观点和富有创意的、多样实用的论诗方法，为我们分析古典诗歌提供了很好的借鉴。可以说陈廷敬的《御定全唐诗后序》简直是一篇简明的古代诗史。无怪乎他对杜诗的地位和成就有宏观的比较和把握。再加上他也具有与杜甫一样的"致君尧舜上，再使风俗淳"的理想和类似于杜甫的"忠爱之心"，于是，在传统文化深厚滋养的基础上，在自己长期精研杜诗并进行大量创作实践的过程中，陈廷敬

[①]《杜诗详注》，中华书局1979年版，页1272。

写出了具有传世价值的《杜律诗话》，在当时即产生了广泛的影响，而其研究方法，更有积极意义。

今存词作

丁绍仪《听秋声馆词话》卷十云："我朝如汤文正斌、陈文贞廷敬、陈勤恪鹏年，文章经济，媲美前贤，亦有词句流传。文贞《红窗听》云：'玉轸霜弦欣暂倚，更何必，碎从燕市。窗灯帘月闲相对，觉吾将老矣。目送手挥聊复尔，正良夜、碧天如水。漏声初起，征鸿过尽，索乡愁难寄。'"康熙《钦定词谱》之《凡例》，奉旨开列第一名"南书房总阅官"，就是陈廷敬。但《午亭文编》未收"诗之余"的词。

今所见陈廷敬词六十五首，除《听秋声馆词话》所引之《红窗听》外，其余六十四首均见于《尊闻堂集钞》。计有《水调歌头》二首、《满庭芳》三首、《满江红》二首、《点绛唇》三首、《虞美人》二首、《望江南》二首、《朝中措》二首、《菩萨蛮》二首、《南歌子》三首、《浣溪沙》十首、《临江仙》三首、《减字木兰花》二首、《如梦令》二首，《八声甘州》、《南浦》、《解连环》、《贺新郎》、《西江月》、《浪淘沙》、《沁园春》、《桂枝香》、《唐多令》、《长相思》、《鹧鸪天》、《谒金门》、《千秋岁引》、《千秋岁》、《生查子》、《声声令》、《江城子》、《两同心》、《蕙兰芳引》、《洞仙歌》、《清平乐》、《何满子》、《木兰花慢》、《好事近》、《太常引》、《品令》各一首。虽然词作数量不多，但诸调均有，连同《红窗听》，所用词牌达四十个，可见其谙熟程度。

　　《浣溪沙》十首中，其二、其八写边塞。其二云："谁放高楼玉笛声，关山无限曲中情。离人已老不须听。杨柳闺中春万里，琵琶塞上月三更。碛沙惊雁惯飘零。"首二句与陈廷敬"风致洒然"的《闻笛》词同调。第三句虽说"离人已老不须听"，但作者一而再地抒写"玉笛曲中情"，正见出老诗人的情不自禁。"杨柳闺中春万里"，似从"可怜无定河边骨，犹是春闺梦里人"化出，然痕迹不露，减弱了悲痛的程度，以"碛沙惊雁惯飘零"的形象，使全词情调化为悲凉。就作者的身份而言，可谓得体。词中的"杨柳"、"琵琶"，已不是一般的形象。在岁月漫漫的历史长河中，在无数诗人的笔下，已升华为意象，其中包含着惜别、相思、怀亲、念祖、远行、谪迁等丰富的内涵。陈氏拈出这两个意象，就把抽象的"无限曲中情"具体化、形象化了，启人以无穷想象。其八云："双墩烽连只墩明，短亭旗鼓接长亭。萧萧万马杂边声。风急明驼来迹路，月高秋雁度关城。早销金甲事春耕。"从词中描写的景象来看，当是作者祭告北镇时的亲睹亲闻。"早销金甲事春耕"句，见杜诗《诸将五首》之三："稍喜临边王相国，肯销金甲事春农。"陈氏在解此二句杜诗时说："幅员日蹙，贡赋日减，军需皆仰给馈饷，独王相国肯销甲事农，安得不喜！""王相国"指唐玄宗时王晙。王晙任桂州都督期间，罢戍卒，开屯田数千顷以息转漕，百姓赖之，卒赠尚书左丞相。陈廷敬对"销甲事农"之事如此关心，"安得不喜"，一再表彰，其"相臣心事"之恳切，可感可叹。

　　《浣溪沙》其七又说："要使江山铺似锦，不怜头鬓暮如丝。愿人行乐我无悲。"他确实以自己的生命实践着一位清官的宿愿。

其五、其六写离别。其五云："甚矣吾衰梦亦稀，悲哉秋气士多违。登山临水送将归。塞接平芜霜漠漠，关连远树叶菲菲。月明乌鹊正南飞。"此篇熔铸宋玉《九辩》、曹操《短歌行》、辛弃疾《贺新郎》诗意，以秋景衬托离别之后"无枝可依"的伤感。其六云："春水西流带夕阳，涧花初落有残香。樊川九曲似离肠。故国山遮愁不断，小楼烟锁梦难忘。归时人老转凄凉。""樊川九曲似离肠"，当从柳宗元"江流曲似九回肠"化出。"故国山遮愁不断"，则令人联想辛弃疾"青山遮不住，毕竟东流去"。联系下句之"梦难忘"，似含有故国之思，岂非大有违碍？但从全词来看，"离肠"、"人老"、"梦难忘"，又明明是写晚年思念故人之情。再者陈氏正以实际行动报效皇恩，故"圣眷"正隆，而且"故国"云云，实乃诗家熟语，无法坐实。

其三云："银蜡光寒透幔纱，玉窗深照合昏花。露香烟暝月痕斜。幽梦未成迷睡蝶，闲情欲尽惹啼鸦。画楼西畔是天涯。"这显然是有意戏为宫体，令人想到温庭筠的"小山重叠金明灭"、李商隐的"画楼西畔桂堂东"，但比温词清远，比李诗含蓄。

其十云："明月阴晴并缺圆，浮生离合与悲欢。思量万事古难全。终是人间无好处，不应天上有愁仙。举头把酒问婵娟。"此篇似苏词《水调歌头·明月几时有》的缩写。但苏词之结句"但愿人长久，千里共婵娟"，仍具清放超脱之本色，而陈词结句之"举头把酒问婵娟"，却在貌似疑虑的词语之下，难掩其执着的心态。这正是正统儒者的形象。

《浣溪沙》其九中有极好的对句："雨脚垂云拖碧树，山头新霁照红楼。""拖"虽是俗字，但用在此处却非常生动，形象传神，不可更易。于此亦可见陈词的功力。末句"半竿斜日古今愁"，又画出了"斜阳正在，烟柳断肠处"的意境。

陈氏的两首《水调歌头》及《浪淘沙》，也有受苏词影响之迹。《中秋寄素心》怀念其四弟陈廷愫，从构思到上片中的部分词语，如"阴晴千里难定"、"为我向清影"等，均脱胎于苏轼之词。"为客岁将晏"一首中，"且共樽前月下，对影还须怜我，此外与谁同"自然使人想到苏轼的"起舞弄清影"、"多情应笑我，早生华发"，李白的"举杯邀明月，对影成三人"，可见陈词的善于熔铸。《浪淘沙》中"欲醉发清狂，走马西冈"，也当受苏轼的《江城子》"老夫聊发少年狂……千骑卷平冈"之启发。

《满庭芳》三首写归隐之情。其三开篇曰："情为吾患，谁无情者？"一语破的。陈廷敬正是选用最适于写情的词体来写情。"人生少乐，不应我万事周遮。"他为了胜任其官职，殚精竭虑，"万事周遮"，牺牲了人生之乐趣，可见其心力交瘁之苦。他以文为词的句法，又显然受辛词影响。在宦海，"触处风波"、"重困泥沙"，消磨得"髯霜鬓雪，恨锁愁围"，终于悟到"聚散无常，穷通有命，台阁文章是枉然"（《沁园春》），萌生了"莫思量，久恋玉佩金珂"的念头："且整顿山中樵斧、水上渔蓑……取次归田。"《浣溪沙》其四，则描绘了想象中的归隐后之乐："草屋三间不用多，柴门红叶挂青蓑。牧儿吹笛老夫歌。六印饶他霜鬓满，一杯容我醉颜酡。神仙富贵两如何。"《朝中措》其一更具体地展现了归隐后的生活，而以一个"稳"字准确地概括了隐居生活的优越性："野堂残颗啄山鸦，林际一人家。荒草断碑孤垅，夕阳古道三叉。贤愚莫问，庄前疏柳，门外秋瓜。牧笛数声牛背，倒骑稳跨平沙。"类似的还有几首游仙词，实为"仙隐"，如《临江仙》其二、《蕙兰芳引》、《清平乐》、《桂枝香》、《如梦令》其一。

《贺新郎》云："日月如丸走。问嫦娥桂影婆娑，几时曾有？此去清都多少路，童鹤昔还在否？恐万里、乘风难久。别后双童消息断，叹萧萧、鹤老人非旧。且慢折，津亭柳。如今但可衔杯酒。待教他、凄凉万事，不堪回首。销尽多情双白鬓，只许云朋风偶。方落个、红尘抖擞。应是广寒无寄语，想琼楼、人在知非谬。情脉脉，一挥手。"再看辛弃疾的《木兰花慢·可怜今夕月》："可怜今夕月，向何处、去悠悠？是别有人间，那边才见，光影东头？是天外，空汗漫，但长风浩浩送中秋？飞镜无根谁系？姮娥不嫁谁留？谓经海底问无由，恍惚使人愁。怕万里长鲸，纵横触破，玉殿琼楼。虾蟆故堪浴水，问云何玉兔解沉浮？若道都齐无恙，云何渐渐如钩？"辛词以屈原《天问》之体写"送月"，"词人想象直悟月轮绕地之理，与科学家密合，可谓神悟"[1]。辛词是一首具有科学史意义的杰作。陈词受其启发，但非写科学而仍是写人生，写人生之情，抒发人生易老天难老之感慨。其结句"情脉脉，一挥手"，似断却续，绵绵无尽。

康熙六年，陈廷敬时任内秘书院检讨之职，为兵部尚书龚鼎孳（号芝麓）赏识，约他与海内诸名公汪琬、王士禛、李天馥等结为文士。《品令·和芝翁小令》，即叙写与龚芝麓等人举行诗酒

---

[1] 王国维：《人间词话》，人民文学出版社 1960 年版，页 214。

之会的欢乐。他们抒发诗友深情，谈诗论道，夜不成眠："桃熟新箓沈，遣折简，邀欢饮。鸾书笺锦，三生一事，教人详审。天上多情，却道人间是怎？风衾月枕，问今夜，如何寝？当年小阁，春帆深处，花枝碧浸。自古飞仙，除却有情因甚。"

《唐多令·晋祠》，写景兼怀古："竹翠隔溪幽，沙明映碧流。好风光、不似边州。难老亭前新月夜，曾把酒，对银钩。豫让古桥头，英风荡旅愁。战夹河、梁晋全休。为问白云汾水上，还是否，汉时秋？"从"不似边州"、"英风荡旅愁"等句来看，当为祭北镇后的作品。词中对复仇英雄豫让和雄才大略的汉武帝十分缅怀，洋溢着敬仰之情。陈廷敬暗用武帝《秋风辞》，则透露了自己的壮志雄心。

《生查子》，有意仿欧阳修同调词而变化其意境："去年见子时，雪霁西窗月。明月照梅花，花落寒如雪。今年送子时，雪月连遥夕。杨柳可怜枝，生向高楼笛。"欧阳修用对比手法，以"去年"之欢会衬"今年"之失落，情调凄婉；陈词则以递进手法，写"去年见子时"清丽高洁的心境和"今年送子时"的悠悠怅惘。"明月照梅花，花落寒如雪"，以自然境界形容人格境界，将欧词所表现的男女恋情升华为人间肝胆相照的高尚情操。

总的来看，陈廷敬《满庭芳》其三所写"情为吾患，谁无情者"是他全部词作的总纲。写情，正是继承了宋词的精神。人们常说，唐诗言情，宋诗言理。难道宋人无"情"可言？他们是把情写到词中去了。在宋代，诗与词有默契的分工，即所谓"诗庄词媚"。陈廷敬的诗与词也基本如此。陈词中所写之情，主要为离情。如《点绛唇》其一"离情难数"、其二"离愁不绾"、其三

"泪痕频透，难征衫袖"，《虞美人》其二"离恨凭将寄"，《沁园春》"思君寄语瑶笺"，《朝中措》其二"红粉高楼杨柳，紫台荒冢琵琶"，《菩萨蛮》其一"思君无处无"，《南歌子》其一"画堂宫征怨离情"，《浣溪沙》其二"离人已老不须听"、其三"画楼西畔是天涯"、其六"樊川九曲似离肠"，《千秋岁引》"万里怀人兴骚屑"，《千秋岁》"隔河汉，碧云似水空盈涕"，《两同心》"天上人间，音沉信杳"，《减字木兰花》其一"天上情多，牛女年年会绛河"、其二"离情款款，说与溪山浑不管"，《好事近》"别后空相忆"，《如梦令》其二"枕上离心千里"，《水调歌头》其一"回首别离夜"、其二"偏是悲秋客，长在别离中"，《满庭芳》其三"西风起，况逢摇落，不是为思家"，《南浦·别太原王尉》"惜别梦中相送"，《解连环》"有别后桃花，依稀人面"，《西江月·摩诃庵荔裳读书处》"南浦离歌初断，西州老泪先零"，《桂枝香》"念临别，情难诉"，《红窗听》"征鸿过尽，索乡愁难寄"，以及《何满子·怀容斋阮亭》、《望江南》其二。写离情的达二十八首之多，竟占其六十五首词作的43%，可谓惊人。

推其原因，离情固然是历代词中习见之内容，陈氏自不能不受其影响。但更为重要的是，这种现象真实地反映了陈廷敬这位出入禁闼几十年的台阁重臣的特殊生存环境和心态。《红楼梦》第十八回中描写元妃省亲的情景是：贾妃满眼垂泪……一手搀贾母，一手搀王夫人，三个人满心里皆有许多话，只是俱说不出，只管呜咽对泣……半日，贾妃方忍悲强笑，安慰贾母、王夫人道："当日既送我到那不得见人的去处，好容易今日回家娘儿们一会，不说说笑笑，反倒哭起来。一会子我去了，又不知多早晚才来！"说到这句，不禁又哽咽起来。……贾妃……含泪谓其父曰："田舍之家，虽齑盐布帛，终能聚天伦之乐；今虽富贵已极，骨肉各方，然终无意趣！"陈廷敬何尝不是恪尽职守于"不得见人的去处"？甚至在他的咏物词《望江南·燕》中，也把燕语解为"别离声"，而以"来去最关情"绾结全词。

在康熙词坛的格局中，陈维崧之豪放、朱彝尊之清空、纳兰性德之婉约，三大家各树一帜。而陈廷敬以自己的寥寥数十首晋人之词，于阳羡、浙西两大词派之外，独抒性灵，将仕宦真情写得如此深切，豪而不野，凄而不痛，婉而不曲，颇具中和之美，殊为难得。

严迪昌《清词史》论陈廷敬说：他是京城大僚文人中的有重望者，诗文均精，以词名一时，有作品传世（江苏古籍出版社1999年版）。这一说法，肯定了陈氏在康熙词坛的地位。

死后寂寞之因

行文至此，有一个问题是不能回避的，这就是陈廷敬的诗歌既然取得了相当高的成就，为什么"生前显赫，死后寂寞"？从清末至今的百余种文学史著作中，大多一字不提陈廷敬。谢无量《中国大文学史》，严迪昌《清诗史》、《清词史》略有提及，但三处合计不足百字。1984年人民文学出版社出版的《清诗选》，选清诗人一百五十余人，但不收陈廷敬。诗学功力逊于陈廷敬的王士禛却成为诗坛盟主，始终受到人们的关注与好评。为什么会出现这种现象呢？主要有三方面的原因。

一是陈廷敬的台阁诗与清初大多数汉族知识分子的心态不合。幻灭感是弥漫在康熙年间知识分子中的一种剪不断、理还乱的时代情绪。尽管这一时期的整体政治、经济状况是比较好的，但在汉族知识分子的内心深处，却是一片精神的废墟：他们尊为正统的大明王朝，他们视为神圣的"夷夏大防"之观念，突然瓦解并受到现实的质疑。一种文明、一种价值体系的盛衰无常，一个有过伟大历史的政权转眼间就被另一个政权的马蹄所征服，还有比这更能促发幻灭感的事吗？这种幻灭感在所有的文体中都有引人注目的表现。在词中，有陈维崧的《点绛唇·夜宿临洺驿》，更有朱彝尊的《卖花声·雨花台》。在戏曲中，有《长生殿》第三十八出《弹词》，更有《桃花扇》续四十出《余韵》："俺曾见金陵玉殿莺啼晓，秦淮水榭花开早，谁知道容易冰消。眼看他起朱楼，眼看他宴宾客，眼看他楼塌了……残山梦最真，旧境丢难掉，不信这舆图换稿！诌一套哀江南，放悲声唱到老。"甚至当毛宗岗修订《三国演义》这部直接描写政治、军事斗争的历史演义时，也引了杨慎的"是非成败转头空"冠于卷首，体现了一种饱经沧桑后的幻灭感。在这种时代氛围中，陈廷敬的规范化的台阁诗风是不合时宜的，既无助于化解遗民诗人的嗔怒之气，又不能与朱彝尊、孔尚任这类作家内心深处的幻灭感衔接。比较而言，王士禛所倡导的神韵诗风却力图淡化意识性，自觉不自觉地顺应了皇权政治的选择，软性地整肃着清初原本郁勃横放的诗坛格局，导引出某种与"盛世"相符的诗歌风尚，故成为主导倾向。

　　二是陈廷敬诗宗杜甫，而诗坛盟主王士禛却"酷不喜少陵，特不敢显攻之。每举杨大年'村夫子'之目以语客"①。陈廷敬诗又学宋尊苏，而诗坛风气受王士禛影响，"皆唐之诗人"。故陈诗不合时宜。正如延君寿所说："午亭全是一团学力，抱真气而能独往独来者也。余谓其深造之能，直驾新城、竹垞而上之。世人见其用力过猛，使笔稍钝，看去觉得吃力，遂轻心掉之耳。"然而陈廷敬并未丧失自信。他在《阅旧诗有感》中说，"诗未因官减，名须与世传"，"后五百年外，当为知者怜"，又说，"万卷书翻遍，君当自赏音"！

三是受20世纪初至70年代"文学革命"、"文化大革命"的影响。陈独秀提出"推倒雕琢的阿谀的贵族文学……推倒陈腐的铺张的古典文学"的口号，获得了普遍响应。陈廷敬的诗自然属于贵族古典文学，在打倒之列，怎么可能被赐予文学史上一席之地呢？

---

①赵执信：《谈龙录》。

政治思想

魏宗禹

陈廷敬是清初康熙年间的一位重臣，也是一位务实的政治家。他颇有远见卓识的政治思想，更可以说明他不仅是一位尽心尽职的官吏，还具有符合现实社会的治世之道。古史说明，作为朝臣长吏，侍奉当朝的君王，从来都是一件具有险情的不易之事。"伴君如伴虎"的谚语，并非一句虚言。对陈廷敬而言，他不只是在伴君，他是朝臣，又是廷筵的侍讲官，无论在做事，还是在对康熙帝直白讲授经史中的治世之道，都是很不容易的。他在文字中有"如履薄冰"之感，其言行便具有慎之又慎的特征，在特立自持之下而依理直言，其深刻的社会政治思想，更显得难能可贵，值得珍视。

陈廷敬的社会政治思想，重心在于"民为邦本"的理念，他的种种治世之论，皆由此而发，由此而展开。他认为社稷是君王主宰的，民为邦之根本，若得到民的支持，国家则存；若得不到民的支持，这个国虽存犹亡。正如他所言，"举天下之事，在于得天下之民心"，"民之生死，国之安危"①。说明所谓之治世，就在于得到众民的真心拥护而已。因此，无论何种治世方略，何种治世举措，若得民心，便可谓之大治；若违背民心，则会天下大乱。这就是说，若民之生，民乐其生，则国为之安；若民之死，众民难以为生，则国处于危险之境地。对此，他从诸多方面展开分析，深入地加以论述。

陈廷敬认为研究治世之道，必须深究经史之遗训，正如刘勰在《文心雕龙》中所云："不述先哲之诰，无益后生之虑。"故我们需要认真审视往昔先人的治世良方，力求使古之佳法者守

①《午亭文编》卷29。

之，垂绝而有用者继之，成功之策加以增改而承之，失败之教训力求警戒之，异域思想文化加以甄别审视而融之。他释善言古者，必有益于今的观点，有两层用意，一是他认为当时的先进文化，在于自古以来凝结的中原文化，企图使新朝的君王，新朝的大臣、长吏以此为治世的基本依凭；二是他认为治世之道，莫过于礼治与法治并用的思想方法。因此，他提出以礼之教化为重、以刑法辅之的治世之道。

礼治源于祭祀文化，远古的祭祀文化中的礼仪及其思想，逐步演化为规范社会的秩序与方法，成为人与人，人与社会关系的基本准则。礼治与德治在西周时期曾臻于至善至美。东周时期社会新的矛盾爆发，礼治之作用黯然失色，"礼崩乐坏"之下，起于齐、兴于晋、成于秦的法治，一时备受瞩目，但秦始皇建立的统一王朝，却是成于法亦败于法，从而引得对礼治与法治之得失的深入反思。史家言"汉承秦制"并不准确。汉初从刘邦起，经过文帝、景帝，到武帝，终于形成了"王霸并用"，即"礼法并治"的治世之道。实际上走上了荀子在《君道》《王制》等篇中提出的"隆礼重法"的治世之路。陈廷敬在评《汉书》时曾十分赞赏礼治与法治并用的方法，但他同时认为从周、秦、汉而言，礼中有法、法中有礼及礼法并用的三种治世模式，一方面表明这是一种重大的进步，另一方面也表明三种模式都存在着严重缺陷。如礼法并用的西汉王朝及东汉王朝，不是亡于外戚干政，就是亡于宦官乱政，说明西汉确实存在着结构性与制度性的严重弊端。这一制度虽垂续了两千年，但却是在众多由兴盛而败衰的王朝中度过的。对此，陈廷敬在论其优越性的同时，提出一些建设性的补漏救弊的见解。

在礼治与法治并用中，陈廷敬认为礼治之举是治世的基础。在礼治方面，他注重于以礼乐教化为重。教化的内容大多涉及的是以礼治为主的伦理道德，如恪守礼义廉耻的规范，以及修身、齐家、平天下的信条等。在法治方面，他有着重要的阐述。如，他主张以中道施法，认为刑狱之正，至关重要。说"轻刑罚者民之所喜，而国之所以危也"，若"严刑重罚可以治国，尤悖妄之甚"①。就是说刑罚之或轻或重者，皆悖理，务求合于法的中道之理。又如，他在为于成龙造传中言："人命至重，上天好生自非精察确讯，若冤杀一人，便应以命偿之。"②还有他严肃地指出，涉法时，应公正审理，必须持一视同仁的公正意识。这些法治的思想中，深含着人道、正义、公平的意识，以及尊重人的生命尊严的价值理念。这种思想与主张，在以往古史中鲜见，反映了明清之际人性受到尊崇的进步思想，值得关注与称道。

陈廷敬重视吏治，他曾对此作过极为认真的研究，撰写过多篇官吏建设问题的专文和提奏。陈廷敬认为治世是依赖于各级官吏践行的，社会的兴衰治乱，与行使执政权力的各级官员息息相关。对此，陈廷敬曾分析说，直接影响或决定社会兴衰的因素甚多，如朝廷政策、君臣关系、刑法、赋税、自然灾害、御敌入掠，等等。作为官吏，他认为首先是应作"亲民之官"，言下之意是不能作贻害百姓之猾吏、贪官。他指出自古以来，"厚敛未有不亡者也"，"聚敛必亡"，说明重赋税以及各级官吏之贪婪，

① 《午亭文编》卷24。
② 《午亭文编》卷41。

是天下大乱的主要原因。因此他认为官吏的职责，就在于"化天下之不正为中正"。在论述这一点时，陈廷敬以严肃的态度指出，天下之不正或大不正，完全是由官吏造成的。他举例说，某一方区域，百姓安居乐业，欣欣向荣者，必有良吏在；相反，某一方域中，盗贼肆虐，百姓背井离乡，必有贪官酷吏在，由此则可看到官吏之优劣、政治之清浊。因此他认为治之得在于吏，治之失亦在于吏，而官吏"贪廉是大关之事"。若无清廉的各级官吏，便没有清明的政治；若没有清明的政治，便没有一个太平气象的社会景观。故陈廷敬认为欲使治世有得，必须严格治吏，治吏是治世的前提条件。陈廷敬这一治在吏、乱亦在吏的论断，古代论政治者亦多有议论，但在论述中却没有这样深刻、系统，以及这样符合历史与现实的实际。说明是时作为大臣的陈廷敬，自持节义与品度，保持睿智与奋进。他的"民为邦本"为中心的政治思想，以及"损君益民可言也""济与不济在民之得与不得"[1]的观点，均为其政治理念中精彩的思想。尽管陈廷敬的这些思想主张，根本目的在于维护清王朝的利益，在于维护清王朝体制，但客观上有益于清初社会安定形势的发展，亦有助于广大百姓的生计改善。故时至今日，古史中有关他清明廉吏的遗事，仍受到人们的缅怀，其廉洁奉公与爱民的思想，成为古代思想文化优良传统的一个重要组成部分。陈廷敬积极的政治思想，与其从政实践是一致的，他是一位"言必行，行必果"的政治家，因此他的为政思想值得重视，其品格亦应称道。

①《午亭文编》卷26、卷25。

民为邦本

陈廷敬在其文集中，多有亲民、便民、利民、急民、为民、恤民、勤民和为民等词语，从这些众多的用语中，可以使人深深感受到，在他的思想中有一种"民为邦本"的理念。陈廷敬处于一个改朝换代后的新朝时期，又身居于新朝政坛，对旧朝覆灭之后，百姓灾难之深重，都曾耳闻目睹过。因此，我们可以认为"民为邦本"的理念，在他的思想中早已成为一个重要的问题，在其思索中试图为此而效力。从陈廷敬的为官经历而言，尽管他身居重臣的位置，但他一生中始终坚持着"民为邦本"的宗旨，用陈廷敬所说的话而言，他认为治世之道的根本，就在于四个字，即"为政为民"。陈廷敬关于"民为邦本"的思想内容，丰富而深刻，在这里择取其"益下"之论与以"生民"为念两点，作一简要的评述。这对认识其政治思想是必要的。

（一）关于"益下"的思想观点

陈廷敬这一思想直接源于《易传》。《易传》有《损》《益》两卦之传注。其《损》卦之《象》曰："损下益上，其道上行，……损刚益柔有时。损益盈虚，与时偕行。"《损》卦的思想揭示的"损下益上"之意，即减损下体之阴刚，损益上体之阴柔，从而使阳刚之道逐上升。但"损下益上"之举，必须与时俱进，适合时宜，方可得大吉之福。陈廷敬对上述之《象》言评论说：

> 《损》卦，本无剥民奉君之说，……故曰"其道上行"，"损下益上"义本如是，亦非恶事也，行尝为损民

益君哉！……《易》大例，"扶阳抑阴"，刚不可损，独此卦以损刚益阴为义。损刚则刚虚，益阴则柔盈。故又曰："损刚益柔有时。损益盈虚，与时偕行。"①

陈廷敬这段话就《损》言本义云，他认为文中之"损下益上"内涵中，绝无"剥民奉君"即剥削百姓以益君王之义，亦无"损民益君"即损害百姓以有利于君王之义，他并未言及君民之利害关系事，而仅言及阴阳、刚柔之调节关系而已。同时，陈廷敬又指出，为何在释"损下益上"之内涵时，误解为"损民益君"呢？就是因为此卦中之义，违背了儒家一贯之"扶阳抑阴"的传统思想所致。但是在《益》卦中所云之"损上益下"之说，才是《易传》言君民关系之正道的。作为治世之道的"益下"说，就是从《益》卦中引申而来的。

《益》卦之《象》曰："益，损上益下，民说无疆。自上下下，其道大光。……凡益之道，与时偕行。"这段话大意是说，《益》卦中所体现的"损上益下"，象征着减损上层利益，增益下层利益，这样下层的百姓，自然会喜悦不已的。若上层官吏亲自下到百姓中间去，这种"损上益下"的精神，将会发扬光大，从而推动社会的发展。但是这一"损上"之道，还必须遵循一个合乎时宜的要求，只有这样才能达到"益下"，即有益于百姓的目的。

对于《益》卦的《象》传，陈廷敬则以前卦（即《损》卦）之《象》辞对比，释其意云：

---

① 《午亭文编》卷26，《易·损卦解》。

《益·象》传："损上益下，民说无疆。自上下下，其道大光。"以"益下"为益民，此则得其解矣。《损》卦自为臣益君之事，《益》卦自为君益民之事，何必皆以"下"为民哉！①

　　陈廷敬在这段话中，着重对《损》、《益》两卦中之"下"的内涵，作出自家的说明。他认为《损》卦之"损下"之"下"，是指臣卿的。故其意是"臣益君之事"，就是说君臣之间，是以君为重的，说明其"损下益上"，是损臣益君之意，非为损民益君之意。《益》卦之"损上"之"上"，是指君的。故其意为"君益民之事"，就是说，君民之间，是以民为重的。说明其"损上益下"，就是损君而益民之意的。对此，陈廷敬在阐释《益》卦中的"益下"说，还有这样的含义，"凡国有大事，必君从卿士、从庶民"，"其民心实，足为朝廷所凭依也"。陈廷敬的这些论述，说明君臣、君民之关系是互利的，特别是国家遇到"大事"，如凶荒之事时，只有上下相一致，才能使之转危为安，克敌制胜。这说明无论"损下益上"，还是"损上益下"，都是互利的关系，只有在互"益"之下，"无事不可兴"。

　　陈廷敬很重视《损》、《益》两卦中的"益下"说。因此，他在作为侍讲官时，对康熙皇帝讲解儒家经典时，特意讲解了《益》卦中的"益下"意义重大。据陈廷敬之文记载，他在壬戌年即康熙二十一年（1682）九月二十三日，在讲《益》卦之

---

　　①《午亭文编》卷26，《易·益卦解》。

《象》传"损上益下，民说无疆。自上下下，其道大光"等辞文
时，曾"奏对言"，曰：

> "损上益下"之主，以至诚恻怛之心，为爱养斯民之
> 政，初不计民之为我用也。而当此时，动罔不藏。故
> 《象》辞曰："利有攸往，利涉大川。"《象》曰："损
> 上益下，民说无疆。"可见"损上"者，正所以"益上"
> 也。孔子尝言："百姓足，君孰与不足？百姓不足，君
> 孰与足？"（按：见《论语·颜渊》）《大学》言："与其
> 有聚敛之臣，宁有盗臣。"如裴延龄、桑弘羊辈，皆以言
> 利，固宠一时，贻讥后世，此又可以为龟鉴也。①

陈廷敬在这段话中说明"损上益下"说是非常正确的。首先，他
指出"损上"而"益下"，损君王之利，而益民之生，从形式上
言是对立的，有损于君王的，其实并非如此。因为君王是百姓的
君王，负有爱民、养民之使命，而民则是君王之依凭、国家社稷
之本。民众安生乐业，社会咸宁，君王自然处于一个最佳的处
境，故云"损上"实为"益上"，而"益下"即"益民"，此为君
民关系之大道。其次，陈廷敬引用《易传》之义，提出"益下"
说，同时他又引用《论语》、《大学》之教，说明"益下"为益
民、富民的治世之道，是孔子与儒家治世的基本观点之一，说明
百姓足，君王便足，若百姓不足，君王何足之有？即使君王及其
官吏以"损下"敛民而富，也是不能持久的。因此从长远而言，

---

① 《午亭文编》卷29，《讲筵奏对录》。

"损上益下"不仅有益于百姓，也同时有益于君王。何况"君之德救民之命，自然感天之心，受天福，虽己身亦有大益，非仅无咎而已"。①说明"损上益下"对上而言，何止"益上"，亦可言"大益"于君王的。第三，陈廷敬指出在汉唐时期，汉代的桑弘羊、唐代的裴延龄等，均为一代之显要官吏，但他们"皆以言利"，并以与民争利而失败，说明"聚敛之臣"助主"损下"与"盗臣"的结局是一样。陈廷敬引用这些历史事实说明，"损下"之举，不仅是不可为，且是不能为的，只有"损上益下"之道才是"可以为龟鉴"的。

《礼记·礼器》："诸侯以龟为宝。"鉴，古代以铜为镜，称为鉴，可正仪容。龟鉴为一辞义，意思是说，治世之道中，可以通过历史之事例，加以对照比较，得到宝贵的、引以为鉴的教训。"损上益下"说是十分正确的，"益下"说即益民说，不仅有益于民，也是有利于君的，这是在往昔形成的宝贵经验，故应视之为"龟鉴"。

陈廷敬对于《益》卦中提供的"龟鉴"之教，还进一步以"奏对言"的文字形式，对康熙皇帝进言曰：

> 举天下之大事在于得天下之民心。而所以得民心之道，惟在圣君贤臣朝夕讲求，以实心行实政，非一切权宜之计所可机也，如汉文帝之止辇受言、唐太宗之虚怀纳谏。所谓谏行言听，膏泽下于民，此爻之义也。②

---

① 《午亭文编》卷26，《易·益卦解》。
② 《午亭文编》卷29，《讲筵奏对录》。

陈廷敬对《益》卦之《象》辞，将其"损上益下"之说，引申为"天下之大事在于得天下之民心"之意，说明为政之道，就是得民心之道，治世之要，就是"以实心行实政"，即以"损上益下"之策，实行有益于百姓之生计。因此，他期望君臣合力，朝夕都用心于"益民"，一切政策、法令之制定与实行，都是以有益于百姓为出发点，这样便可得到一个万民归心、天下协和的气象。这说明得民心者得天下之言，并非是毫无根据之虚言。

"汉文帝之止辇受言"的故事，《史记》和《汉书》均有记载。《史记》的《张释之传》关于此事记载说：一次汉文帝乘舆出行，至渭河桥间，忽有一人从桥下走出来，汉文帝乘舆之马匹十分惊恐，致使圣驾引发骚动，汉文帝下令捕拿惊马者，并交主管刑狱大事的廷尉重处。时任廷尉的张释之，经过调查讯审后，认为此事纯属偶然，罚金足矣。对此，汉文帝怒曰："此人亲惊吾马，吾马赖柔和，令他马，固不败伤我乎？"不能仅以"罚金"了事，应该给以诛杀之罪。张释之再次进言，说明文帝出巡时，此人由他地来，闻禁止通行，便藏匿在桥下久矣，此时误以为可通行了，便从桥下走了出来，未料及乘舆与车骑尚未驰过，正好碰上文帝所乘之舆过桥，便产生了这本不该发生的一幕。张释之在陈情之后，便根据当时所行之法进言曰："法者，天子所与天下公共也。今法如此而更重之，是法不信于民也。"最后汉文帝刘恒接受了秉公执法的廷尉了断，刘恒与张释之均受到史家的推崇。

至于"唐太宗之虚怀纳谏"之故事多矣。唐太宗纳谏之事莫

过于魏征。在《旧唐书·魏征传》中言，魏征曾直谏达二百余事
之多。其实唐太宗对谏臣之言，并非尽为"虚怀"者，时而诚心
纳之，时而伪而受之，时而坚决拒之、隔日又悔之，但基本上对
诸谏臣始终存有诚心相待的态度。但其纳谏中亦有许多尴尬故
事。如魏征等谏唐太宗少猎，以防玩物丧志，对此太宗表示诚心
受言。但有一次，他正准备往南山狩猎，整装已毕之时，魏征、
薛收等在出发之处等候，史载云：当魏征此时再次直谏其勿往南
山狩猎时，唐太宗对曰："初实有此心，畏卿嗔，故中辍耳。"
又云："上尝得佳鹞自臂之，望见征来，匿怀中。征奏事固久不
已，鹞竟死怀中。"①李世民的"虚怀纳谏"是很不易的，他对房
玄龄云："古帝王纳谏诚难。"尽管如此，李世民诚然如史家所
评"从善如流，千载可称，一人而已"②。确实是难能可贵的。

　　陈廷敬引用"止辇受言"、"虚怀纳谏"的历史故事，与
"损上益下"说联系在一起，说明"益下"即益民是十分重要的
治世之道。在这里他阐述了两层意思：一是"损上益下"之说，
其重要意义在于"得天下民心之大事"。民心在，天下可兴；民
心丧，天下可失。如汉文帝刘恒、唐太宗李世民等，他们以社稷
利益为重，以民事为本，体恤百姓生计，故而史家赞誉为"文景
之治"、"贞观之治"，就是说"损上益下"，便可带来天下之大
治，或可称为盛世。相反，没有"损上益下"，便不可能出现一
个盛世时代。由此，陈廷敬断言"益下"说，是"讲求以实心行
实政，非一切权宜之计所可机也"之事，就是说"益下"即"膏

①《资治通鉴》卷193。
②《旧唐书·太宗本纪下》。

泽下于民"，既非君臣一时之所为，也非一事之所措，总之绝不
是一种权宜之计所可比拟的，而是一种不断臻于至善的方略与国
策。二是"损上益下"往往被"损下益上"所取代。历史上的君
王，有"损上益下"之举，也都是一时权宜之计，虽然此举，可
以得一时之效，解一时之困，度一时之难，但终归不能为继，说
明历史上社会发生之兴衰治乱，尽由此失矣。陈廷敬以益民与
否、得民心与否，说明社会历史的治乱原因，虽然难言其为周
全，但确有合理之处。

　对历代君臣难以持"损上益下"之说，而又往往行"损下益
上"之策，他又以"奏对言"之形式，对康熙皇帝说：

　　圣人最恶言利之臣，至比之为盗臣之不如。……君
　子光明磊落，即有过失，人所易见；小人巧佞回邪，患
　得患失，凡所以贪位固宠者，无所不至，又能形人之
　短，见己之长，能使人主信任而不疑，故得专权而肆其
　恶。①

陈廷敬在这里说明，"益民"之策，是"得民心之道"，若如此
则可达于盛世之境。

　同时，他着重指出，只有在"圣君贤臣朝夕讲求，以实心行
实政"的情况下，方可达到这一境界。其中的"圣君贤臣"是一
个基本前提。陈廷敬对"圣君"不予多言，但他认为"贤臣"却
十分难得的。在这里他毫不讳言地指出，不贤之臣比比皆是。不

---

①《午亭文编》卷29，《讲筵奏对录》。

贤之臣，在历史上有两类，一类是依凭手中的权力，竭力与民争利，径直以"损下益上"之法，千方百计地侵害百姓的利益，其后果是可想而知的；一类则是奸佞之臣，他们以欺诈手段，取得君王的信任而肆其恶，不仅以专权排斥贤良官吏，而且大肆鱼肉百姓，夺民之利。众多王朝的衰败，就是由于这些大臣"损下"恶行所致。对此，陈廷敬是十分忧虑的，因为他无法提出一个有效的办法来加以操控，使这一"天下之大事"的践行，能够沿着"得民心之大道"前进。其实，自秦汉两千余年以来，对于"损上益下"中有效的制约、监察、规范于"上"之事，一直是困扰治世者的难题，这是那个时代无法解决的问题。因为在那个时代里，社会历史尚未产生解决这一问题的诸项条件。陈廷敬作为一位敏锐的政治思想家，能认识到这一历史社会难题的，已是不易之举。尽管如此，他所论述的"损上益下"说中的"益民"思想，对后人有着重要的启迪意义，其中有两点就很值得重视。

一是陈廷敬深论治世的重要标志是"得民心"，"实政"的主要表现也是"得民心"，作为帝王得天下的意义，同样是在于"得天下之民心"。一切所谓之"为民"、"爱民"、"济民"、"重民"等词语，若未能深得广大民众之心者，便是一种虚言，即使偶一为之"益民"事，也不可能深入民心。对此，陈廷敬很在意《益》卦中所言之"损上益下"说。只有使民众受益之时，才会产生真正的"益上"可能，而这就是"民为邦本"的真谛。陈廷敬的这一诠释，于情于理都是相合的，且具有治世说理论的普遍性意义。自古以来，社会形态多有变化，或为质变，或为量变，或为阶段性之变，或为部分质变，而这种种变化，无一不是受着民心之向背所驱使。

二是陈廷敬在"损上益下"说讨论中，对于损与益、上与下、刚与柔、阳与阴等诸范畴，都进行了一定的思虑，充满着辩证思维。其中，他着重指出，关于上与下（即君与民）的关系，是一种矛盾中对立与同一的关系，就是说在一定的社会历史中，若无下便没有上，而他们处于一体之中，是受损与益关系调节的。若其损与益关系失调，上与下便会失衡，而这种失衡的出现，便是社会出现种种危机的根源。因此善于治世者之作为，就是表现为善于应用辩证思维方法，制定与实行正确调节上与下和损与益的相对合理的关系。陈廷敬的这种精辟的见解，无疑是正确的，是有启迪意义的。

（二）关于"以民生为念"的民本思想

陈廷敬生活在清初，天下虽然渐趋稳定，但民生仍甚艰难。这时他作为朝廷大员，深感责任重大，积极践行着使"民乐其生"的大事。此时，他进行了两个方面的工作，一是在其职权范围之内，将民生作为主要内容；二是他以奏疏的形式或在讲筵之时，积极向皇帝陈情，如在整个社会治安、改革社会经济生产以及防治自然灾害诸方面，提出有益于百姓的建议。他认为"民命之生死，国之安危"，必须慎之又慎的应对。他的这些建议，诸多付诸实施，从而说明清初的民生条件，逐步地得到一定改善。

这里就其主要的思想观点与主张，简要地做一些分析性的阐述，用以说明其民为邦本主张的另一个重要方面。如他提出了重要的严饬社会生态环境的主张。陈廷敬在《都察院堂示为严饬禁剔病民十大弊以靖地方以安民生事》中提出十大安民生之举措，

字字显示了他"以民生为念"的诚意:

> 兴利不如除害,御暴即以安良。本院秉兹法纪,日夜兢惕,于地方民生利弊,莫不留心访察。近见京城种种不法之徒,恣意妄为。辇毂之下,岂容狐鼠昼行,魍魉肆虐?若不亟为剪除,则将民不聊生,视法纪为具文矣。[1]

陈廷敬写于清康熙二十四年八月的堂示说明,清王朝立国已四十年(1644—1685),京城的治安状况,依然令人忧虑,京师之外就可想而知了。陈廷敬此时作为主管治安工作之一的官员,"日夜兢惕","留心访察",急社会之不安,忧百姓之煎熬,虽然重于"兴利"之事,但更重于"除害"、"御暴",力求尽快改变社会生态的恶劣环境,创造一个有利于民生的局面。陈廷敬经过缜密的调查研究,认为当时严重影响百姓"民生"的有十大问题,他对这些问题一一列举成条文,并提出解决的措施。这十大条文是:禁盗源、禁唆逃、禁抄抢、禁赌博、禁诬扳、禁斗殴、禁盘放、禁小里、禁倒毙、禁蠹役。纵观这十条安民的举措,条条有益于社会的稳定,有利于平民百姓生计的改善,体现了陈廷敬安民生的用心。

陈廷敬所制定的除害、御暴的十条举措,就其内容而言,大致可分为两类,一类是针对一些陈规陋习而设,一类是针对有官

---

[1]《尊闻堂集钞》卷79,《都察院堂示为严饬禁剔病民十大弊以靖地方以安民生事》。

衙背景的犯罪行为，如盘放（放高利贷）、斗殴（亡命之徒聚众打人）、赌博（设赌局）、盗源（有组织预谋的盗窃）等。更重要的是一些危害性大的犯罪，是与官署衙门中的成员存在着密切联系，甚至是官匪勾结，陷害忠良。如"诬扳"、"唆逃"等，便是借罪犯之口，供仇家、富户与之有牵连，成为同谋，或为窝主；又如"禁小里"中言，地方黑恶团伙，与捕快勾结，为非作恶；亦有夜间纵兵为盗，掠夺财富；更有旗人放高利贷，横行社会。对此，他在"禁蠹役"条下写道：

> 每闻积刁巨猾，必借衙门为护身符。是以别奸锄恶之途，反为丛奸薮恶之地。近见城营司坊等衙门，番役、总甲、皂头人等，积年巨蠹，盘踞衙门。崔蒲盗贼依此辈为泰山，蓬荜小民畏此辈如猛虎。逢时遇节，宴请馈遗，则违条大事曲为庇护；微嫌小隙，不谙弥缝，则清白良民诬为逃盗。凡盗窝盗线，城市多事，莫不由此辈而生。[①]

这里清楚说明，"城市多事"即破坏地方的种种恶事，大多数是由于刁猾奸恶之徒，与司地方治安的成员勾结所为。陈廷敬说"崔蒲盗贼依此辈为泰山"，即衙门成为盗贼出没之处，且受一些不法官员的保护。"衙门为护身符"，使流窜社会的黑恶势力，横行作案，肆无忌惮，因此造成"蓬荜小民畏此辈如猛

---

①《尊闻堂集钞》卷79，《都察院堂示为严饬禁剔病民十大弊以靖地方以安民生事》。

虎",即平民百姓将他们视为虎豹一类。这些官匪勾结的恶势力,可以将"清白良民诬为逃盗",以种种手段,唆使罪犯反供,从而"择人而食","掠其财资,辱其妻女,诬盗诬窝,蔓引株连,真盗尚无的据,平良早受奇殃,肆毒若斯,真堪发指"。①陈廷敬的这些文字有两点值得重视,一点是他在职场中曾在都察院任高位之职,所叙文字是经过调查而成的"堂示",是整饬社会的文件,因此具有可靠性;另一点是受害者,主要是平民百姓,因为这些官匪黑势力,除鱼肉平民百姓外,目的在于掠夺财富,而京师故旧富家的奇珍异宝,是其主要的掠夺对象。

陈廷敬出于社会的安宁,出于"安民生"的大局,故以"除害"、"安民"的方法,进行"严饬"外,并以法令的文字形式,严肃地指出:

> 以上十条,法在必行,该地方官不行严察禁除,仍蹈前辙者,或经本院访闻,或经被害首告,一有发觉,官则特简题参,蠹棍立正大典。法纲森严,毋以身触,须至告示者。康熙二十四年四月。②

陈廷敬在其十条"安民生"举措之后,着地方官照办。这则告示,符合康熙皇帝要求举国安定的旨意,同时也体现了陈廷敬

① 《尊闻堂集钞》卷79,《都察院堂示为严饬禁剔病民十大弊以靖地方以安民生事》。

② 《尊闻堂集钞》卷79,《都察院堂示为严饬禁剔病民十大弊以靖地方以安民生事》。

"以民生为念"的心怀。尽管地方恶势力与衙门不法之徒狼狈为奸之事，一时难以禁绝，但其威慑作用毕竟是积极有效的，有益于改善平民百姓正常的生存环境。

礼法并用

陈廷敬在仕途经历中，出任过礼部、刑部的高官。因此，他对于治世之道中，关于礼法两者并用，有着具体的体验，也有着深入的理论性研究，故其在这方面的观点，也是认识清初统治阶级政治思想的重要参考。

陈廷敬谙悉经史，深究过古代中国传统思想文化的基本内容。从他的文编、文集中，可以看出他是推崇儒家文化，赞赏古代多元文化并存、交融观点的。从政治思想文化而言，他十分同意礼法并用的治世之道。因此，他不仅在理论方面对此给以充分的肯定，而且在实际应用方面具有自己的特色。陈廷敬由于受儒学思想的影响，在看待先秦诸子时，具有一定的重礼轻法思想倾向，对儒学的礼治主张，可谓推崇不已，但对法家之学，却言之甚少。而实际上，他主张的礼法并用的治世之道，是源于荀子"隆礼重法"的思想与主张。荀子在《强国》篇中云："隆礼尊贤而王，重法爱民而霸。"荀子将兴隆礼治与尊重法治并列，并使二者结合起来治世。汉代以后，王者治世，虽有种种变易，但"隆礼重法"却一直成为历代政治思想的主体内容，在社会意识形态领域中，起着主导作用。陈廷敬所主张的礼法并用的治世之道，就是从这种思想中继承和沿袭而来的。

由于陈廷敬注重务实治学与做事，故其礼法并用的治世之道，亦有许多有意义的观点，现将其这方面的见解，简要地分别阐述如下。

（一）关于礼治重要性的见解

礼治之礼，是由远古祭祀文化引申而来。汉代许慎《说文解字》说，礼是"事神致福"的祭神仪式，又说礼"从示从丰"。繁体字的礼字，是由示与丰组成，示是祭祀神的意思，繁体字的"丰"字，"行礼之器也。从豆，象形"，就是说丰之意原为实物礼器。可见，礼的本意是祭祀神的器物与仪式。祭祀中有礼有乐，行礼如仪，有序进行。这种由来已久的祭祀文化，内容不断充实，一方面形成敬天祭祖的祈福礼仪，成为规范社会结构的固定形式；另一方面又衍生了精神文化的礼乐文化形式，从中逐步形成一种指导社会有序生活、共同发展的礼治思想。

这种礼治思想，在西周初年，成为以血缘关系为基础的嫡长子传承宗法制。在春秋时期，由于出现"礼崩乐坏"的局面，孔子一面提出"克己复礼为仁"[①]，以仁保证礼的恢复；一面又提出"道之以德，齐之以礼，有耻且格"[②]，以德与礼之治，使人回归于社会理想的规范。这里便含有德治之意。

陈廷敬对礼的意义，作了较深的认真研究。他在《三礼》一文中，对古代有关礼之内容分辩说：

> 古礼二经，《周礼》、《仪礼》而已。《周礼》者，周官政典之书。《仪礼》者，仪法度数之事。《礼记》

---

① 《论语·颜渊》。
② 《论语·为政》。

者，则诸儒杂记之书，非古礼经也。①

在这篇文章中，陈廷敬认为"三礼"不全是古礼，故古礼只有《周礼》、《仪礼》二者，言五经中之"礼"者，应该不包括《礼记》。他还论述说，《周礼》是"周官政典之书"，还说："间尝论之，《周礼》一书，可行于文、武、周公之世，不能行于春秋、战国之时。自是以来，儒生虽复诵习，而鲜可被之实用。"②说明《周礼》之典，是西周周文王等用于施政的政典，至东周时期便逐步失去了实用性。其他两部礼书，汉代的儒者多有传注，其中有"先王之遗训"，也有汉儒研究的"精华"所在，这些均为研究礼学、礼治的重要文献，可以进行参考。对此，他还谨慎地指出：

> 盖古今之势不同，而法亦因时而屡变也。韩愈尝苦《仪礼》难读，谓其行于今者盖寡，沿袭不同，复之无由，是二经者之不行，亦其势使然而已矣。③

陈廷敬在这里说明，《周礼》、《礼仪》是礼之经典，由于古今不同，应取"沿袭不同，复之无由"之法，若取复礼之举，便会招致失败的结局。他举例说："王莽之'王田'、'市易'，安石之'青苗'、'均输'，以之速亡，召乱矣。"王莽在行《周

---

①《午亭文编》卷28。
②《午亭文编》卷28。
③《午亭文编》卷28。

礼》中失败。王安石在改革中，亦因为仿照《周礼》的一些具体政策，引发社会的混乱。他们这些因循守旧的"复礼"，都证明是不可行的。

陈廷敬认为"三礼"作为古代治世的经典之作，是古人处理人与社会关系、人与人之间关系的记录与总结，是宝贵的思想文化资料，这是毋庸置疑的。在社会历史的不同发展阶段中，都会遇到相似的这些关系的调节，需要认真解决，都应该重新做"兴礼乐以定章程"的大业，因为无礼治则无大治。这时，应根据现实之需求，持"沿袭不同"的方法，借鉴于"三礼"的经验，发展其中有益于礼治之章程与法则，以有益于治世。陈廷敬为此指出，正是由于"礼经之义"含有种种有益于世的内容与形式，故在秦汉以来，一直被尊为儒家崇奉的一种重要经典，长期被后世儒生不断地认真研读。

陈廷敬深受礼文化的熏陶，他在礼治意义方面思考甚深，认为礼的基本形式和内容，依然可供借鉴与参考，礼治思想依然是治世中不可或缺的一个方面。

礼的基本形式是祭祀，礼是在祭祀文化中产生的，同时又体现了祭祀文化，却高于祭祀文化。《礼记·祭统》中说，治人世之道，莫急于礼，莫重于祭，"惟贤者能尽祭之义"。此言清楚地表明，治世的方法，没有比礼更为重要的，而祭祀又是礼中更为重要者，唯有具备贤德的人，才能深刻认识和充分理解祭祀的意义。陈廷敬认为祭祀中的礼仪规范，虽有繁文缛礼之嫌的感觉，但却是必要的。他的这种认识，与宋代朱熹观点相一致。朱熹说："为国以礼之礼，却不只是繁文末礼。"①因为祭祀仪式是含有深意的，祭祀的形式体现了礼的本义。因此陈廷敬撰写了《原本祀学录序》和《祀学录序》等文，说明祭祀仪式是有益于礼治具体举措的。

陈廷敬在三篇文章中，专门论述"祀学"的意义，其中对"释奠"内涵的研究，尤为用心。如他在《原本祀学录序》中言：

> 《礼》："凡学，春官释奠于其先师。"又："凡释奠者，必有合也。有国故则否。"郑康成谓先圣周公若孔子也。《礼》又曰："凡学，春官释奠于先师，秋冬亦如之。"康成引《周礼》谓，凡有道有德者，使教焉。……今天下学祀孔子，称至圣先师，则是以先圣先师为一人矣，考之《礼》意多未合。②

陈廷敬在这里探讨了礼中之祭祀仪式及祭祀之尸主问题。其祭祀仪式中，他引用了古礼中之"释奠"的名称。一般而言，"释奠"之义，是古代在学宫置祭品奠祭先圣先师的一种典礼。"释奠"之"释"通"舍"，故古代释奠亦称舍奠。祭祀时，必陈设酒食等祭品，隆重庄严，以产生一种教化天下的作用。陈廷敬重视"释奠"这一祭祀仪式的作用，他认为"释奠"之礼已流传久远，至今仍有继承发挥作用的必要。其次他又对"先圣先师"进行了思考。他指出汉代释奠的先圣先师是周公、孔子，后世仅为

①《朱子语类》卷41。
②《午亭文编》卷36，《原本祀学录序》。

孔子一人，"考之礼意多未合"。如"释奠"之的仪式，一般是陈设酒食等祭品的祭祀活动，因此除始立学宫和四时定期的释奠之礼外，还有诸如朝会、庙社、山川、征伐等释奠之礼。同时又除"释奠于先圣先师"外，还有"释奠于先老"之礼，《礼记·文王世子》中就记载着："凡祭与养老、乞言、合语之礼，皆小乐正诏之于东序。"说明在学宫中举行释奠大礼之时，同时向长者求取善言，举行一种隆重的养老礼。对此他进一步阐解曰：

> 《礼》"释奠"于先圣先师先老终之古者，天子视学、养老同重并举，而始立学，必先释奠于先世之老。故吾谓今之乡贤，可比于古者释奠其先老之义，虽不尽合于礼意，而以世变推之，犹为可受庶几行之久而不至废绝也。……且古者释奠先老，又不惟以谓养老而已，学者所习之业，既以取法于先圣先师，而先民之可则效者，亦往往而有焉。故释奠于先老，同于视学，使学者有所兴感也。①

陈廷敬在这段话中，着重说明"释奠于先圣先贤"是重要的，但"释奠于先老"在古时亦成定制，又可见于诸礼典，是不能忽视的，同时也符合古人祭祀先祖的深意。对此，陈廷敬的论述是有着深刻意义的。宋明以来，特别是明代时期，理学在学坛占重要地位，这时的学宫所奉仅为先圣先师，"释奠于先老"即祭奠"先老"、"乡贤"之礼，鲜见于学宫，在一些富有传统思

①《午亭文编》卷36，《原本祀学录序》。

想文化的地域之中，间或有之。陈廷敬一再指出，这种情况不仅有悖于《礼》之大法，也是自古以来祀宗敬祖文化传统之缺失，这是很不应该的。对此他又在《原本祀学录序》中再次说明：

> 《礼》："凡学，春官释奠于其先师，秋冬亦如之。"盖因学者所习之业示以取法耳。今天下郡县学祀先圣先贤，其礼之遗制欤！而乡贤则祀以其乡之大夫、士有学行者，使得列于其庑。夫古之乡先，生殁而祭于社，不闻其祀于学也。然《礼》又曰："释奠于先圣先贤、先老终之。"盖古之天子视学、养老同重并举。……文既同，而礼之重可知也。①

他在《原本祀学录序》中还说："释奠于先世之老，其礼之重重于养老，又可知也。郡县之学释奠之礼，使其长吏行事，虽其节文仪则有异，而其于天子敬学养老之意，贵于无失其义则一也。故吾遂曾以谓今之乡贤，犹古者释奠其先老之意云尔。"②在这里陈廷敬再次说"释奠于先世之老"，不只是着眼于"养老"，而是纪念他们在其有生之年，曾为公众的福祉和社会的进步作出过有益的贡献，这些积极的成果与其精神成为鼓舞后辈前进的动力，因此应该受到尊敬与"释祀"，即举行隆重的祭祀之礼。

陈廷敬上述的论述有两点值得关注。一是祭祀之仪礼是古代优良的文化传统，应该得到继承与发扬。祭祀礼仪虽然有其繁琐

---

① 《尊闻堂集钞》卷57。
② 《午亭文编》卷36，《原本祀学录序》。

的一面，但其积极意义很值得重视，应该保留其形式，使其继续发挥凝结公心、振奋精神的影响作用。二是"释奠"这一重要祭祀仪礼，通过"释奠于先圣先师"的庄严活动，起到一种"承前启后"和"光先裕后"的作用。现实社会，是先人创造和推进的，他们在战胜灾害和构建社会安康方面，立下了丰功伟绩。因此祭祀他们，告慰他们以及祈盼他们保佑其后代，自然是应通过隆重的仪式进行表示的。陈廷敬在论述中认为敬老不只是在于"养老"之义，而是从心里表示敬意的仪式。因此他还认为不仅祭奠"先圣先贤"，还应祭奠郡县先老，因为社会历史的进步，是由众多的杰出者引领而共同取得的。

陈廷敬在论述祭祀礼仪益世功能的同时，也论述以礼治世的积极作用。他在阐释皋陶"天叙有典，敕我五典五惇哉。天秩有礼，自我五礼有庸哉"[1]时，曾这样说：

> 此皋陶陈安民之谟，以告帝舜也。谓夫五伦在人，自其经常不易者，谓典盖原于上帝付予之初，固天叙之也。然天能叙之，不能保其后也。所以立之教化，敕正我五典，使伦叙益厚者，则在人君矣。[2]

陈廷敬在这里是说明"天叙五典"之意，是礼治的一个重要内容。"天叙"是言先民在开化之时，便天然地或自然地形成等级次第，每个人都确立了在社会中的位置。这个次第等级，有五个

---

[1]《尚书·皋陶谟》。
[2]《午亭文编》卷29。

方面的内容，简言之曰："五典。"五典者，即君臣、父子、兄弟、夫妻、朋友之间五者相互关系。由于是言五者之伦理关系，即父子有亲，君臣有义，夫妇有别，长幼有序，朋友有信等，故又习称"五伦"，或又称为"五常"。陈廷敬对"五伦"之意十分赞赏，认为这是人伦关系恒常不易之理，同时指出这种人与人关系的常理，是人类社会秩序稳定的重要因素。虽然"五伦"是先民在社会生活关系中自然形成的，但它有益于族群，有益于族群相互协和，有益于每个人自觉地坚守在社会中应承担的使命。他认为"五伦在人"，应该采取两项举措，一是"立之教化"，有组织地、有意识地进行人伦道德的教育，将"天叙之五伦"一代一代地遵循并传承给后世。二是在"教化"之中，务"使伦叙益厚"，使人与人之间的相互关系，沿着正确的途径发展，并从每个人的言行之中，真诚地体现出来。最后他指出，做到这一点不仅"五伦在人"，还在于每个社会成员主动地、诚心地承担起自己的责任。作为族群或社会的王者，应该将"五伦"之德，作为治世之法。

陈廷敬在论述了皋陶的"天叙有典"之后，进一步论述了其"天秩有礼"之教。他说：

> 五典在人，自其节文不过者谓礼。盖天理之品节，固天秩之也。然天能秩之，不能保其继也。所以立之制度，用我五礼，使品秩有常者，则在人君矣。是典礼出于天，而为君道所系。[1]

①《午亭文编》卷29。

在"五典"或称"五伦"自然形成后，先民逐步从自发地遵循与沿袭，进入自觉地继承与发展，成为人伦之道、用世之则。就是在这一发展进化中，产生了"天秩有礼"的品节。"天秩"是说在五典中，自然地产生了品秩等级规范，即礼法制度。对此，孔颖达疏曰："天又次序爵命，使有礼法。"这里需要说明的是"天叙"是自然形成的人伦关系，并经约定俗成，成为一种合情合理的伦理道德的基础，依教化而传承着。"天理"则是在"天叙"的基础上，为了确保社会秩序的平和，而形成一种礼法。"五礼"就是先民创立的主要制度。所谓"五礼"有两说。一是认为"天秩有礼"是用于公侯伯子男朝聘之礼，由于有五等，故言五礼。孔颖达曰："天次秩有礼，当用我公侯伯子男五等之礼以接之，使有常。"又王引之《经义述闻·尚书》中云："所谓五礼者，正谓公侯伯子男朝聘之礼也。"二是认为即吉礼、凶礼、军礼、宾礼、嘉礼等五种礼制。《隋书·礼仪·志一》中说："以吉礼敬鬼神，以凶礼哀邦国，以宾礼亲宾客，以军礼诛不虔，以嘉礼合姻好，谓之五礼。"这两种说法虽不一致，但均属于礼的制度范畴。陈廷敬在其论述中，亦未明言其具体内容，从其论礼的含义而言，他更倾向于认为："礼，经国家，定社稷，序民人，利后嗣者也。"[①]"夫礼者，所以定亲疏，决嫌疑，别同异，明是非也。"[②]就是说，以礼作为确立人与人和人与社会关系的准则。一方面用礼规范社会成员的行为，以礼认定其在社会关系中

---

① 《左传·隐公十一年》。
② 《礼记·曲礼》。

之地位，以及应尽的义务与应享的权利，使族群得到一个和谐相融的秩序。另一方面应该在君王的主持下，自觉地坚持这种"天秩"之礼法，使之成为治世之大法，使社稷保持与发展下去。"天秩有礼"，既是社会组成合理结构的基础，也是治世之中必不可少的方法。

陈廷敬论述礼治或德治的意义，综上所述有两个层次。

他首先认为祭祀文化是形成礼教的发端之见。他认为礼是从祭祀文化中的礼仪形式中形成的，族群在祭祀中，体现出的礼仪形式，逐步凝固为社会族群内部关系的规则，形式上是礼乐文化，实质上构成了群体成员之间相互关系的准则，无论"释奠于师"或"释奠于老"的隆重仪式，都体现了社会成员的共同心理的满足和利益的需求，奠定了社会历史发展的前提与基础。为此，他在《从祀录序》中阐述"释奠必有合"时说：

> 先王设学教士重师儒之职，其有道德之所归，而民之兴行可视为法者。……故相勉于学，而为凡民之倡，则凡淫陂邪谲殄行惊师之习，不接于民之耳目心思，而流风善俗，足以咏歌兴起于无穷，夫是以教术之美，治理隆也。[1]

这清楚地说明祭祀文化之行，有助于净化社会风尚，使社会成员养成"流风善俗"的美德，自然会抵制伤风败俗之污染社会环境，如此便可谓之"治理隆也"，因此"释奠"于师、于老，其

---

[1]《午亭文编》卷36，《从祀录序》。

意义是重大的。

其次他认为"天叙有典"、"天秩有礼"对于礼治而言，较"释奠于师"、"释奠于老"就更有意义了。在这里更显示了人在其中的主导作用。如言"五典"之行，在于重视"教化"之行，而"五礼"之行，则在于重礼法之"制度"，并用以治世。对此，他在《讲筵奏对录》中说：

> 齐家治世，莫善于礼。礼本天下之至严，用之各得其分，则至和。故齐家者，与其过于和，宁过于严，与其过于严，宁准于礼。准乎礼，则无过严之失，而有至和之美矣。①

陈廷敬在这里指出，礼治是治世之善道，"莫善于礼"是历史的宝贵经验。同时他又指出，以礼治为用，关键是善用一个"严"字。"严"的意思是严格、严厉之举。就是说，以礼治世时，严格以礼制用世。法家有"严刑峻法"之说。故严之以礼，有令人望而生畏之感。韩非在《难四》中云"君明而严，则群臣忠"大有压服之意寓于其中。陈廷敬在这里用了"严礼"一词，并认为"至严"，才能取"至和"之效。但他又以为"过严"、"过和"之权衡，就用礼为准绳，则可臻于一个"至和之美"的境界，而这一意境正是礼治的最佳诉求与良好的愿望。以礼治世，固然是在追求"和"——"礼之用，和为贵"②。但和必须以礼为原

①《午亭文编》卷29，《讲筵奏对录》。
②《论语·为政》。

则、为准绳，若离开作为原则之礼而言和，不受礼节制之和，是不存在的，也有失礼治的本色，故君子之于此，不能为之。最终的结论就是"准乎礼，则过无严之失，而有至和之美矣"。

（二）关于法治重要性的研究

秦王朝覆亡以后，汉唐以来的统治者，刻意讳言法治。但在其统治机构中，从未废弃类似刑部的设置。清王朝亦沿用了关于刑部的机构之制，陈廷敬就曾任过刑部尚书之职。

陈廷敬的法治思想，内容较为丰富，论述亦堪称深刻，具有理论观念与具体运用相结合的特色，其中有两个鲜明的特点。

首先，他认为秦王朝的得失，是值得研究的，其经验应当汲取，其教训应当借鉴。他在《秦论》等多篇文章中指出，一方面刑法之制之用，虽然属于不得已而为之之举，但绝非是可有可无者，而是必不可少的治世之要物；另一方面他又认为刑法之用，与其持谨小慎微之态度，不如持务实的态度。秦之于法，失之于滥，失之于过，一言以蔽之，是不符合现实社会实际的。由此，他以秦始皇之兴败云，秦以"兴法而废礼乐"统一六国，但以此守天下、治天下，则导致覆灭。这种失败，非为有法用法之过，而是失之于未能"因时变法"、"因时制宜"的结果。因此，他主张"法因时屡变"，还说："盖古代之势不同，而法亦因时而屡变也。"①这样便可以使制定法度、运用刑法方面，大体上符合实际，有益于百姓安居乐业，有益于社会稳定。

其次，他认为法治中刑法之用，在于适度，在于适中。对此，他从两个方面言之。一方面是礼法并用的适中，先教化后刑

---

①《午亭文编》卷28。

法，用刑法中仍需教化，用刑法的目的，在于教化整个社会的成员，使其自觉遵循公共的规范与公共的伦理道德，避免为法而法的简单之为。一方面他又指出，刑法之事，是社会中有影响的大事，或重或轻之举，或避重就轻之为，或以重代轻之判，都会造成社会之不公平，有失刑法的尊严与公信。他认为若刑法制度的执行，有失社会的公信力，必然会造成日久弊滋，其前景是不堪设想的。因此他认为执法之要在于适度与适中，而做到公正执法是重中之重。刑法之用的关键问题，不在于接受刑法之一方，社会乱象的关键问题，不在于社会乱象之制造者，这一切都集中于法治的健全程度，以及执法官员素质的优劣。因此，在陈廷敬任刑部尚书之职时，首先做的一件事，就是严肃地整饬所有的司法官员，使他们在执法中恪守尽责，杜绝乱用刑法，杜绝执法、违法、犯法的严重错误行径。陈廷敬的这些法治思想与执法措施，对清初的社会发展，曾起了一定的有益影响。陈廷敬的这些观点，若深入地作一些分析，对于认识他以法治世的观点，至今仍是有一定的意义的。

关于其"刑官之要"的要义。在社会历史发展中，一定的法制都是从属于一定的统治集团的，就是说，它体现了统治者意志、价值取向以及最根本利益。同时也是统治者与广大百姓在权与利方面妥协的结果。对此，陈廷敬有着清楚的理解和清醒的认识，他在"刑官之要"中的种种主张与见解，便明白地表示了这一点：

国家太平，海宇清宴，几几乎治臻刑措矣。顾刑章为劝善之条，法律乃诘奸之要。故唐虞之世，不废刑官，三代以来，必设大法，此诚古今大圣人不得已之用心。而居是职者，所当兢业自持，公慎自矢，以赞襄厥事者也。愿尔各司尽力竭诚，勉自警省，以共佐不逮，则刑狱可清，职分克尽，仰报圣主刑期无刑之圣心，诚一时之嘉会也。诸司勉焉。①

　　这段前言说明两点。一是说明朝中设立大法及刑官，是治世之必需。古代圣王所主的盛世时期，依然有刑官、大法的设置。现在虽然呈现出天下太平的景象，但同样需要保留这方面的种种举措，"劝善"与"诘奸"是治理社会之要务。二是他认为刑官处于执法的位置上，需要具备良好的素养以及优秀的品格，才能完成这项重要使命。为了使法治达到完善的"治臻"要求，为了达到"刑期无刑"（即达到有刑似无刑）的境地，则需要在各个方面更加用心尽力。为此，他根据现实情况需要，写出这篇具体的、命令性的《刑部堂谕》，对诸司之刑官提出要求，令其在执法中遵循。陈廷敬的这篇文件，一方面表明他是用于整饬刑狱界的措施，防范执法犯法之失；另一方面这些提示或警告是他对刑狱界现状的总结。陈廷敬在其《刑部堂谕》中所列举的十条要义，主要说明作为刑官，应该公正执法、公平用法，绝不能知法犯法，应为伸张正义而行法。

　　公正执法，是陈廷敬非常关注与坚持的一个原则。他的"刑官之要"十项中，可以说每一项均含有这种意思的具体内容。如

　　①《尊闻堂集钞》卷79，《刑部堂谕》。

他在强调量刑公正时说：

> 夫人有罪，轻重大小不同，所恃以剖断者，惟此一定之律耳。然近见督抚申请题覆，一经定罪，有罪当而司抄改易者，有罪不当而不加详察者。或经满、汉堂查出，本司又争执辩白，查引旧例，以图搪塞。或云限期已满，当以限速为题结。或云延迟日久，恐经承在外招摇。如此则出入人罪，任意迟速，自为遮饰，而老成有见者则不与焉！何以示画一而尽臣职乎？①

陈廷敬在"审律例"中指出，刑官之责在于据实进行剖断，应注重两点。一是追求"罪当"的结论，有罪者有轻重大小之程度差别，刑律与罪行务求相当，符合实情实际，坚决避免"不当"发生，反对"过端"的情况发生，以求司法之公正。二是他认为欲达到司法公正，达到"罪当"的完善结果，最根本的一条是刑官严肃认真的态度，以及较好的业务水平。在审断之中，不能借故推诿，敷衍草率，若如此便为之尽职。

陈廷敬要求刑官务求"尽职"，同时他更重视尽心。他在"格非心"中，专门说明尽心是尽职的基础。"格非心"之"格"，是阻止、清除或避免之意，要坚决反对"私心"，要有诚实的"奉法之心"。既要有维护法律的公心，又要有维护对有罪者公正的良心，一句话就是刑官要具备一颗务实"尽善"的良心。对此，陈廷敬分析云："非心"可分为两类，一类是无意而

————————

① 《尊闻堂集钞》卷79，《刑部堂谕》。

为之的非心，一类是有意而为之的非心。对于无意而为之的非心，他分析说：

> 其为法，大者自极刑斩绞，小者至于流徙笞杖，罹兹法者，生死存亡，流离颠沛，身家破灭，骨肉分张，转徙鞫问，以达刑曹，可谓惨酷矣。居是官者，上体圣主好生之德，下尽人臣奉法之心。惟明克允，得情勿喜，犹恐事未尽善，有戾天和，况敢枉法行私，招摇纳贿！且身犯五刑者，虽其自作之孽，亦有无心之失。[①]

陈廷敬在这段话中，用深沉的语言表明，在人生的短暂旅程中，有些人成为罹于法的不幸者，他们难以享受人间的乐趣，却遭遇到惨酷的折磨、无尽的痛苦，肉体与心灵均受到难以想象的悲哀。虽然他们之中有的是"自作之孽"者，也有"无心之失"者，虽然有将受"极刑"一类者，也有将受"流徙"等不同处罚者，但这些悲情，均是人世间的悲情。因此，他期望司法的诸刑官，应持一种"好生之德"的同情心，"奉法之心"的公正心，务求以"惟明克允"、"尽善"和"天和"的心境，善待他们，使遭受极刑者能得到善终的际遇，使遭受一般刑法处制者，也能得到他应享有的人间安慰之快乐。陈廷敬的这段论述，意在唤醒那些刑官的良心。说明任何一个刑官，不仅要克勤敬职，而且应充满人情善意，使他们认识到其手中之权是一种精神或是心灵上的拯救。

---

① 《尊闻堂集钞》卷79，《刑部堂谕》。

陈廷敬在批评了那些无意于尽心者后，又严厉地指斥了在刑官中那些有意存"非心"、"私心"的人。他说：

> 况敢枉法行私，招摇纳贿，……乃更行之以私心，加之以戮辱。天道靡常焉，知今日之所作者，不为后日所自受乎！①

陈廷敬在这里着重指出，一些刑官为私心之人，尽失人之本心。他们不仅以恶行对待一切有罪者，而且贪腐行私，作出种种知法枉法、知法犯法的罪行来。他又指出，这种恶行，必将受到恶有恶报的恶果，最终会"为后日所自受"！他认为刑官应"尽心"的观念，实含有深意，一方面他说明只有"尽心"，方可以做到"尽职"，尽心是尽职的重要基础；另一方面又说明尽心之"格非心"，必须发挥人之本心，"尽心"之作为，并不是与执法之举相矛盾，而是一致的。他的这种善待人之心——尊重包括获"极刑"者的观点，是法学史上闪光的观点，远远超越了他作为清王朝刑部尚书的视野，是古代论法之中的难得之见。

"刑官之要"，均是在阐述如何做到尽心尽职的内容。他对那些既不尽心又不尽职者，均给予严厉的针砭，其中有两个方面的警示。一是他提出"严禁差役横行"、"严禁吏禁吓诈"、"严禁吏卒虐索"、"严禁欺辱女犯"、"严禁赃罚错漏"、"严禁号件遗漏"等事项的发生。就是说，陈廷敬认为获罪者在服刑之中，是他们一生中的大难加身之日，此时的刑官狱吏往往会趁机威胁

①《尊闻堂集钞》卷79，《刑部堂谕》。

勒索他们，或诈取财物，或辱凌其身心，置其处于生不如死的境地。对此，陈廷敬提出严肃的警告，"向后凡有此等情弊，本部堂体访得实，定将坏法吏役，严行夹讯，尽法处死，决不姑饶"。对于欺辱女犯者，更是"立置重典，断不姑贷"的。陈廷敬一再申言，"国法不得违"，如若再犯则按律严格处置。二是他认为在司法层中，还有一些狡诈凶狠的官吏，他对这些人斥之为"猾吏"。对此，他将"惩猾吏"作为"刑官之要"的重要条目，且为十条中文字最多的一条。其中有言曰：

> 窃见本部凡投告之人，自外及内，若无使费，虽有沉冤，不得达于官长，与夫投文领批等事，辄有需索，至于重监罪犯，于入监之时，必厚赠牢头及众禁卒，遂得宽松，亦思牢头岂真奉差之公人哉！……似此瞒天大罪，以有罪之人，复如此肆恶，此诚大弊也。①

陈廷敬在这里揭露说，"猾吏"此辈，多集中在堂司狱吏一层，他们中的一些书吏、牢头，往往在办案过程中，对有罪者索贿行私，徇情作弊，不仅干扰了刑法的正常秩序，而且严重破坏了司法的公正性，对此绝不能给以宽恕，对其罪行，必须明察密访，一旦得实，一定给以严厉惩处。陈廷敬还指出："凡我辈官长，皆读书知理，自爱身家，必不至纳贿营私，干犯法纪。"他警告这些刑部官长，必须坚持"自爱身家"的信条，避免走上身败名裂、殃及身家之大祸，必须杜绝"纳贿营私，干犯法纪"的恶劣

①《尊闻堂集钞》卷79，《刑部堂谕》。

行径，同时应清理所辖所管之事，一旦在其所管辖中发生猾吏之徒的恶行，"若隐匿不闻，当不能免咎"。陈廷敬上述关于严肃打击猾吏的主张，说明他深知以法律治世必须经常整饬不法之刑官，经常清理刑部所属各司衙门之门户。他明确地告诫下属说，若无知法用法的刑官司吏，是难言以法治世的；若无自爱又爱人的刑官，是难言司法公正的。只有"尽心"、"尽职"的刑官，才能使司法公正，逐步得到实现，国家太平的目的，才有可能得到实现。

陈廷敬的《刑部堂谕》是对古代以来司法行政与司法思想的自我检讨、总结，其中有两点精彩的主张与观点，值得研究总结和关注。一是他认为法治是社会之必需，古代圣王之治，亦离不了法治，以法治世，有助于社会稳定和谐、保障天下百姓安居乐业。二是法治是治世的重要一部分，必须认真研究。一方面"法因时屡变"，一定的时代，应不断修正旧法，制定符合现实社会的新法。一方面在司法中，应同时进行对刑官的管理整肃，因为执法者违法犯法，历来是依法治国之大祸，若对此掉以轻心，法治则是无从谈起的。

陈廷敬在刑狱之事中，主张以"柔中"、"中正"方法处置。他在解释《讼》卦之意时说，从卦象而言，其本义为水向东流，而天向西转，两者违行，引申于社会，矛盾必然存在或发生种种冲突现象，以至于产生了"听讼"之事。重要的是，对此应采取正确的态度与合理的方法，化解这些矛盾，解决这些冲突，使得矛盾转化为和谐。如他在《讼》卦解释中说：

中正者，人心本乎天之正理，中正失，则心险，险则讼。圣人以其中正，化天下之不中正，以其无险，化天下之险，听讼，吾犹人也，必也使无诬乎！此之谓也。……是知中正之心人皆有之，圣人使无讼，亦以其皆有此心也。

治狱之道，不患不威，是以君德贵刚，而治狱则尚柔也，柔中故虚而明也。①

陈廷敬在这些解释中，探索治法、执法应取的正确方法。首先，他以卦象说明，客观的矛盾是存在的，人类社会的情况亦然。正因为如此，刑狱之法作为解决社会矛盾的选择，也是必然需要的，若企图以行仁政而不用刑狱之大法，则"不用律之非矣"！故而自古以来，"先王明罚敕法，而知后用例"。其次，用法用刑，既不能优柔寡断于法，也不能对法度持随意态度处置，失去法度的公正性、公平性，以及法律的权威性。对于这一点，也就是陈廷敬一直信守的"执法如山"。第三，陈廷敬在这些文字中，阐述了他的中道方法。一是就执法而言，用"中正"（中道）是最为恰当的方法，使用刑律，反对"不当"，也反对"过端"，这样，不仅会诚服罪犯者之心，也会服天下人之心，而这正是刑法真正的公平与公正。二是治狱之道重威、贵刚，但亦应尚柔中。就是说，在维护刑法权威的基础上，对罪犯亦应持人文关爱的精神。同时，他指出此柔，也是有规范的，对此他命之为"柔中"，即对罪犯与一切触犯刑律者，不得在歧视之下对其非法

①《午亭文编》卷25，《经解二·易》。

折磨，既不凌辱他们，也不放纵他们。刚柔持中，是行法治狱的最佳选择。

综上所述，礼治与法治并用的观点，是汉唐以来形成并被运用的统治方法。实际上自汉代开始，荀子提出的"隆礼重法"的治世之道，在意识形态领域中，尽管有不同的表述方式，但这一思想观点，始终占着主导地位。陈廷敬的礼治与法治并用以治世的观点，实质上与荀子的思想并无二致。

陈廷敬对于礼法并用具有一种倾向性的观点，就是此二者没有主次之分，即他们不存在何者主、何者次之区分，而是有先后之分，即先教化后刑法之别。对此，他曾作过多次的表述，如说："治天下，使天下迁善远恶而已矣。"这说明治世之道，重要的是扬善抑恶，对于恶行之治，往往诉诸刑法。对此，陈廷敬认为："使人迁善而恶自远，是以不纯任刑罚，而任礼教。"就是说，若行礼教，对于抑恶扬善，是有积极作用的，不能单纯使用刑法，二者并用是"迁善"的最佳选择。他进一步分析说，以礼教教化天下，"使天下之民，日循循焉，归于吾礼教之中，则刑罚可以措而不用，而天下固已大治"。治世之道，首先应该以礼教"迁善"而抑恶行，取得"刑罚可以措而不用"，刑官、司法之机制虽然存在着，但由于天下之清明，反而闲置着。相反，若"近于刑，而远于礼。欲天下之治，不可得也"①。就是说，欲扬善抑恶，行"迁善"之举，或"纯任刑法"治之，或"近于刑"治之，是达不到治世之目的的，故云"天下之治不可得"。

---

① 《午亭文编》卷32，《好名论》。

陈廷敬指出先教化而后刑罚，说明兴教化则刑清，天下则治；若无教化，兴法而废除礼乐文化，天下则乱，以致于王朝的覆灭。这是他在评论秦王朝灭亡时得出的结论。他说：

> 窃惟国家久安长治之基，关于风俗。风俗盛衰之故，系乎人心。正人心、厚风俗之机存乎教化，故品节度数，必有定制。所以辨上下、定民志，……先教化而后刑罚。[1]

这里说明长治久安的社会，是治世者追求的崇高目标。对此，陈廷敬提出应从两方面努力。一是社会秩序，应有一定的"定制"，使天下之人都在一定的定位中，安居乐业的生活，人人各事其业，各安其所。二是要"正人心"，他认为天下趋利之习、奢侈之风，往往导致伤风败俗，因此应该以教化之功，厚风俗，正人心，充实天下人的精神生活。在这方面他认为注重礼乐文化的作用，是很有必要的。他说："齐家治国，莫善于礼。"[2]并且还认为：

> 一道德而同风俗，弘阐先圣之传经，兴礼乐而定章程，高掩千秋之遗史，将见光大之治，再见于中天，而震世之功，永垂于奕世矣。[3]

---

①《午亭文编》卷30。
②《午亭文编》卷29。
③《午亭文编》卷30。

陈廷敬认为"正人心"、"定民志"者，是治世中重要的一面，若人心向善，风俗淳厚，则可依之于礼，而疏之于刑。对此，他认为，自古以来，礼崩乐坏，必然有严刑峻法生。若赖刑罚治世，又必然导致社会之动乱不止。对此，他指出："教民之法，三代盛矣。古今异宜，所贵得其意，而神明之。"[1]在这里他认为后世之所以有刑罚之滥，是由于为政治世者的失职，他们仗势赖法，且执法不公，往往颠倒世事之黑白，混淆道理之是非。更有甚者，他们还知法乱法，执法违法，致使产生有法不依的祸端。因此，陈廷敬认为礼法两者并用于治世，是治世之要津。自古以来，若行之有实效，在于治世之官吏有实心；若行之欠佳者或不佳者，不在于民之愚，而在于官吏之猾。故而说明，欲为清明之世，必须有廉洁奉公的官员，官吏之不洁，何言礼治、法治，更何言太平盛世？所以，正吏治是治世之首要问题。

吏治之道

自古以来，史家论治世之道，多重治国治民的策略，这确实是正确的方面，总结古史这一主导思想，有益于后人借鉴参考。陈廷敬对此亦持同样的态度，同时他又认为国家之治乱、社会历史之兴衰，其"大关"在于吏治之得与失，因此研究治世之道，必须重视研究吏治之道。陈廷敬认为社会历史之发展，是社会诸因素相互作用所使然，若社会政治清明，吏治井井有条，便会使得盛世得以延续，衰世转以中兴。因此他指出古代的盛世之治，

---

[1]《午亭文编》卷30。

虽然各具特色，风貌各异，但有一个共同之处，这就是有着良好的吏治规范。所以陈廷敬认为欲治世，必先治吏，在治世之中治吏，在治吏之中治世，说明治吏是治世之道的一个主要内容。

陈廷敬治吏的思想内容颇丰，概言之有二。一是"官建"，即官吏制度建设，主要求索君臣关系，使其达到"中正佳耦"的理想程度，这样，天下之大治便有希望实现。二是"劝廉"，即规范各级官吏置身于廉洁奉公之列，遏制"官坏吏制"的破坏作用。他认为官吏之善是良臣佳吏的主要标志，若如此，则天下太平之世，便有希望实现。对此，陈廷敬一再申言，治吏是治世的"大关"或前提条件。这是对古代社会治乱兴衰别开生面的研究，值得关注与总结。

（一）"官建"即吏治建设的观点

陈廷敬对官吏制度之建设，讨论颇多，也很关注，遗文中内容甚丰，见解也较深刻，值得研究。陈廷敬认真研究社会历史，有一个重要的感触，即古史之兴衰治乱，与历代吏治有着密切关联。兴盛之时，吏治必然呈清明状；败落之世，吏治必然呈污浊状。每当于这时，他便慨叹，有时甚至由失望而至绝望。其"官建"之论，就是在这种趋势下提出的，并以其握有权力而力推之。

陈廷敬关于"官建"的主张与观点，是企图言明其重要性，具体应用于实际，以便于建立起一个对各级官员的管理体制，使官员在各自的职位上，自觉地各尽其责、各尽其能，有效地为清王朝的统治服务。陈廷敬认识到，根据历代王朝的经验教训，官员们的优劣表现，起着举足轻重的作用。如社会历史之治，必定与优秀官员的支撑分不开，特别是督抚之类，他们独挡一面，若其品质优秀、才华横溢，定能推动升平之世的创设，使太平之世持续发展。为此，他在"官建"论中，重点阐述了下述二点：

一是"中正真佳耦"的君臣关系论。

陈廷敬身为重臣，对于一朝之大臣，其职责、操守、作为等，体悟颇深。

首先他认为大臣与君王之关系，是主从关系，处理这一关系是有关治世之大事。他在释《易经·随卦》时提出一个"中正真佳耦"的命题：

> 中正真佳耦也。……君臣之间，其未合也，两相择也。其既合也，两相信也，君与臣其两无失乎？[①]

陈廷敬认为君臣关系，相似于矛盾之对立与统一的关系，他们之间存在着合与不合、离与不离、随与不随（即服从与否）的状态，即矛盾对立关系。这种状态就是合与不合的表现。只有在彼此取得"相信"之时，即政见与施政措施基本一致时，才能达到这种状态。因此他认为君择臣、臣亦择君，彼此很信任对方，这时方为"真佳耦"，而这一状态用哲理言之即为"中正"。若君臣有"失"，或失之一偏，或失之于缺乏信赖基础，或政见有歧义，这便是远离了"中正"的结果。

其次，他认为作为朝臣，其责任重大，因此应该争作"贤

---

①《午亭文编》卷25，《易·随卦解》。

臣"。陈廷敬论众臣之德性时，不以忠与奸言之，在一些政论中，他以贤与不贤、君子与小人论之。在释《易经》中，他又将朝臣分为"犯上之臣"、"御侮之臣"、"中顺之臣"①三种类型，并进行了分析与评论。"犯上之臣"，他们直接破坏王朝的政权，"自不容于天地之间，何足怜哉"！就是说，惩处他们是理所当然之事。同时陈廷敬又认为，"可藉以为宴安之戒者也"。在一般形势下，发生了这种事件，是应该进行总结的，应该在总结中汲取教训。虽然陈廷敬对此未能深入分析，说明其犯上作乱之由，但他反对"犯上作乱"的态度，认为此举大失为臣之道。"御侮之臣"，即作为大臣，应有自尊的品质，在恪尽职守时，若受到无端的责难与凌辱，应持"退而不贪荣禄之臣"的态度对待，以维护自己在社会中的人格尊严不受侵害。"中顺之臣"，即"慎事之臣"。"慎事"就是既严谨又谨慎地做事。在"慎事"之中，其最根本的是坚持"中"与"顺"的原则，"中者，天下之正道也"②。就是说，做事中，必须运用"中正之道"的原则，既不能因主观认知方面的不足，而失之于一偏，又不能受客观方面种种因素的干扰而偏离于正道，还应克服一切障碍，排除万难，从而达到目的。在上述有关大臣的评说中，陈廷敬认为最佳者是智慧性的中顺之臣，同时他赞赏御侮之臣，反对荣禄之臣，更反对犯上之臣。

陈廷敬身为清王朝的一位大臣，他的这些深入的分析，无疑也确立了自己应持的态度与选择。对此，陈廷敬还以更为简约的

①《午亭文编》卷26。
②《中庸》。

文字论其是与非。他说，善恶之别、公私之分，是君与臣必须明辨的。"善善而恶恶，是贤君也。"同样，善善而恶恶也是良臣应有的表现。仅取善善而不能恶恶，或仅取恶恶而不善善者，均不属于贤者之列。同时他又提出，公与私之分，也是贤君与良臣之大防。至于君王，应以天下为公为己之职。至于大臣则需特别注意公私之分。他说：

> 在大臣之位，大臣以天下为心，无一己之私好私恶，然后有天下之公是公、非是非明，而后国是定。国是定，而后人心正，治道成。[①]

他认为大臣，以天下为心，以天下为公，并在公与私明辨之基础上，行使自己的职权，必然是有为之臣。就是说，对于大臣而言，若"人心正"，必然会"治道成"。

陈廷敬在论做臣之道中，讳言于"忠臣"，多言于良臣，他主张作为大臣，应以天下为心，而不以忠君为务。同时他坚决反对做"荣禄之臣"役役于富贵，更反对作受侮之臣役役于君王的淫威权势。他在"事君"之下，保持着朝臣之尊严，蕴含着一种尊重人性自立的深意。难得的是，他身为大臣，向康熙皇帝明言直白，就显得更为可贵与难得。对此，其在释《易经·困卦》中凿凿有声地说：

> 夫致命遂志之人，何人哉？平日非志不在温饱，非

---

① 《午亭文编》卷29。

犯颜敢谏，非以忠孝节义自期，待临大节而不敢夺者，能致命遂志未之有也。无致命遂志之臣，则亦无实心为国之臣，必无有事为国守土之臣，国家何利于此？故培养节义，是为急务也。[1]

陈廷敬着重指出大臣之志，不在自身温饱事，而在于天下大事，在国家有事之时，成为"实心为国之臣"，在社稷危险之日，成为"为国守土之臣"。故为臣之急务，在于培养节义。

二是对督抚管理之见。

陈廷敬指出地方行政长吏，对于清王朝的有效统治，关系至为重大，故而朝廷对这一层官员，必须严加管理，多方监察。对此，他在一道题为《请严督抚之责成疏》中向康熙帝进言曰：

今天下之事，系于督抚。督抚之职，在察吏安民。若民犯法者多，刑辟不止，恶在其能安民也。察吏之意，欲令安民。若民犯法者多，刑辟不止，恶在其能察吏也。……故督抚之能与不能，视其所治之民而已矣。民之安与不安，视其刑之清与不清，政之简与不简而已矣。[2]

这里说明两点。一是"天下之事，系于督抚"，说明"督抚"对于治天下之重要。"督抚"系指总督和巡抚两个地方官员的官

①《午亭文编》卷27，《易·困卦解》。
②《午亭文编》卷31，《请严督抚之责成疏》。

名，他们肩负着直接治理其所辖地域之大事。总督一职，始置于明初，时为中央大臣受命总督军务，事毕即罢。后又专设此职，专管漕运、河道、军务等全国性大事。清代除沿袭了上述的专管事务总督外，并以总督为一些地域的最高长官，掌管一省或两三省的军政要务，一般为正二品或加尚书衔从一品，品级高，且权势很大。巡抚一职，在清代前属于非专设之职，中央偶然派遣官员巡视地方之称谓。清代为定制，为统辖一省的最高行政长官，总揽该省军政与司法大权，其职位虽略低于总督，但仍属于平行地位。总督与巡抚在其所辖之地区，拥有最高的实权，其业绩直接决定着天下之治乱与兴衰，因此陈廷敬认为国家的兴盛，除有良臣之外，必须要有总督、巡抚等良吏，而"天下之事"则是"系于督抚"，因此总督与巡抚之品德与才能需格外关注。二是对于督抚在施政方面，必须密切的考核、具体的监察。由于督抚所管之事，方方面面，都关系到天下一方之治，这给中央朝廷的监察、督导带来种种困难。对此，陈廷敬提出一个"察吏安民"四字的衡量标准。"察吏"者，是考察督抚及其所辖的主要官吏的具体表现，他举例说，如在其所辖的具体地区中，某州某县境内，"犯法者多"，犯罪者众，便可以说明该区域主管官吏才能状况以及品德优劣等情，如"刑之清与不清"、"政之简与不简"、刑法之公正与否、政治之勤与荒，其中最根本的一点，就是"民之安与不安"。若犯法者众，一定是民处于不安的状态中，此必然与"刑不清"、"政不简"相联系着，其问题便出在上至督抚、下至州县官吏身上。因此陈廷敬建议以"安民"与否而进行察吏，并采取必要的行政措施加以矫正。

　　陈廷敬对于"察吏安民"的内涵，在这一奏疏中还作了具体的阐述，这就是对督抚高官应有严格的管理制度加以规范。主要有三个方面：一是要慎重选择督抚这一层地方长吏。他认为具备督抚资质的主要条件是"信上之令，以实致乎民者，责在有司，而督抚为要矣"。从品德而言，则应为"贤者"，"洁己"，"保荐府州县官，实心奉养民教民"等。若"保荐不实者，请敕部将保荐之督抚，具揭之司道，并所保荐之官严议"。二是作为督抚者，必须重君令，以君王之令奉公行事。陈廷敬对此特别指出："国之重器，莫重乎令，令重则君尊，君尊则国安。""教民以道，必先信上之令，以实致乎民。"这里他一再指出，作为地方最高行政官员，必须以"国安"为重。何为国安？就是国家的统一、稳定。地方长官，必须以君王的法令行事，不得自行处置，更不能心存二意，走向与中央分庭抗礼之途，产生触目惊心的局面。陈廷敬对此虽然没有更为明晰地揭示，但他笔出"重君令"之信条，是有历史根据的。汉唐以来，地方长官包藏祸心者历来不乏其人，因此他认为对此保持高度的警惕，是非常必要的。三是地方行政官员的最高长官，其称职与否的另一条标准，就是使其所辖之地域的百姓安居乐生。督抚者必须成为"亲民之官"，若做到这一点，必须统率府州县各级地方官员奉公行事，重要的是督抚必须"专以洁己教吏"，只有督抚者洁身勤民，其所辖之官吏，方可"一心养民教民为事"，做到为官一地，造福一方，这样便使得督抚者所辖之域得到"民安"的景象。

　　此外，陈廷敬在康熙二十六年《为题明事疏》中提出，对府州县级等中下层官吏管理的具体补充建议。他在题奏的前言中说，"所有臣部事理，除照例遵行外，谨将应行更定者，公同详议，条例具奏"以便"遵奉施行"①。他还说这种有关"国典官常"之事，"为太平万世无疆计者，至深远也"。就是说，对中下级官吏的制度化管理，是治理天下的一件重要的大事，所以应因形势的变化，对原有的条例进行更定，废除旧条例不适用之处，修订不妥之处，补充欠缺之处，以便使府州县等各级官吏更好的"抚循职分"，尽心尽职，克勤职守，奉公执政。

　　陈廷敬的这一提奏，共列十七条具体建议，且条条言事之关键所在，事事言处置之规范，无一为两可之意，无一为莫衷一是之言，文句可谓明晰，措辞可谓完美。其中有这样几点，值得研究。一是陈廷敬提出对中下层官员，其升职与补缺，一般应严格循定制进行，使得此项工作正常落实。若如此，中下层官员能恪守其职，以求其前程之无虞，有利于稳定官员心理，对促进天下大治十分有益。同时在循例之外，还有一些特殊情况也应关注，如"丁忧服满、病痊、裁缺还职还级官员，专令补授"者。二是对各级失职官吏惩治之定例，他认为凡是有关失职者，都必须澄清事实之原委，根据其情节之轻重程度，依规则分别给予处置，并且追究其上级的连带责任，直至追查到督抚一级地方长吏的责任。如"应完结钱粮，不分析明白者"，其府州县卫所官，均降一级调用，督抚则处以罚俸半年的处理。又如犯人越狱逃逸者，有关官吏降一级留用，或革职戴罪，限一年内缉犯归案，若未能捕获，则降一级调用，或至革职，等等。陈廷敬认为对于地方中下级官吏之治，重在赏罚分明，一切在奖惩范围之内者，必依例

---

　　①《尊闻堂集钞》卷45，《为题明事疏》。

从事，以使各级官吏在其履行职责中，严以自律，避免失职，作到尽心尽职，成为称职的官员，若如此，天下必有大治之希望。

陈廷敬所言之"官建"，从现实而言，是在为巩固与发展清王朝有效统治尽力；从政治思想而言，是在为完善中央集权的政治制度。陈廷敬在研究古代历史中，一直关注着一个重要问题，这就是自秦汉以来，历代统治者都是为"太平万世"之治，煞费心机，但都未能如愿。对此，他认为治世之道，历代均有发展，但统治到一定的年限，盛世不在，乱世再现。为此，一个重要的手段，就是要不断地加强"官建"，因为"国安"之不继，或为大臣、近侍之乱政，或为藩镇、地方高级官吏之犯上作乱，从而走上衰落乃至覆灭之途。因此，陈廷敬"官建"之所论，意在说明一个重要的大道理，这就是治国也罢，治世也罢，其首要者必先治吏，吏不治则国不安，吏不治则世不安。他的这一见解，说明他是一位远见卓识的政治家。对地方官吏而言，尽管其职内诸事繁多，但中央的君王对其管理，只要集中在奖励与刑罚两项，便能达到控制的大端。这些见解是十分深刻的，也是务实的。

（二）"劝廉"为治吏之本的观点

清王朝初立之时，天下依然大乱，时任朝廷与地方各级官吏的汉族官员多心猿意马，尚多疑虑；八旗军事集团新任官吏，多着力于维护其统治，对其能否立足中原，亦忐忑不安。随着清兵、明王朝势力和农民义军的角力，清王朝一方的优势不断扩大，由优势形成强势，至康熙皇帝登基二十余年之后，天下趋于一统，新朝的根基亦在巩固之中得到发展。此时，从朝廷之大臣至地方大员，以及各级官吏便逐渐产生了居安思宴之心，贪利纵欲之意。于是"劝廉"便成为治国、治世的一个重要问题。对此他提出了这样几种观点：

一是关于"贪廉者治理之大关"的观点。

陈廷敬在康熙二十四年时，上书言请议关于"劝廉祛弊"之事项，其中有言云：

愚谓贪廉者，治理之大关。奢俭者，贪廉之根柢。欲教以廉，当先使俭，然而不能遽致者，则积习使之然也。[1]

陈廷敬在新朝建立四十二年之时，任经筵讲官、都察院左都御史，管理钱法事期间，深感贪廉问题已成治理百官之要。在他履行职务中，涉及到对贪廉、奢俭的思考，他认为对此不容忽视，应在推进其"官建"事宜时，加以深入研究，并在这一基础上，制定一个劝廉倡俭的规范，用以褒奖廉洁、艰朴的官吏，造成一种新风尚。对此，他认为应从两方面加以考虑。

第一是对各级官吏之服饰、舆马、器用等方面，制定全面的定制，既有贵与贱等级的不同，又要贯彻从俭的原则。他指出："盖古者，衣冠、舆马、服饰、器用之具、婚丧之礼，贱不得逾贵，小不得加大。今或等，威未别，因而奢僭之习未尽化也。"[2]说明古代的公卿大夫，按定制处置其衣食行用等事。如果"服机丝所织，花草虫鱼，时新日异"，或"策肥车马，阗咽震，惊道

---

[1]《午亭文编》卷30，《劝廉祛弊详议定制疏》。
[2]《午亭文编》卷30，《劝廉祛弊详议定制疏》。

路"，或"不惜贪饕之用"，等等，则官场兴奢侈之风，必然影响整个社会，致使"富者黩货无已"，"贫者耻其不如，冒利触禁，妄冀苟免，幸不罹于法"，"愚民游末趋利"，农者"多离农亩，弃其本业"，若如此，社会的发展与稳定是难有希望的。陈廷敬的上述见解，明确指出这种奢侈之风，其源头在于公卿大夫，若任其发展，社会会遇到不堪设想之后果，因此应该从治理官吏之贪奢开始。

第二是对官吏进行思想方面的教化，若欲使其"回心向道，尤教化之急务也"。在这道奏疏中，他申述教化之理而言曰：

> 贾谊所谓一人耕之，十人聚而食之，欲天下无饥，不可得也。百人织之，不能衣一人，欲天下无寒，不可得也。其始由于不俭，其继之于不廉，其卒至于天下饥寒。饥寒切于其身，奸宄因之而起，此所以刑罚未能衰止也。……夫好尚嗜欲之中于人心，犹之水失堤防也，是教化之所宜先务矣。①

陈廷敬在这段话中，引伸汉代政治家贾谊的见解，意在说明两点。第一是他认为历代以来，史家都对贾谊的主张，给以充分肯定与赞赏。贾谊在汉王朝立邦四十余年时，清楚地发现社会奢侈之风，在官吏层中尤甚，对社会安定发展极为不利。故而在忧患中说："百人作之，不能衣一人，欲天下无寒，不可得也。一人

---

① 《午亭文编》卷30，《劝廉祛弊详议定制疏》。

耕之,十人聚而食之,欲天下亡饥,不可得也。饥寒切于民之肌肤,欲其亡为奸邪,不可得也。国已屈矣,盗贼直须时耳。"①对此,贾谊还在其《新书·瑰玮》中有详论。如说:"今去淫侈之俗,行节俭之术,使车舆有度,衣服器械各有制数,制数已定,故君臣绝尤,而上下分明矣。"否则,"天下困穷贫,奸诈、盗贼并起,罪人蓄积无已者也,故不可不急速救也。"②陈廷敬对"贪廉者天下之大关"的分析论述,显然受贾谊思想影响。西汉初期与清代初期,都是立邦四十余年之际,所遇到的问题又如此相似,所以他认为应以贾谊之见为法,为劝廉祛弊而制定法规。第二是他同意贾谊的见解,若对奢侈之风,不从根本上加以制止,社会就有产生动乱的可能。"盗贼并起,罪人蓄积",随时均有不测之虞!陈廷敬云:"奸宄因之而起,此所以刑罚未能衰止也。"说明奢侈之风,必然导致社会之不安定。因此,贾谊警告说,对此"故不可不急速救也"。陈廷敬亦云,"尤教化之急务也"。两位相距近两千年的政治家,对于官员奢侈问题如此看重,在阐述这一问题时,都不约而同地使用了一个"急"字,其"急救"或"急务",都言明此一问题是至关重要的大事。

陈廷敬提议,为"劝廉"造一项定制是非常必要的,并提出制定这一定制时,应遵循两个原则。一是应当取"中道"。他说制定时应从京官、外任、工作、生活多方考虑,遵循"斟酌、损益,务合于中"的原则。官吏有等级之分,服饰、冠服、衣裘、车舆和婚丧大礼等,在节约下严格区分,不得僭越。外任高官的

---

①《汉书·贾谊传》。

②见《新书》,载《汉魏丛书》,1992年吉林大学出版影印本,页474。

舆马、仆从，应"不得过奢"。此外，在这方面应有官民之别。往昔服饰与婚丧大礼，对庶人限制甚多亦甚严，如舆马、衣裘、衣绸缎等高级之具，均不得或降档使用，此次定制时"宜厘正，使永远遵行"。在兴节约之风、止奢侈之风下，使各级官吏之间、官民之间与社会有序的统一，有益于天下的和谐与安定。二是他认为"劝廉"定制，有利于社会进步。他说：

> （定制）不得过侈，制度既定，罔敢陵越，则节约之风可以渐致。工者不必矜能于无用，商者不必通货于难得奇技淫巧，弃本趋末之民，将转而缘南亩，田畴辟，则民无饥寒。民无饥寒，然后可以兴于礼义廉耻，而国之四维以张，太平无疆之盛治端在于此，又岂惟劝廉吏而已。[1]

在这里他着重指出奢侈之风，可使天下趋利而妄为，若如此，工商者则入歧途而废正当之营利，众民则弃本趋末而混迹坊肆，致使饥寒布于天下，铤而走险者有之，聚而抢劫者有之，从而产生乡不乡、城不城、官不官、民不民的危急情况，因此后果堪忧。若定"劝廉"之定制，制止官吏的奢侈之风，工者可充分发挥其技能，商者可畅流物品，从而促进社会的发展。广大务农者，则可踏实归于田间，走种谷得谷、种豆得豆之康庄路。

陈廷敬的"劝廉吏"说有两点深意值得赞赏。一点是社会之风决定于官吏之行。各级官吏之奢侈之风，是与贪腐相伴的，若

---

[1]《午亭文编》卷30，《劝廉祛弊详议定制疏》。

制止官吏的贪污、腐败，必须制定严格的"劝廉"定制，以从源头上遏制官吏的腐败之行。一点是陈廷敬的这一"劝廉"与贾谊思想有着直接联系。贾谊作为汉代卓识远见的政治家，创见甚丰，至今仍有值得借鉴的闪光思想。其中之一就是"劝农立本"的主张，他认为汉王朝立国四十年之后，社会经济有很大发展，但不能由此而忽视农业。陈廷敬亦有见于此，他分析云，若奢侈之风起时，趋利之风便会严重破坏农业的正常发展，但他同时认为此奢侈之风之源，不在商贾，而在公卿大夫，故应针砭的是贪官污吏，而不应使正当之商贾，为其代过。因此，他在建议制定"劝廉"之时，主张对包括富民商贾在内的"庶人"，可允许其衣裘衣、绸缎之类，乘车舆之行等，也允许工商业尽其智，尽其能，进行正常之活动，这是很有见地的。陈廷敬还认为守本（即操守农业生产活动），可避免天下人之饥寒的思想，却是与贾谊的思想完全一致。特别是他认为若得"天下无疆之盛治"，守住农本的这个原则是个根本。而守住农本的原则，其前提条件，就是"劝廉"，若官吏之奢侈之风不止，天下焉得"盛治"，就只能是混乱的。陈廷敬的这一思想，则超越了贾谊之"重农"思想，可以说是对其思想的重要发展，且至今仍值得研究与借鉴。

二是关于"聚敛必亡"的观点。

陈廷敬在研究古代历史中，认为赋税与社会兴亡，有着直接联系。由此他认为，凡是盛世，必有盛治，而盛治中必然是赋税相宜，符合于中道，若行重税，社会便可能发生一定的变故。因此，治世者，对此不能不深究，从古史中得教益，据现实之实情而求符合的政策。陈廷敬认为三代之治，就在于取民之制"不过

"什一"，故成盛治。相反，秦王朝立国后很快出现了变故，虽然是由于其行严刑峻法所致，但其内在原因，则是由于"聚敛"所导致灭亡的。对此他分析说：

> 始皇三十一年，始令民自实田以定赋，盖大半之赋，竭天下之民力，以逞其欲。二世承之，海内叛亡。当是时也，天下无复有土之民矣。夫民之无土，其始于厚敛。民既无土，而国亦随之。传云："与其有聚敛之臣，宁有盗臣。"自古以来，未有聚敛，而不亡者也。[①]

这里说明两点意思。一是天下之民，若无赖以生活的生产资料，这个国家无论其统治者拥有多么大的强力，都是不会存在下去的。故而古人云藏富于民，或寓富于民，是非常有道理的。秦始皇统治天下后，行"厚敛"之政，故二世而亡是很自然的。二是他认为秦王朝的灭亡，再次证明了"聚敛必亡"的道理是真实的，是近两千年的历史中反复地得到了证实的。陈廷敬所引之"传云"，是《礼记·大学》的话，原文是："百乘之家，不畜聚敛之臣。与其有聚敛之臣，宁有盗臣。"对此朱熹作注曰："百乘之家，有采地者也。君子宁亡己之财，而不忍伤民之力。故宁有盗臣，而不畜聚敛之臣。"[②]其实，"聚敛之臣"与"盗臣"都是不良之臣，他们对社稷、对治世，都是非常具有破坏力的。"聚敛之臣"是以朝廷之名义敛天下民财者，而"盗臣"是言盗

---

① 《午亭文编》卷21。
② 《四书集注·大学》。

窃国家府库钱财的官吏。对此，汉代的郑玄、宋代的朱熹均认为盗臣之害在损财，而聚敛之臣害在损义。史籍释此佳者，可参阅《新唐书·食货志》："盗臣诚可恶，然一人之害尔。聚敛之臣用，则经常之法坏，而下不胜其弊焉。"[①]这些明确解释，与陈廷敬的观点是完全一致的，他们都认为无论盗臣或聚敛之臣，于国与民都是很有害处的，都应该坚决制止和反对。但"聚敛之臣"的作为，却是危害极大的。一是他是以朝廷之法推行，众臣见于其害，若反之可能带来反朝廷之罪名。二是既为朝廷之法，急于在天下敛聚赋税，搜刮民财，受害之地域广大，受害之民必众，故行之未有不亡之理。

陈廷敬认为"聚敛必亡"的前车之鉴，已昭然于史，故朝廷在制定有关与民生相关之财法时，必须审慎度事，应循"薄身厚民，故聚敛之人不得行"[②]之道，勿蹈"纣王聚敛搜民脂，不信当年放桀时"的覆辙。同时，他认为盗臣之害也不容忽视，盗臣有小有大，或贪婪之官吏，害国害民，或窃国之臣，包藏犯上作乱之意，这些都是不得不警惕的。

三是"捐纳"是祸国害民之法。

"捐纳"法非清初朝廷的创设，始于秦汉。史载，秦始皇四年，因蝗灾重疫，准富者纳粟千石，拜爵一级，遂有捐纳法。汉文帝时接受晁错重农贵粟建议，准民纳粟赎罪，或纳粟给予爵位。可见"捐纳"之法，就是以捐资纳粟，换取官职、官衔之法。历代以来，直至民国年间，官方常有以捐资纳粟之名，行卖

---

① 《新唐书·食货一》。

② 《晏子春秋·问上五》。

官鬻爵之实。清初沿袭此法，朝廷列入正项收入之资，且明订官职高低、虚授实授价格，雍正、乾隆朝以后大盛，成为清代政治腐败的一大弊端。对此，陈廷敬曾多次阐述这一制度具有极为严重的危害性。如陈廷敬在康熙二十四年的《请严考试亲民之官以收吏治实效疏》中说：

> 　　愚谓亲民之官，其职至重。至于文移、簿书、期会、讼狱之事，皆身自经理，不得假手胥吏，使夤缘为奸，其事又甚难也。自"捐纳"以来，有未经考试之人，辄授正印亲民之官者。夫古者以经术为吏治，必学古然后可以入官。今即不能尽然，而亦须略晓文义之人，委以民社之寄。①

　　陈廷敬在这里明确向康熙陈述，一是这些以金钱或粮粟换取职位的官吏，不识为吏之道，更不懂"以经术为吏治"以及儒家经典所言之"仁政"、"以民为本"的执政理念。若他们执掌一方之职权，被授之以"正印"，更是不堪设想，令人担忧。"捐纳"法之事，是康熙帝明令施行的，陈廷敬作为一位大臣，他若在疏言中直接否定此事，其后果是不言而喻的，故只能在表示忧虑之中，建议对此项法令的推行，需要慎之又慎。二是陈廷敬以为自己作为一位大臣，又深受信赖，就应该为"捐纳"之弊思考一些补救的办法。就在这道奏疏中，他提出一项建议，即对这些以"捐纳"入仕者举行严格的文义方面的考试，经考试合格者，

①《午亭文编》卷30，《请严考试亲民之官以收吏治实效疏》。

据此给以任用。对此他建言曰：

> 臣察兵部有考试武职之例，凡副将、参将、游击等官，单双月选补，先期考试弓箭，不合式者不准选补，下月复考，必待其合式而后用之。武职重之如此，何况亲民之吏乎？……愚谓知府、知州、知县，凡俊秀捐纳，有已经考试后捐纳者，依例选除。有未经考职遂行捐纳者，于选除之时，仍行考试，文义略晓者，即与录用，否则且令肄业，听其再试。[①]

陈廷敬以"捐纳"武职为例，形象地说明不识基本兵器应用的人，不能授予其参将等一类的武官。因此任用通过"捐纳"之文职，亦必须进行正式的考试，合格者，可考虑任用，不合格的，再行组织其考试。同时，他还提出对文职"捐纳"者的考试，应注意两点：一方面可循例行"八股经义"的试项，并增加"时务策"，以了解试者对现实时务之认识与判断才能；一方面应严防"代倩（即请别人为其代做事）、传递，徒应虚名，如此则既不绝其功名仕途之路，亦使之有郑重名器之思，庶可以责吏治之实效也"。陈廷敬向皇帝的这些建议，是无奈之下的建议，他寻求既满足朝廷增加资金的收入，又不严重影响官吏素质的补救之策，以尽为臣之责的。

陈廷敬对于"捐纳"法持坚决反对之态度，对皇帝之进言持含蓄与克制之态度。他为陆陇其撰《墓志铭》颂扬这位清廉的监

---

① 《午亭文编》卷30，《请严考试亲民之官以收吏治实效疏》。

察御史，对此却是直言不讳的。陆陇其对"捐纳"之法，亦持坚决反对态度，并曾向皇帝进言，应罢除"捐纳"法，陈廷敬对此深表同意。陆陇其认为为了制约"捐纳"之弊端，设立一个"保举法"，由保举者推举"捐纳"者是清廉的，但这是难以保证的，也是不可想象之事。因为"捐纳"之法本身就是不应该存在的。对此他写道："捐纳县令，贤愚错杂，特立'保举法'以防之，近并保举亦得捐纳，则其贤否全无可凭，夫保举莫重于清廉，若保举可以捐纳，则'清廉'两字亦可捐纳而得之也，不待辨而知其不可也。"①陈廷敬认为对理学有造诣的陆陇其，以经学辨邪正，以学术思想为政事，若一个以金钱买官者，再用"保举法"保证其清廉，这就是如同花钱可以造得一个清廉形象一样，"不仅贻害小民"，又"多一害民之人"。陈廷敬在赞赏陆公之见的同时，亦畅言"捐纳"之弊是明显的，若用"保举法"救其弊，无异于欲盖弥彰。同时陈廷敬更断言，"捐纳"以及"保举法"都说明"官方之大典蔼然扫地矣"。

四是"科道之设"的重要性。

他在"捐纳"盛行之时的康熙二十九年，企图借助朝廷中的"科道之设"，作有益于吏治的建设。对此，他在题为《直陈言官建白疏》中坦言：

　　臣思科道之设，所以广耳目而申献纳。于人才之邪正，吏治之贪廉，事关生民利害者，必正言无隐，而后克副斯职。如中外臣僚果有奸贪不法，因革事宜，果有

① 《午亭文编》卷44。

纪纲关系者，则当确实指陈，否则与其生事以塞其责，
不若省事而择言。①

　　陈廷敬在这道建言的奏疏中，主要对"科道之设"的意义，
陈述三点意见，供康熙帝参考与采纳。

　　其一是"科道之设"是必要的，也是"官建"的重要举措。
科道作为朝廷的一个重要官署，作为独立的专司监察机构，历代
均有专司官吏。清王朝时这一官署称为都察院，是由左都御史、
左副都御史统领，还设有吏、户、礼、兵、刑、工等六科给事中
之职的官吏，其都御史与六科之给事中诸官员，合称为"科
道"。在科道之中的诸官员，虽有统领与被统领之形式，但并无
长属之分，其对各自所统辖范围，独立行使其监察之权。诸如，
稽察官吏之违误，纠正审理刑狱之当与不当，纠弹百官之职守，
掌管献纳之得失等，可见其责任之重大。他们承担着治吏的一部
分重要职权。陈廷敬在这道言"官建"的奏疏中，在疏文开始即
署名他正在兼任左都御史之职，属于"科道之设"之高层主管，
故其在此位而谋其事，实属正常职责范围之事。又由于他在科道
之位，故其主事之内容，自然具有务实的深刻性。

　　其二是深言"科道之设，所以广耳目而申献纳"。说明"科
道"行使对其所辖范围的监察之责，对上有"献纳"，即陈述建
议以供皇帝采纳的职责，如对官吏品德的邪正、吏治中的贪与
廉，以及败绩恶行等大端。陈廷敬指出官员日趋贪污，"吏治渐
坏，公道宜彰，贪官、廉官参处同例，尽职、溺职保荐无分，岂

①《午亭文编》卷31，《直陈言官建白疏》。

称赏罚至意"①，说明不仅"官吏贪婪之风犹未止也"，而且"官吏贪污陋习滋甚"，使得"政事失实"，"官坏吏治"日益严重。尤其自"捐纳"法通行以来，更增加了甄别官吏的困难，为此他建议应该加强"官建"工作，从事"科道"之责的诸官员，应该认真、尽职，以推进"官建"之事的发展。

其三是"科道之设"以来，并未发挥出应有的作用。官吏之中，清者自清，浊者自浊。清者之官吏，多能且多方，政声显赫于百姓之中，且其性均归之于一廉。浊者之官吏，多伪且多狡诈，其恶名亦传于四方，其性则归之于一贪。原本清浊、黑白、邪正的面目的识别，并无什么难处或者难度。为何出现了黑白难别、邪正难分之情？全因"科道之设"形同虚设。究其原因，就是这些从事监察之官吏，心存畏难之虑，身处进退维谷之境所使然。对此，前人也认为，赏之使言，尚恐不言，罪在敢言，孰肯献纳？因为贪腐之官吏，敢于作恶多端，贪赃枉法，均有靠山，故言官之言，若触其利益，就有身家性命之虞，丢官卸职之险。陈廷敬深知其故，故对康熙帝云，科道官吏或敷衍应付，"盖专欲以塞责了事，则不免毛举细故"，"或失于苛细不急之急"，或者是"部臣何以不言必待言官言之，而言官所言者又不能如此确当有益之事"等情，所以科道之官吏便以得过且过度日，竟持消极被动的态度。因此陈廷敬对康熙帝建言曰："伏乞皇上特加申饬严禁塞责"，并说：

　　方今朝廷清明，细纲具在，所不能保其必无者，猾

---

① 《午亭文编》卷44，《魏象枢墓志铭》。

法不肖之人耳。国家耳目之官，专因此辈而设，若能省事而择言，则必持重而养锐。言不轻发，发而必当，使不肖之徒有所警戒顾忌，而不敢恣意为非，此言官职掌，即纪纲之攸存。①

陈廷敬认为欲振朝纲，必须整饬科道领域之吏治，这是"官建"的一个重要关键。在这里陈廷敬称"言官"是"国家耳目之官"，如若使他们集中于"申献纳于人才之邪正，吏治之贪廉，事关民生利害者"之事，便足以震慑那些不肖之徒，使治吏之大事取得实效，使治世之大业进入一个"日盛月新"之日。

其实，陈廷敬对整饬吏治缺乏信心。他一直认为，自古以来贪污之风从未停止过，只是有时此风大一些，有时此风小一些而已。故陈廷敬以左都御史之衔，位列"科道"之中，在上书中，期望以当朝的皇上之威，首先关注一下治吏之吏，如说：

祈严敕科道官不得蹈习前弊，多引烦词。如有不遵，量加处分，庶几息便辟之风，作謇谔之气矣。②

陈廷敬最终说明治世在治吏，治吏在科道，并认为若严厉整饬科道之属，便能遏止"便辟之风"即逢迎谄媚之邪风，而可重起"謇谔之气"即耿直敢言之正气。如此，"天和"的天下便有望矣。陈廷敬的这些论断确为有益于治世之言。

①《午亭文编》卷31，《直陈言官建白疏》。
②《午亭文编》卷31，《直陈言官建白疏》。

经学思想

魏宗禹

陈廷敬是清初一位杰出的政治家，但他一生勤于古学，对传统经学及经学史深有研究，亦有颇多创见。陈廷敬研究古学，探究"道通天地"之理。他一方面审视着一卷卷典籍，畅吟着一幅幅文华，另一方面又思入风云，脑际激荡如云鼓雷震，浮游于千古的兴衰治乱，触目于明末清初的悲怆。就是在这种历史涌动的潮流中，使他对经学的研究与国家民族的兴衰联系在一起，信实地践履着"经世致用"的理念。

陈廷敬生逢明清之际，入仕于清王朝之初，是时天下由大乱趋向大治之际，因此他认为欲使社会清明，百姓安康，治经学是十分重要的政教举措。为此，他一再说明治经学具有积极的意义，解经是治学的必不可少的课题。"探六艺之秘微"，"明圣贤之绪言，备国家异时之实用"，"发前圣未发之微言，传古人不传之深意"，成为一代识者的重要任务。陈廷敬对古学都曾进行过认真地审视与研究，对经学的研究是其学术生涯的重要方面。在研究经学中，他阐述了自己的诸多方面见解，由此可见陈廷敬的经学论，是其整个学术思想的一个重要组成部分。

清代初期，经学兴盛，治经者有两种明显的倾向，简而言之，朝野学者均十分重视研究经学要旨。在野者，即多处于山林之宿儒，如孙奇逢、李颙、顾炎武、傅山、方以智、黄宗羲、王夫之等，他们在总结明亡的历史教训中，痛感明代中叶以来空谈心性、避实就虚学风之患，使天下士子不能通经学知古今，不识六经之旨，不通当代之务。有鉴于此，而倡"经世致用"，强调"明辨经学源流"以为治世、用世之用。为此，他们崇实黜虚，考订、校勘经籍，发明微言大义，开一代"通经致用"之风。继而有毛奇龄、阎若璩、胡渭等，接踵而起。他们或以汉学治经、解经，或以宋学解经，或汉学与宋学并用而治经，或研究诸子学而云鼓雷震，为经学在清初的复兴开了先路。重要的是他们均有鸿篇要著问世，开启了创造研究经学之新风。同时一些在朝之名儒大臣，亦多加入通经致用之列，并推波助澜，蔚然成风，在康熙朝期间尤盛。作为在朝之儒臣，如魏象枢、陈廷敬、张英、熊赐履与李光地等，他们之治经在于图治与固本，上在于直接影响其所侍奉的康熙帝，以"经筵讲官"的身份，讲经书要旨，通过经解方式，承传固有中华文化之精神；同时应用所处之地位，扩大在朝中治经用世之效；下在于通过直接之推动，形成一个在主导意识形态层面的经解风尚，并直接促成了重要的治经要籍的面世。如纳兰性德、徐乾学之《通志堂经解》、姚际恒之《九经通论》、朱彝尊之《经义考》等解经之巨著，都是在康熙朝期间出版面世的。这些集唐宋元明以来解经之著述，一改元明以来经学式微之势，也为研究经学、经学史提供了重要的资料。

自古以来，特别是汉唐以来，学坛历来有山林学派与庙堂学派之分，一般而言，山林学者以释道为类，庙堂学派以儒学经典为本，并相互借鉴，但各守自家之营垒，从而构成相互对立与统一的意识形态的生态景况。在清初这种学术形态的一个显著的变化，就是这两者，在研究经学方面，出现了如此重要的共同之处。这些朝野研究经学思想与成就，虽有种种不同之点，但他们共同汇成了治经学之潮流，确实反映了经学在清代的复兴趋势。

陈廷敬在清初治经之潮流中，作为庙堂学派之大家，他是一位重要的参与者与推动者。一方面他对五经之内容，都有自己的理解，对《尚书》、《礼经》、《诗经》都进行了认真研究，多有新阐述。如主张"以经治经"、无《礼》不成经，同时对《易经》之六十四卦，卦卦都有注疏与通论，其中精义层出，多有新义发明，对四书要义，亦多有重要之发挥。另一方面他作为康熙帝"经筵讲官"之一，直接传授五经四书之微言要旨，对清初弘扬经学无疑起了积极的促进作用。综观陈廷敬对传统经学之研究，有两个重要倾向，其一，他对经学之汉、宋之分，更倾向于汉学之今文经学及宋学之程朱理学，就是说，他更重视经学中关于人与自然、人与社会关系之哲理，其阐述经学之微言要义中，多着意于用世、治世之意。这一点与明清之际山林学派"经世致用"或"通经致用"之学，是完全一致的。其二，他对经学的研究，尤重于中华固有人文精神的弘扬方面。他认为一代有一代的经学，一代有一代的文化精神。具体到清初，由于是满洲贵族占统治地位，因此只有在汉满文化融合中固本创新，才能推进社会进步与发展，也才能保持中华文化之固有精神。这一点是在野学者难以有深刻认识的，亦难以有所为的，故陈廷敬在这方面做出了自己的杰出贡献，具有重要的历史意义。今就其经学论的主要方面，如经学史论、汉学与宋学之得失、经学与道统以及通经致用之原则等论述，作一简要评述。

经学史论

陈廷敬对经学深有研究，一方面，他对每部经典都作过专论，在其分析与评论中，重在明达其本义，善于阐古论今，他对《易经》之六十四卦旨意的阐发，最为深刻，在清初易学研究中，确为上乘之作；另一方面他对诸经的要旨，综合论叙，比较异同，如其《经解》、《经义考序》、《经学家法论》等文，均有精彩的见解，是研究清代经学史的难得之作。陈廷敬研究经学史论的著述，很值得研究清初学术史者关注与重视。

经学这一概念，通常是指儒家经典之学。其实，经字的本义，是指织物纵横之线的纵线之义的，有纵横（即经纬之线），方可成物。刘勰在《文心雕龙·情采》中有言："经正而后纬成，理定而后辞畅。"说明精美的文辞，是因为深含隽永的文理；而隽永的文理，则是凭精美的文辞而成，阐述了"经正"、"理定"的重要性。这一叙论还未完全揭示"经"的哲理本义。在《释名·释典艺》中，对"经"字之意解曰："经，径也，常典也，如径路，无所不通，可常用也。"这里将经释为"常典"、"常用"之意，也就是常规、原则之意。陈廷敬在《经义考序》中言，"经"就是"圣道"，研究经义之目的，就是为"引经制事"。唐代柳宗元曾说："经也者，常也；权也者，达经者也。"①就是说，经是常规或原则，是一种不变之道，而权则是因事制宜，用以实现经，即实现经中的原理。这些论述，说明儒家经典中载有永恒之理，而对其所作的传注、注疏以及论著者，都属于经学之范畴。其实经典之学，非为儒家独有，其他学派亦习用之。故除此之外，史家称为经典之作，如佛家有《坛经》等，道家有《道德经》等；还有指一事一艺之专著者，如《黄帝内经》、《山海经》、《茶经》，等等。虽然史家对经书有种种的称谓，但自汉代以来，经学之名号，长期成为儒家经典的特称。对于儒家经典称

①《柳河东全集》卷3，《断刑论》，中国书店1991年出版，页41。

述的源头，史家认为起始于先秦之大学问家子夏和荀子，此两人均为晋人。但"经学"之词，初见于《汉书·儿宽传》："儿宽，千乘人也，治《尚书》，……见上，语经学。上说之，从问《尚书》一篇。"儿宽是汉武帝时的大臣，曾与司马迁共同制定过《太初历》，亦为水利学家，对《尚书》颇有研究，他把儒家经典称为"经学"，汉代对此已有共识，对经学广泛的重视，就是从这时开始的。对此陈廷敬论叙说：

> 经义之存佚，圣道之因以显晦，而君子之所尤宜尽心者也。凡经之存佚，不于其书、于其人，且于其时，有佚而若存者，有存而若佚者。秦烧书坑儒，经佚矣；汉兴于残烟断烬之余，掇拾其什一二。其时专门名家引经制事，虽守残抱阙，彬彬乎有近古之风焉。其后以经选士，设科射策，乃有通义之目，经义之存莫胜于此。夫其初，所谓经者，《易》、《书》、《诗》、《礼》、《春秋》而已。是以石渠之论，称制临决者曰五经同异。孝章修甘露故事，亦曰论五经于白虎观。唐贞观中，乃分列九经。而唐之经义不胜于汉，若是乎，佚者若存而存者若佚也。[1]

陈廷敬的上述之文字，是为朱彝尊所撰之《经义考》一书所写序言的一部分。清代研究经学史的著作颇多，但有影响者，清初为《经义考》，后期就是皮锡瑞的《经学历史》和章学诚的

---

[1]《午亭文编》卷35，《经义考序》。

《文史通义》了。可见朱彝尊的大作，是清代系统研究经学史方面开了先河的。这部著作三百卷，内容丰富，资料渊博，对历代诸学者所论，或作评析，或作考证，至今仍是研究古代经学之源流、经义和目录版本的重要参考书。上述所引是陈廷敬为此书所撰序言中的第二段话，其中谈了三层意思：

首先，陈廷敬指出"凡经之存佚，不于其书、于其人，且于其时"。他以此概括了经学史发展历程中的特征。据史籍言，史家认为经学源于孔子。孔子之前，学在官府，以吏为师，典籍文献，尽藏王官。孔子之时，"诸侯异政，百家异说"，文物典藏，亦多散落民间，为兴办私学提供了前所未有的条件。孔子生逢是时，他出身贵族，"敏而好古"，在总结古学中，整理了六经，在损益古学中，创立了儒学，并以六经作为教本，兴办了私学，从而继承与发扬了六经的义理。朱彝尊对此从经书"存与佚"的考证着笔，断定孔子为研究经学之源，为清代研究经学史，开启了先河。后翁方纲沿用其书体例，撰有十二卷《经义考补正》，王引之又有三十二卷集的《经义述闻》。清季学者对经学的研究，开历代之盛，对此今人周予同说：

> 中国经学，假如我们慎重点说，上追到西汉初年为止，也已经有二千一百多年的历史。这二千多年中，经部书籍，因为传统的因袭的思想关系，只就量说，也可以配得说"汗牛充栋"。不说别的，我们只要一看纳兰性德汇刊的《通志堂经解》，阮元、王先谦汇刊的两部《清经解》、《续清经解》，也几乎使你目眩，至若列举朱彝

尊《经义考》的书目，那真所谓"更仆难数"了。[1]

这段话说明了朱彝尊之《经义考》在清代研究经学的重要作用，而其以孔子订六经为研究经学之始，也得到了清季学界公认。皮锡瑞在其《经学历史》中，列为"经学开辟时代"，使这一论述进一步得到公认。陈廷敬在朱彝尊《经义考》序文中认为经书与经学是"不于其书、于其人，且于其时"的，就是说这是与社会历史发展相联系的，说明孔子开创的经学时代，是春秋战国时代的一定的历史文化所然，从而使孔子创立的儒学，与五经之学联系在一起。

第二，陈廷敬说明，经学史从战国末至秦统一，又处于一个"有佚而若存者，有存而若佚者"的时代中。《汉书·儒林传》中说："天下并争于战国，儒术既黜焉。"班固还认为，孔子既殁，其弟子散游诸侯国，其中"如田子方、……皆受业于子夏之伦，为王者师。是时，独魏文侯好学。……至于威、宣之际，孟子、孙卿之列咸遵夫子之业而润色之，以学显于当世"。这里清楚地说明，孔子创立经学研究后，战国时是由子夏、孟子和孙卿（即荀子）继承孔子之业。他们一方面继承了孔子的儒学思想，并发扬光大；一方面对经学进行了孜孜不倦地研究与传承，为儒家学派的发扬光大，做出了杰出的贡献，故班氏有"以学显于当世"之论。从史籍言，孔子辞世后，韩非在《显学》中言，"儒分为八"，但"诸儒皆不传，无从考其家法；可考者，惟卜氏子

---

①皮锡瑞：《经学历史》，中华书局1959年版，页1。

夏"。①对此，历代之史传均有记载。如《后汉书·徐防传》中载
其上疏，其中有言曰："《诗》、《书》、《礼》、《乐》，定自孔
子；发明章句，始于子夏。其后诸家分析，各有异说。"汉季学
者认为，子夏是传承经学的重要人物。宋代洪迈在其《容斋随
笔》中认为，子夏在传承经学中，有"发明章句"之功。子夏在
经学史中有着不可或缺的地位，徐防之论"斯其证云"，并说：
"孔子弟子，惟子夏于诸经独有书。虽传记杂言未可尽信，然要
为与他人不同矣。"故而朱彝尊在《经义考》中论及此时曰：
"子夏兼通六艺。"子夏对经学的传承作用，得到史家肯定的同
时，孟子与荀子的作用亦功不可没的。汉代的刘向、赵歧论经学
之传时，认为荀子"能传《易》、《诗》、《礼》、《乐》、《春
秋》，汉初传其学者极盛"，"惟荀卿传经之功甚钜"。这说明，
汉代经学的流传，即从孔子至汉代经学之兴盛，子夏、孟子和荀
卿及其门徒，曾起了承上启下的作用。陈廷敬在《经义考序》中
言："秦烧书坑儒，经佚矣；汉兴于残烟断烬之余。"其中子
夏、孟子、荀卿之后学，曾起了继绝学作用，是他们为汉代经学
的兴盛与发展，提供了极为重要的条件。

第三，陈廷敬认为汉代经学的兴盛，是与汉代最高统治者的
倡导与支持有关。他所言之："夫其初，所谓经者，《易》、
《书》、《诗》、《礼》、《春秋》而已。是以石渠之论，称制临决者
曰五经同异。孝章修甘露故事，亦曰论五经于白虎观。"说明这些
有关经学的学术活动，堪称为汉代经学隆盛的标志。史籍记载说：

①以上关于子夏传承经学之综合分析，可参阅皮锡瑞：《经学历史·
经学流传时代》。

（甘露三年）诏诸儒讲《五经》同异，太子太傅萧望之等平奏其议，上亲称制临决焉。①

（建初四年）下太常，将大夫、博士、议郎、郎官及诸生、诸儒，会白虎观，讲议《五经》同异，使五官中郎将魏应承制问，侍中淳于恭奏，帝亲称制临决，如孝宣甘露石渠故事，作《白虎议奏》。②

这两则记载说明，西汉从文帝刘恒开始设立经学博士，儒家经学逐步受到帝王重视，并在仪礼、制度、考文诸方面，皆以经义为本，一些政教设施，都力求以经书为依据。由此，引得如宣帝、章帝的亲临经学会议上，"称制临决"。他们不仅参与了议论，还进行了对一些疑义的决断，这种前所未有的举动，说明五经受到极高的重视。对于石渠阁、白虎观隆重的经学会议，皮锡瑞有一简捷的叙述，他说：

汉宣帝博征群儒，论定五经于石渠阁。章帝大会诸儒于白虎观，考详同异，连月乃罢，亲临称制，如石渠故事，顾命史臣，著为《通义》（按：即《白虎通义》），为旷古一见之典。《石渠奏议》今亡，仅略见于杜佑《通典》。《白虎通义》犹存四卷，集今学之大成。③

---

①《汉书·宣帝纪》。
②《后汉书·章帝纪》。
③皮锡瑞：《经学历史》，中华书局1959年版，页117。

从此"非天子不议礼、不制度"开始，且议经学于朝廷之阁、观中，从而使经学成为官学，儒家文化成为庙堂文化之始，这在中国古代文化史上意义重大。因此陈廷敬很重视石渠阁之论和白虎观之论，并认为儒学成为古代文化的正统，是由此而始的。

陈廷敬认为，古代之经学"莫盛于此"，经学从经义的丰富与发展而言，是"唐之经义不胜于汉"的。虽然唐代时，经书由五经增至九经，即由《易》、《书》、《诗》、《礼》、《春秋》之目，又在东汉时在五经之外，加《孝经》、《论语》成为七经的基础之上，把《礼》分为《周礼》、《仪礼》、《礼记》，从而合成九经。这时的九经，是将一些传述之作亦列入经籍之列而形成的，从而出现了经传混一的情势。汉时由五经增至七经，唐时由七经增至九经，都属于这种形体。虽然如此，但汉唐之经学，从经义研究与"引经制事"而言，并无实质性的变化。特别是，从治经方法而言，既存在着西汉初期所形成的今文经学，即出于政教之所需，阐发经文的"微言"、"大义"，以为时用；又存在着起于西汉之末、兴于东汉时期的古文经学，即出于信实古文经籍为特征，对五经偏重名物训诂，重经籍所载之事实，倡文字学、考古学，后世又称古文经学为"汉学"。古文经学，盛行于东汉，对六朝至隋唐皆有很深的影响。这说明汉唐以来，治经者依然沿用汉代学者"引经制事"阐述经典之微言大义，又以名物训诂之考据为本的方法，求证事之本末，由此一以贯之，并无其他重大的变化可言。

陈廷敬出于重政教的用心，对汉代今文经学、古文经学这两种经学之流派而言，他是倾向于今文经学一方的。陈廷敬重视经学，更重视对经学的应用。从汉代古文经学与今文经学的特征而言，古文经学持引经证古之法，今文经学持引经制事之法。古学倡从周，崇尚旧制；今学主改制，重视用世。古文经学与今文经学之分，是由历史变迁和思维方式发展的缘故造成的。

战国中后期，儒家作为诸子百家之一，倡经学之教，曾在一定地域、一定范围之内流传着，但在战国末，诸子百家学说出现趋于合流之势。成文于战国时的《易传·系辞》中便有"同归而殊途"的观点。汉代司马谈在《论六家要旨》中亦认为：

> "天下一致而百虑，同归而殊途"。夫阴阳、儒、墨、名、法、道德，此务为治者也。直所从言之异路，有省不省耳。

文中指出，《易传》中"同归而殊途"的论述，说明诸子之说，虽然立言的出发点不同，但他们都致力于治理好天下。虽其论断有善与不善之别，但都可察言而用。无论《易传》之言，无论《论六家要旨》之意，都说明战国后期，诸子之说都有趋同的共性，都具有言"治"之意。天下的统一，自然有促进这一学术思想相互包容的一面。秦统一之后，发生了排斥儒学的倾向，"焚书坑儒"，使经学的传承，受到严重的伤害，直至汉初，统治者逐步意识到经学的重要意义，由于经书的佚存以及对经义的分歧，便产生了今文经学与古文经学的论争。由于经学的影响甚大，以致延续至历朝历代，其争论无疑促进了对经义的研究，并成为经学史中的重要内容。

陈廷敬在论述今文经学兴起时说，秦统一六国后，经书佚矣。"汉兴于残烟断烬之余，掇拾其什一二。"西汉之初，所据经典，大都没有先秦的旧本可用，只能采之于战国时学者、师徒、父子之间口碑的传承，并用当时流行的隶书文字"著于竹帛"而行。今文经学家由尊经而尊孔，由尊孔而尊经，他们认为孔子在总结古学中，以"损益"之法修定六经，立万世不易之法，故被尊为究治经学的始祖。其实史家认为今文经学的实际开创者为西汉的董仲舒，集大成者是东汉的何休。何休所撰的《春秋公羊解诂》，为今文经学家"引经用世"的主要依据，并为天下"大一统"作了理论方面的论证，所以今文经学者，自汉及清末，都重公羊家的春秋学。陈廷敬生逢明末清初，重视经学制事方面，自然十分倾向于今文经学的经世致用功效，他在以经致用方面曾给以积极重视。

他认为经学是先圣在治世与用世中凝结而成的，因此研究经学之义，必须与治世、用世相结合。他指出经义宗旨就是社会意识的积淀，经学的存在与发展，就在于经学的应用与否。"若是乎，佚者若存而存者若佚也。"以经用世，经学就存在着，不以经用世，即使经书俱在，"而存者若佚也"。说明研究经学的唯一目的，就是"经以用世"而已。对此，陈廷敬在其《经义考序》中，从隋唐以来创行科举取士为例，评论经以致用的得失。他说：

夫经以致用，致用之实，莫大乎教人取士之法，则由唐宋以来，其得失之故可观矣。唐初沿隋旧置六科，其后科目虽繁，大要以明经、进士为重，明经试经义，进士试策、诗、赋、杂文亦帖经，故尤以是科为重，后虽稍浮滥，终唐之世，卒未有以易之也。①

陈廷敬指出唐代经学的发展，是同科举制的实行联系在一起的。科举制起于隋王朝大业年间，唐朝继承隋制，以明经取士作为官吏的来源，这标志着古代社会阶段性的变化，反映了豪门世族专擅政局的衰落，庶族阶层势力的增强，是古代社会进步的一大表现。"明经"之业成为进入仕途的重要依凭，故对经学的发展，起了重要的普及作用，影响了从隋王朝到清王朝千余年古代社会政治、思想文化的发展趋势，真正践行了孔子门生子夏倡导的"学而优则仕"②的主张，促进了"引经制事"即"明经致用"的文化氛围。

隋代以来的科举制，历代多有变化，如隋炀帝大业年间始设的进士科，以文学取士，唐代又增设明经制科，此外还有明法、明算、明书等。明经就是明晓或通晓经书，懂得法律为明法，精于算术为明算，明书则着重于书法。唐太宗李世民时，因为儒学多门，对经书理解多有歧见，且章句又繁杂，为此他下诏命国子祭酒（即最高学府的负责人）孔颖达与颜师古等，主持编撰五经的义疏，名为《五经正义》共一百七十卷，每年明经考试即以此

---

① 《午亭文编》卷35，《经义考序》。
② 《论语·子张》。

为评判依据，从此《五经正义》成为明经考试的标准。对此，陈廷敬的唐代经学"不胜于汉"的观点，成为深刻的有识之见。对此，其后之论者，亦多持其见，如清代经学史家皮锡瑞说：

> 永徽二年，诏诸臣复考证之，就加增损。永徽四年，颁孔颖达之《五经正义》于天下，每年明经以此考试。自唐至宋，明经取士，皆遵此本。夫汉帝称制临决，尚未定为全书，博士分门授徒，亦非止一家数，以经学论，未有统一若此之大且久者，此经学之又一变也。[1]

对于经学史的重大变化，近人范文澜评论说：

> （唐）太宗、高宗定《五经正义》（《易》、《诗》、《书》、《左传》、《礼记》）作为考试的标准。应试人不得超越《正义》有所发挥，因此《正义》以外的经说，归于废灭。汉学系到唐朝结束了。唐人作《九经正义》（孔颖达《五经正义》，贾公彦《周礼·仪礼疏》，杨士勋《谷梁疏》，徐彦《公羊疏》）就是经学结束的表示（算总账）。[2]

上述两则关于汉与唐经学研究方面的比较，均先后认为唐不

---

[1] 皮锡瑞：《经学历史》，中华书局1959年版，页198。
[2] 《范文澜历史论文选集》之《中国经学史的演变》，中国社会科学出版社1979年版，页285。

及汉。汉代经学研究中的长处，在于对各种经书，可以"分门授徒"，可以"有所发挥"。但唐代则不同了，无论《五经正义》及《九经正义》，都是经解的规范标准，不允许超越《正义》以外的经说。因此，皮锡瑞指出这是"经学的又一变也"，范文澜认为"汉学系到唐朝结束了"。他们分析论述的见解，与早在清初陈廷敬的有关论述，实质完全一致，但陈廷敬"唐不及汉"之论，则更为深刻。他认为经学的研究与发展，就在于不同见解的争鸣，"同则不济"。没有不同见解的论争，就不会有所发明，有所创新，这是思维发展的基本法则。事实上汉代的经学研究，在唐代结束了。陈廷敬同时认为，唐代经学的"经以致用"，"以经取士"之法，"其得失之故可观矣"，说明唐代经学的研究与致用，虽有失却有所得。其得方面有二，一是"明经取士"，虽束缚了士子的自由思想，却使经学得以传承。社会的发展有分有合，思维的发展也是有分有合，这是事物发展中的不易法则，唐代经学处于一个统一的时期，也为之后的经学发展提供了潜在的条件，宋明经学研究便说明了这一点。二是"经以致用"的思想，陈廷敬十分重视，他赞赏汉代今文经学的致用精神，认为唐代倡"经以致用"尽管并不完美，但毕竟有助于经学的发展，也有助于社会的进步。陈廷敬的这些评论，既符合唐代经学研究的实际，也符合经学史发展的趋势，说明其对"得失"的分析是客观与正确的，而其"唐之经义不胜于汉"之说，清代中后期的经学史家均持此论。例如，皮锡瑞曾说：

　　唐、宋明经取士，犹是汉人之遗；而唐不及汉，宋又不及唐者，何也？汉以经术造士，上自公卿，下逮掾吏，莫不通经。其进用，或由孝廉茂才，或由贤良对策。若射策中科，止补文学掌故、博士弟子员，非高选也。唐之帖经，犹汉之射策，其学既浅，而视之又不重。所重视者，诗赋之辞，时务之策，皆非经术。授经义对策者，仅一刘蕡引《春秋》正始之文，发宦侍无君之隐。以直言论，固属朝阳之凤。以经义论，亦同独角之麟；而唐不能用。此其所以不及汉也。①

皮锡瑞的这段论述，与陈廷敬的观点完全一致，论述中所应用的方法以及使用的文字，都几乎如出一辙。他们均通过汉唐两朝"明经取士"，其内容与形式的比较，得出汉代重经学，而唐代则大为逊色的结论。汉代取士，用"贤良对策"的方法，其中主要的形式称为"射策"，就是取士的考试中，发出所备之策问，令考生引用经学应策，回答策问都是引经据典。唐代的取士称为"帖经"，这种方法或形式，类似汉代之"射策"。何谓"帖经"呢？唐人杜佑曾有专门的记载，他说：

> 唐制进士、明经，皆有"帖经"之试，法以所习之经，掩其两端，中间惟开一行，裁纸为帖，凡帖三字，随时增损，可否不一，或得四，或得五，或得六为通。②

①皮锡瑞：《经学历史》，中华书局1959年版，页274。
②杜佑：《通典》卷15，《选举三》。

由于唐代布衣也可应试，比汉代应试者众，为了取士有一定的规范标准，故在规则方面作出一些规定，以造成一定之难度，这是不必非议的。为此应试者为了应对这些举措，设计了一种通行的对策，这就是"帖括"。应试者将"帖经"之难点，编为歌诀，以便于记忆，这种帖经之门径，即所谓"帖括"，成为唐代科举时应对"帖经"的方法，广为通用。陈廷敬认为唐之"帖经"与"射策"而言，似离经较远，而汉代"以经选士，设射科乃有通义之目，经义之存，莫胜于此"。而唐代虽然也是"以明经、进士为重"，但试之策以"诗赋、杂文亦贴（帖）经"为要，诗文"虽词章之学，而精其业，非通经学古者则不克，以为今之经义名虽正，而实则乖"。说明唐代进士、明经，虽有明经致用之名，实际从形式到内容，则远离了经学。而皮锡瑞也明确指出："唐之帖经，犹汉之射策，其学既浅，而视之又不重。所重视者，诗赋之辞，时务之策，皆非经术。"唐代有引经致用者，也实在是寥寥无几的，亦可谓与名不相符的。

从经学史发展而言，汉唐对待经学所产生的差异，从思维发展的规则而言，是很正常的。一代有一代的思维方式的特色，必然导致一代有一代对经学的理解方式，从而形成一代有一代的经学。陈廷敬认为"唐之经义不胜于汉"，皮锡瑞认为"唐不及汉"，这反映了从清初到清末，注重以汉学论经学、用经学的倾向，以及重视汉代经学中训诂、自由争论经学的学风的所在。而唐代经学亦有其长，用陈廷敬的评论为"唐代重诗赋辞文"；皮锡瑞亦曰"唐人所重者诗赋之辞"。这说明唐人又有独特的精神风貌，正是由此而产生了韩愈、柳宗元等大家和"文以载道"之说以及"道统"之论，他们多用诗赋之辞应变于时务之策。而这些变化，则是由唐代物质文化、思想文化等的发展变化所使然的。对此，陈廷敬等并非视而不见，他之所论，就是对经学本义之传承内涵而言。其在诗文之论中，就有对"文以载道"以及"道统"说的深刻分析与充分肯定。因此，陈廷敬论"唐不胜于汉"之经学，是清代经学史论的时代要求所致。

陈廷敬论汉唐经学的功用，是他深受明末清初学风影响所致。明代晚期有"明道"致用、"明经"致用的思想，清初有"经世致用"的实学思想。陈廷敬生于明末，长于清初，故对明清之际的经学研究深有感触，他认为社会兴衰治乱，与经学存佚、盛衰，存在着必然联系，并认为太平之世，经学研究便盛。因此，清初是经学研究的最好历史时期。例如，古代历史中从汉末至隋唐约四百年间，有魏晋玄学、南北朝经学，此时对经学的研究，则处于一个无序又无章之时，如《隋书·儒林传》评论此时的学风时说："南人约简，得其英华。北学深芜，穷其枝叶。"这一言简意赅的语言，可以作为当时南北朝学风的概括。南北朝时期，由于中原大地分而治之的形势，大体上北朝仍然延续着东汉的学风，而南方地域则在继承着魏晋的玄风。隋唐在统一之后，南北经学的状况存在着重大的差异，使得以明经学而取士之举遇到很大的困难，这样便出现了唐太宗李世民命孔颖达等制《五经正义》之事。他以"疏不破注"的疏注原则，统一了南北之经学，从此学子只需使用"帖括"的方法，铭记《正义》所言之经义，便可通过应试而入仕官场，但这致使经学难有进一步的发展。陈廷敬对经学史深有所得，但他在论汉唐之间经学的差异时，则是深论汉唐经学之得失，以及宋明时期经学的发展。说明他对经学史的研究，更重视大一统时期的经学如何"引经制事"之理，以及经学在大一统趋势中的功用表现。例如，他在《经义考序》文中又说：

> 今竹垞所著《经义考》，至于三百卷之多，其或存或佚，详载于编。余以为经竹垞之考定，存者固森然其毕具，而佚者亦绝其穿凿附会之端，则经义之存，又莫有盛于此时者矣。微竹垞博学深思，其孰克为之。圣天子典学右文，石渠、白虎集议方殷，诸儒必将以竹垞为大师而正经学，以淑人才有厚望焉。余序竹垞《经义》之书，而及唐宋以来所以教人取士之法，盖有概于圣道显晦之故，而重有幸于今兹也。[①]

在这段短短的文句中，再次说明陈廷敬重视经学研究的旨意。一方面，他说明国家民族兴盛之时，必然会"正经学"，此时之经学，必然会成为大一统国家治国的根本所在。汉唐盛世是如此，清代的兴盛也理应如此。因此他期望清王朝"圣天子"即康熙帝，也应效仿汉唐帝王亲临治经之事，兴盛五经之学，以推进社会之进步。另一方面，他再次说明，"经学之存佚"、"圣道之显晦"，全在于用与不用之间。经书虽有存有佚之事实，但用之则能存，则能传承、发扬光大；而佚之则道晦则道乱，道乱则天下大乱。陈廷敬生逢明末清初，又投身于仕途，他察知是时是由

---

① 《午亭文编》卷35，《经义考序》。

乱到治之世，故倡导经学研究，不仅是传承中华固有思想文化之必需，也是时代精神文化建设之必需。他说明研究古代经学，并非是在感知故纸堆的怀古幽思，更非故弄玄虚之举，而是着眼于现实社会的功用之所在，而这一宗旨，正是他研究经学史的真正目的。

宋代经学要义论

古代学术思想发展至宋代，出现了与"汉学"相对的理学派别。清代的江藩说：

> 为宋学者，不第攻汉儒而已也，抑且同室操戈矣。为朱子之学者攻陆子，为陆子之学者攻朱子。至明姚江之学兴，尊陆卑朱，天下士翕然从风。[1]

这里说明两点，一是宋学与汉学相对、相攻的，是指治经之方法各异；二是宋学中派别甚多，主要有二程、朱熹之程朱理学派，陆九渊及明代王阳明之学的陆王心学派，以及陈亮、叶适之功用派等，各派学术之论争不断。对于宋学思维方法的特征，或曰宋学与汉学之基本不同点，江藩又指出：

> 汉兴，儒生捃摭群籍于火烬之余，传遗经于既绝之后，厥功伟哉！……爰及赵宋，周、程、张、朱所读之书，先

---

[1]江藩：《国朝宋学渊源记》，中华书局1983年版，页153。

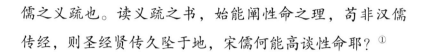

儒之义疏也。读义疏之书，始能阐性命之理，苟非汉儒传经，则圣经贤传久坠于地，宋儒何能高谈性命耶？①

这段评述中有扬汉学贬宋学之意。江藩认为，汉学之治经者，博综五经，训义优洽，且各信师承，嗣守章句，期勿失经旨，尊崇之意，十分清楚。江藩对于宋学则认为其不究礼乐之源，独标"性命"之论，重经传则有余，考镜则不足，致使五经束置高阁，离经而论道甚矣。江藩重汉学的评论，甚是不为公允。陈廷敬则认为不同时期有不同形态的经学，而宋学或宋代经学则是在新的思维方式中发展起来的。

唐末，天下大乱，在五十余年的历史中，竟有后梁、后唐、后晋、后汉、后周等五朝登场于历史舞台。在这个混乱之世中，对思想文化产生了两大问题。一是早在唐代，儒家已非独据学坛之势，佛学、道家与之成鼎立之局，佛学、道家通过半个世纪的五代时期又得到相当的发展，儒释道三家又在相互对立、相互融合中完善了其理论体系与宗教内涵，因此促进了儒学思想的变革。对此，早在隋代，王通便提出在改造儒学的基础上，实现"三教可一"，使儒学在理论思维方面，得到重要的发展；唐代柳宗元也认为在"诸子合流"的基础上，方可发展儒学。事实上欲从理论上战胜释道两家，就是儒学思想自身完善与发展的必然趋势。宋学的产生，就是这一时代要求的反映。二是唐末至五代以来，社会难有诚信可言，天下道德沦丧，上层政坛，变幻莫测，下层百姓，无所适从，衰世之风，使得人心难有归所，道教、佛

---

①江藩：《国朝宋学渊源记》，中华书局1983年版，页153。

教等宗教，虽然十分活跃，但其追求虚无缥纱的说教，也难以拯救受到严重创伤的生灵。因此，宋代初期，不仅重佛老，更重儒家经典之理论及伦理纲纪之说教。宋学就是在这种思想文化的发展中形成的，具体而言，则是通过对经学理解与发挥而形成的，于是有汉学、宋学之分野。史家论曰，汉学专注于经学的章句训诂，而宋学则专注于经学的义理。汉学的章句训诂，注重推演经书之旨，务求精而不求博，以致皓首而求一经句之意，从而达到通经致用的目的；宋学则重在求经书之微言大义，故而往往离古经而出己意，以求有益于世、有用于时之论。前者重实而趋于繁琐，后者重虚而趋于简约。对于宋学的特征要义，陈廷敬很同意朱熹的观点。他说：

> 朱子论贡举治经谓宜讨论诸经之说，各立家法，而皆以注疏为主。《易》则兼取胡瑗、石介、欧阳修、王安石、邵雍、程颐、张载、吕大临、杨时；《书》则兼取刘敞、王安石……《大学》、《论语》、《中庸》、《孟子》则集解等书，而苏轼、王雱、吴棫、胡寅等说亦可采，令应举人各占两家以上于家状内及经义卷子第一行内，一般声说，将来答义，则以本说为主，而旁通他说，以辨其是非，则治经者不敢妄牵己意而必有据依矣。①

陈廷敬引用朱熹关于经学之家法，意在揭示宋学形成之心路历程。其中有两点引起陈廷敬的关注。其一，是关于经学之家

_____

①《午亭文编》卷32，《经学家法论》。

法。陈廷敬认为宋学是沿着宋代经学之家法形成的。"家法"的概念早在汉代便已形成。西汉文帝刘恒时立《诗经》博士，武帝刘彻时又增立四经博士，而博士教授经学，专注一家，各以家法教授其门徒弟子。而师之所传，弟子所受，一字一句，不得有所出入，更不允许有违背师法情况的发生，若不守师法，法当严禁。因为汉代之世，经传之文，多不正定，以博士、通经者教授，各令受业者随从家法为准。故史书说："立《五经》博士，各以家法教授。"①门徒绝不能背法行事，以保证师传的纯正性，故有"明经必守家法"之说。皮锡瑞曾说：

> 前汉重师法，后汉重家法。先有师法，而后能成一家之言。师法者，溯其源；家法者，衍其流也。②

这种师徒传承、诸经之说，不仅从师之立言，且再次传承其法，因因相陈，成门派之见。这种传承之法，宋代研究经学者亦沿袭着。其二，宋代经学之家法，与汉代有所不同。如，宋代之家法都以经书注疏为主，以经书注疏立家法；又如，宋代经学家法虽"以注疏为主"，但却主张"兼取"诸家之说，"以本说为主，旁通他说，以辨其是非"，这是很大的进步。同时还指出，若一经之注疏较众，不可能全部都学习和研究，但至少参阅两家以上，以使对经学的某一名物典故之内涵，得到一定合理的理解，从而使以解经为特征的疏证形式，逐步走上以"兼取"诸家之说而立

①《后汉书·儒林传》。
②皮锡瑞：《经学历史》，中华书局1959年版，页136。

言之境。在这种情势下，治经者实难做到"不敢妄牵己意"的规范。而这种思维方法的变化，正表明治经者自然地走上了一条离经论道之途，宋代经学的重义理之说便在多元的自由思想之下产生了，重义理之说就成为宋学的基本特征。史家认为汉唐经学到了宋代，发生了根本性的变化，这是真实的，其原因就在这里。陈廷敬对此种变化，是给予充分肯定的。

陈廷敬对朱熹的经学观做出了自己的表述，他的经学观，反映了清初学人对汉学与宋学的态度，真可谓一代有一代之经学也。陈廷敬在引述了朱子的经解论后说：

> 愚按朱子此议，欲治经者以注疏为主，而兼取诸家之说，以求其至是，亦未欲其专取一家之言也。而曰"以注疏为主"，是更不欲摈注疏而不用明矣。今之学者不然，《易》则专取本义，《诗》则集传，《书》则……盖不惟诸家之说，概不列于学宫，而举朱子所云专以为主之注疏，学者有终其身不知为何物者矣。即如所谓《大全》者，又非甚别于专家之说，而有独见之论也；其与朱子所云，以所治之说，旁及他说，而后以己意辨晰，以求其至是者，亦大异矣。[1]

在这段话中，陈廷敬对朱熹所言之宋学治经思想，表示了赞成和肯定的态度，认为治经者在研究经典时，一是以"注疏为主"，二是"兼取诸家之说"，在这个基础上"以求其至是"，反对专取

[1]《午亭文编》卷32，《经学家法论》。

一家之言，反对摈弃注疏。陈廷敬认为朱熹概括宋代儒者治经之术，意在明经学义理是可取的。陈廷敬论宋学治经的根本特征之时，意在考察明代以来治经学的得失。他指出就其失而言，明代治经有离经论道的倾向，如其治经者只重一家疏传之言，故治经一生，还不知"经"者为何物。

陈廷敬上述所言之《大全》，就是在明成祖朱棣御临下，以程朱理学基本精神为法，汇集诸经传与集注之要籍，编纂成《五经大全》、《四书大全》、《性理大全》等三部丛书，共有二百六十卷，简称《大全》。明初振兴文化之事，一直为新朝统治者所企盼。朱元璋登基之后，遂命礼部尚书遣使访购古代典章文献，表现出重视历史文化典籍的深意。时为中书庶吉士的解缙，就此上书万言，其中有言曰：

> 臣见陛下好观《说苑》、《韵府》杂书与所谓《道德经》、《心经》者，臣窃谓甚非所宜也。《说苑》出于刘向，多战国纵横之论；《韵府》出元之阴氏，抄辑秽芜，略无可采。陛下若喜其便于检阅，则愿集一二志士儒英，臣请得执笔随其后，上溯唐、虞、夏、商、周、孔，下及关、闽、濂、洛，根实精明，随事类别，勒成一经，上接经史，岂非太平制作之一端欤？……一洗历代之因仍，肇起天朝之文献，岂不盛哉？①

这里说明两点：一是明太祖朱元璋好读上述一类书，《说苑》中

---

① 《明史·解缙传》。

多为历史故事，《韵府》则类似辞典，《心经》与《道德经》等则与其曾为佛门弟子的宗教情结有关，自是他的本色爱好所致。这种情势反映了朱元璋并未受到儒家传统治世理念的影响，说明明代初期统治者，尚未形成一个统一的统治思想。二是解缙上书的意思，旨在建立以儒家经典中之典章制度文化为基础，确立以礼法并用为其统一的治世方略。显然解缙的奏疏之言，无疑是三部《大全》丛书的先声。故明成祖敕命胡广、杨荣、金幼孜等四十二人纂修始，至永乐十三年九月十五日即告完成，前后不足一年的时间，对此，于其说是仓促之作，不如言为时代之所使然也。明王朝立国至此时已达四十八年（明洪武元年至永乐十三年即公元 1368—1415 年），将近半个世纪，至此，标志着明代统治者确立了以程朱理学为治国理念的统治思想，结束了元王朝朱熹之学与陆九渊之学并行的局面，这是统治者在理论思维的发展中共同选择的结果。对此，胡广等在进书表中云："（《大全》）合众途于一轨，会万理于一原，……俾人皆由于正路，而学不惑于他歧，家孔孟而户程朱，必获真儒之用。佩道德而服仁义，咸趋圣域之归。"这些言语说明，儒学是明王朝大一统帝国之所必需。胡广等进书后，朱棣在其御制序文中云："六经者，圣人为治之迹也。六经之道明，则天地圣人之心可见，而至治之功可成。""其为世道之责，孰得而辞焉。"①这些文句充分表达了朱棣作为帝王，不仅以道统之继承者自许，且以明王朝皇统之正自为，故其存有急切之心，而仓促成书，可谓偶然中之必然。

---

① 《大全》今藏中国国家图书馆善本室。上述文句，转引自侯外庐等主编：《宋明理学史》下卷，人民出版社 1987 年出版，页 11。

但明初之《大全》虽顺应于天下大一统之需，在学术上却缺乏创见，从内容而言，既无融合诸家之新思维，又无融合其时社会意识之睿智卓识，远不及汉儒之训诂、唐儒之义疏、宋儒之义理，深明经学之根柢，而有功于后学之勃发所需。简言之，《大全》在短时之内，倾朝廷之力，汇辑儒家典籍文献成大而全之丛书，实属盛事。但因其无所发明，故成书之时便招致颇多微词；另外《大全》成八股时文之依本，更流于俗陋之中，空疏无用之境。之后陈献章倡"自得之学"，王阳明倡"致良知"之教，致使新思潮之应运而生。这说明，明代之经学史，《大全》彰显程朱理学，一度如薛瑄在其《读书录》中云："自考亭以后，斯道大明，无烦新著。"顾炎武则云：《大全》尽为"抄袭"之功，"窃取"之能，而无创新。明代之学术思想在晚明之时真如顾炎武所言：

> 愚尝谓自宋之末造以至有明之初年，经术人材于斯为盛。自八股行，而古学弃；《大全》出，而经说亡。十族诛，而臣节变，洪武、永乐之间，亦世道升降之一会矣。①

经学处于如此衰落之势，一些学者都认为是《大全》之过，这种观点是不全面的。重要的是明初倡导程朱之学，只言其思想

---

① 《日知录》卷18，《书传会选条》。文中"十族诛"，《明史·方孝孺传》："孝孺之死，宗族亲友前后坐数百人。"古族至九族而止，成祖朱棣并及孝孺门人，故云十族。

之形式，而失却其倡导"活水源头"的创新精神，以致渐次趋于式微，而此则为重要之教训所在。

对此，陈廷敬很关注，因为清初倡导繁荣经学中，或有重拾明初编纂《大全》之声，亦或有汉学、宋学并举而忽视思维创新的精神之虞。故陈廷敬无不担心地指出，明代初期《大全》模式遗留下的教训，应该深深铭记，并说：

> 又最甚者，择取传中字句文义，以意牵合，妄托圣经，移彼就此，名为合题，岂惟不合经意，揆之传者之意，亦初不自知其何以位置安排颠错之如此也。漫弃圣言，割裂传注，又如朱子所谓："名为治经，而实为经学之贼；号为作文，而实为文字之妖者也。"盖经学之弊，原于时文。昔者经义之兴，本以论断为体，不执一说；引据经传，非如后之描画声口，簧鼓吻唇，乳儿小生，侮圣言而代为之词势，不得不单守一家之训诂，以便行文。而其腐朽恶烂，不逾时历岁。改头换面，以趋新巧，使学者穷年积月，从事于无用之空言，考其实，枵然无所得也，又何有于经学哉！然则何以正之，曰必如朱子之言……所治之说，而论其意，又次旁列他说，而以己意反复辨晰，以求至当之归，但令直合圣贤本意，与其施用之实。①

陈廷敬的这段分析与论述，有两层重要意思：一是他赞赏朱

---

① 《午亭文编》卷32，《经学家法论》。

熹治经之法，即治经者必须据经论道，以为实用，以备用世。在这里，他强调，研究经义时，引据经传，对于经义既不能泥经论道，更不能执经传一家之说，只有这样方能得圣贤之言本意。二是他在论明代以来治经之得失中，针砭其失者有二，第一是患有离经之失，即只重经学之形式，而忽视经学之精神实质；第二是患有离实之失，即忘却经学之实学效用，而"经学之弊，原于时文"。这两者，都是由"时文"所引起的。"时文"一词，古已有之，原意是指当代的文体，或当代的文章而言。这里所言之"时文"，意为时下流行之文体，专指对科举应试文体之通称。陈廷敬指出，宋明以来，儒者治经之功夫，全用在应对科举制文之格式中，这种束缚学子思想的时文，违背了汉学、宋学治经的宗旨，因此陈廷敬深表忧虑之意。并说：

> 故欲正经学之失，须革时文之弊。时文之弊革，然后学者可以旁通诸家之说，以求得乎圣人精意之所存，而士不苦于无用之空言，国家收实学之效也。①

陈廷敬进一步指出，严重障碍经学研究者，是科举时文的风行。一些学士为了寻取步入仕途之捷径，获取名利富贵，故远离了经世致用，用心于时文，而败坏了学风。对此，他曾多次进行了批评，认为若欲兴经学，须清除时文之弊。如他说：

> 古人读书，直（只）是要将圣贤说话，实体于身

---

① 《午亭文编》卷32，《经学家法论》。

心；今之读书，取科名之具而已。书虽读，而道益不明、不行矣。①

因此他主张改变这种学风，说："科举与为学，截然二事，今人直以科举为学，岂不大错？"②陈廷敬的这种观点是非常正确的。

还有，明清两王朝，为了巩固其统治地位，用力确立程朱理学在意识形态领域中的影响。在明代初期，诏令编纂成《五经大全》、《四书大全》、《性理大全》三部大书，共二百六十卷，修成于明永乐十三年（1415），从而标志着理学官学地位之确立。在清初，诏令编成《性理大全》的精简本《性理精义》等书，同样是为着彰显理学、经学的目的。陈廷敬认为此种以"大全"之名兴经学之举，是无益于治学的。他说：

所谓《大全》者，又非甚别于专家之说，而有独见之论也。……且《大全》之书，明永乐朝急就之书也。七年开馆于秘阁，十三年帝问纂修如何？馆中人闻之惧，仓卒（促）录旧书，略加删饰以进……故《大全》者，甚不全之书也，然学者犹惮其烦苦，而不之读。③

陈廷敬对经学史上制"大全"之大工程，不仅难有高兴的心情，而且生出许多不快之感。首先是"大全"之举，甚是轻率，如此

①《午亭文编》卷24，《困学》。
②《午亭文编》卷24，《困学》。
③《午亭文编》卷32，《经学家法论》。

大的工程，只是在永乐皇帝朱棣的督促下仓促完成，故《大全》者实为"不全"之书，其中从编辑到内容取舍，都是不成体统的。其次，如此急就之书，难以成为进一步研究经学之资，学者对此书从"惮其烦苦"到"不之读"，可谓徒劳而无功矣。

陈廷敬从总结经学研究史的意义出发，认为明代以来研究经学的通弊有二，一是行《大全》之举者大陋；二是行"时文"之大错。他着眼于传统经学的发展，肯定了汉代经学的解诂、唐人的义疏有益于治经，并认为宋学以义理治经之法可取，因此指出清初应在经学史的基础上，重新建立一代之经学研究学风，而不能重蹈明初《大全》之覆辙。陈廷敬的这一观点，与顾炎武"《大全》出，而经说亡"①之说相通，也相同。他们的论述，都含有一定积极的意义，都期望通过自由的、独立思考的方法，在研究经学中推进思维的发展。清末学者吴承仕，在疏证南朝末年陆德明的《经典释文序录》时曾说：

> 皮云（按指：皮锡瑞）："孔子之教，即在六经，故孔子为万世师表，六经即万世教科书。"《春秋》为汉制法，欧阳修以为狭陋。不知孔子本为后世立法，在汉当云汉，在宋当云宋。今人生于大清，云尊孔子之教，读孔子之经，即谓为清制法，亦无不可。②

这段话有两层意思：一是说孔子之教就是六经之意。皮锡瑞在

---

①《日知录》卷18，《书传会选》。
②吴承仕：《经典释文序录疏证·次第》，中华书局1984年版，页13。

《经学历史》中说："孔子之教何在？即在所作六经之内。故孔子为万世之表，六经即万世教科书。"这里所引是其大义，但意思一致，认为孔子之教即孔子的思想，寄旨于六经之内。二是吴承仕进一步说明，经学虽由汉代开始成立，但意识形态是随着社会历史变迁而变迁，因此经学史上则有"在汉云汉"、"在宋云宋"之阶段，说明经学有其法统之传承法则，但又有不同历史阶段各自的特色，简而言之，一代有着一代的经学形态。汉学与宋学，有共性又有差别，既有传承，又有新的发展与变化，此乃不易之则。经学如此，一切观念文化亦然。

重要的是陈廷敬指出"时文"之弊，源于宋代，起于王安石、吕惠卿等人之作为。明代与清代之科举制文，就是沿袭了王安石等的所谓变革，陈廷敬说：

> 宋初制先策、次论、次赋及诗，次帖经、墨义，后所重者诗、赋、论三题。熙宁、元祐之间（按：公元1068—1094年），诗赋、经义罢复错互，而王安石、吕惠卿创始之经义，迄于今，流毒无穷焉。诗、赋虽词章之学，而精其业，非通经学古者则不克。以为今之经义，名虽正而实则乖。盖王氏之经学行，而经亡滋甚矣。安石曰："本欲变学究为秀才，不为变秀才为学究也。"呜呼！岂知并学究而失之乎！今古经具在，而学术如此，则经之存佚皆不可得而问矣！①

---

① 《午亭文编》卷35，《经义考序》。

这段文字，大致概括了宋代经学发展的历程。对于宋代经学在经学史中的地位而言，陈廷敬认为唐不如汉，宋不如唐，而明代及清初，沿袭宋代，离经学本义则远甚矣。具体到宋代经学之演化，可分为三个阶段，一是从宋初到宋仁宗期间，基本上沿用唐制，比唐代以注疏代经书治经学，更为逊色；二是从宋神宗开始，行王安石等创始之经义，经学意蕴仅存其表；三是南宋朱熹集理学大成，顾炎武曾说："古之所谓理学，经学也，非数十年不能通也。"又云："今之所谓理学，禅学也，不取之五经，而但资之语录，校诸帖括之文而尤易也。"①在宋代，经学发展的三个阶段，其中虽有种种不同之处，但有两点是基本一致的。一是宋学均倡义理之学，空论性命蕴义，"避实蹈虚"，避开考据训诂之实，言空疏无用之义理，但其空谈义理之中，展现着一种自由思想的意境。二是宋学中又有"时文"制式之累，士子为步入仕途，必须在"时文"套式中讨生活，应试的格式取代了汉唐以来治经的求索。因此，原本宋学中义理之论所蕴藏的一定的自由思想因素，受到极大的限制，呈现出宋学体系中内在的自我矛盾，阻碍了宋学的理论思维的正常发展。

对于宋代治经中的得失问题，陈廷敬认为王安石制造的经学即所谓的王氏"新学"，产生了"经亡滋甚"的不良作用。王安石在宋神宗时位居宰相大位，他认为对经学应标新立异，标新的用意，在于有别于古。故而在他的主持下，对《周礼》、《诗经》、《书经》等重新诠释，成《三经新义》，颁行于天下，明示

①顾炎武：《亭林文集》卷3，《与施愚山书》，中华书局1983年出版，页59。

弃古说，以从其新说，并形成一代之风气和时尚。陈廷敬指出元、明及清初，科举制式中所谓的"时文"，本于宋代熙宁年间王安石所立之"墨义"法，即令应试士子据经书注疏笔答经义，名曰经义，实为虚无文学，在宋代就遭到学界的纷纷反对。陈廷敬引用王安石所云"欲变学究为秀才，不为变秀才为学究"之句，说明王安石亦有悔悟。宋代陈师道所云：

> 王荆公改科举，暮年乃觉其失，曰："欲变学究为秀才，不为变秀才为学究也。"盖举子专诵王氏章句而不解义。[①]

"学究"、"秀才"的概念，源于汉唐。秀才，汉时为科目之称谓，宋时凡应试者，均称秀才，明清时乃称入县学生员为秀才。学究，唐时取士科目中，明经中有学究一项，凡应试者，均以学究称谓。这里是以通常的意思使用的，书生气十足者称学究，特异聪慧者称秀才。王安石原本立"墨义之法"，期望通过考试，涌现出一批批治世之良才秀士，结果使得一些本该成才之士子，成为思想陈旧、刻板的学究，因此他非常失望。陈廷敬也不无遗憾地指出："呜呼！岂知并学究而失之乎！"[②]不仅得不到才华出众的秀才，就连死读书的书生也不见了。同时他特别担心的是从宋代到清初以来，原本有益于经学发展及选拔人才的科举制，却由于科举应试制式的局限所致，严重阻碍了其正常的发

①《后山谈丛》卷1。
②《午亭文编》卷35，《经义考序》。

展，特别是由王安石、吕惠卿所行之"墨义之法"，在明代演化为八股"时文"，"迄于今，流毒无穷焉"。陈廷敬的这些论述是有一定道理的。治经的宗旨，就是"引经制事"，因为经者是恒久之至理。尤其在清初，固本即继承与发扬中华文化，是至关重要的，是士子应负的学术使命。

清代经学史学者评论历代经学时，多以注重五经本义为依据。陈廷敬之论为开其端者。如陈廷敬认为若对汉唐经学比较而言，"唐之经义不胜于汉"；若对汉唐宋经学比较而言，宋代则是"经亡滋甚矣"。就是说，一代一代之经学，可谓渐行渐远矣。清季治经学者众矣，从朱彝尊之《经义考》至皮锡瑞之《经学历史》、《经学通论》等，都持着陈廷敬的观点。如皮锡瑞说：

> 唐、宋明经取士，犹是汉人之遗；而唐不及汉，宋又不及唐者，何也？汉以经术造士，上自公卿，下逮掾吏，莫不通经……唐之帖经……皆非经义……宋用墨义，非独科举文字蹈空而已，说经之书，亦多空衍义理，横发议论，与汉唐注疏全异。①

皮氏上述综合评论，无论是治经之宗旨及评定之标准，与陈廷敬之说如出一辙。值得注意的是陈廷敬论宋代经学史时，持有褒有贬的态度，褒奖的是朱熹治经之法，其"以本说为主而旁通他说，以辨其是非"之论，是一种客观的理性思维的治经方法，肯定了其"以本"（即依经本义）、"兼取"（即综合诸说之

①皮锡瑞：《经学历史》，中华书局1959年版，页274。

274

长）的研究成就；同时他针砭了王安石、吕惠卿等所制之《三经新义》，以及所谓的"墨义之法"。因为王安石治经之法，名曰治经，实为离经悖道，名曰自由思想，实为束缚学子心路，实际起到了禁锢士子正常发挥自己思想的作用。王安石对自己以宰相大位倡导的"墨义之法"，晚年产生了悔意，但在明代和清初似死灰复燃，对于治经而言，起到了严重的负面作用。由此说来，陈廷敬对宋学的评论，具体到对宋代治经的评论，肯定了宋学中对促进经学研究与发展的积极的一面，具体体现在他对朱熹治经之法给予积极评价，同时也说明他对朱子学义理之辩的合理因素给以肯定。陈廷敬的这一精彩的论断，符合古代思维发展规律，也符合经学研究由繁琐到简约，由重文字、名物、训诂、考据到重理论思维发展的轨迹。

有识于思想文化史的学者认为，汉代以来，经学史发展历程，是由汉学到宋学，又由宋学到汉学的过程。汉唐时代行汉学，宋元明行宋学，清代又复归于汉学，清初汉学、宋学并存并重，清代中期形成乾嘉学，基本上是汉学，清代晚期又出现古文经学与今文经学之争，亦在汉学范围之内运行。从逻辑形式而言，形成一个肯定、否定和再肯定的过程，完成了古代经学承传的全过程。

陈廷敬生逢明末清初时代，他治经学，论经学史，充满着辩证的思维，他没有将汉学与宋学绝对对立起来，而是取其两者之长、避其两者之短论经学的。他的"以本为主"、"论必有据"之说，就是要以严肃认真的态度治经，这实质上是汉学家的基本思想。他的"要有独见之论"的观点，实质上是宋学的基本思想，特别是朱子学的基本精神。这种治经、论经的思想意境，是一种实事求是的方法，也就是陈廷敬自己称谓的"实学精神"。

事实上而言，汉代的汉学并非不存在如义理之辩的理论思维，宋学中也不乏精通考据训诂之专家。具体到清代，考据学的开创者顾炎武，首先就是一位重要的思想家，而从戴震到汪中，无一不是由于文字狱的严酷文化背景，而通过"辑佚书"、"精校勘"、"通小学"的形式，表达自己要求自由精神的意愿，以及追求人性尊严的愿望。这种经学研究的表现形态，说明古代社会历史文化中所呈现的治经方法，以及"引经制事"的所为，无论汉学、宋学，只是一种治学的倾向。一方面两者有着明确的界限，一方面也说明两者不是绝对对立的，仅仅是有所倾向而已。这说明古代思想文化中，一代有一代的经学，经学是一个传承的统系。

陈廷敬对宋学的论述，说明他的治经方法是汉学与宋学的兼容方法，这在清初研究经学方面却为"独见之论"，而这一深刻的见解，是将两者绝对对立化或非此即彼者所不及的。重要的是陈廷敬论经学的学术意义，他重视的不仅是古代经学的精义，更是为着在清初学术上坚持正统论以及"国家收实学之效"的目的，因此他又致力于儒学的道统说。

经学与道统论

陈廷敬所论之五经及经学史，一个重要的用意，就是在维护儒学道统，维护儒家学说在意识形态领域中的正统地位。陈廷敬的这种思想祈愿与追求，是与清初社会历史文化背景存在着密切联系的。同时，也与他崇尚经学与传统礼教、信仰儒学中的哲理与用世之道密不可分。他在一道疏义中说：

> 窃惟体乾德之运行，学惟时敏；成圣功于岁月，理本日新。盖百王之治虽殊，道实同于师古，而六经之文具在，用之足以宜民，必积累之崇深，乃化裁于久大。①

这是陈廷敬在康熙十七年岁终期间，以经筵讲官的身份，以奏疏文字说明五经用世之理、之道。当时陈廷敬正在向康熙皇帝讲习《易经》，他引"天行健"之意，说明客观世界，生生不息，故而"理本日新"，但是历史上的百王之治，虽由于日新月异而有所不同，但他们"道实同于师古"，"六经之文具在"，他们在不同的历史时期，据六经之说，而沿着道统"引经制事"。这说明六经是道统的依本，经学是治世之基础。对于上述之意，陈廷敬在康熙二十年的奏疏中又陈述说：

> 窃惟成汤自警，惟又日以常新，大禹克勤，必寸阴之是惜。盖君道法天行之健，而圣功懋时敏之修。故积日月而岁序以成，于穆不已；亦凛就将而德行斯显，悠久无疆。②

陈廷敬重视经学道统的传承，他的多道奏疏的中心大意，说明这

---

①《午亭文编》卷30，《岁终讲义循例题明兼呈愚悃疏》。

②《午亭文编》卷30，《岁终讲义循例题明疏》

样两层意思：

一是说明经学是治世的依本。由于日以常新，理本日新，因此随着历史的发展，经学亦在传承中形成自己的系统，道统就是承载着经学的不变之理而常存着，是一个变与不变的意识观念统一体，并体现着六经的真谛。陈廷敬清楚地认识到，六经是先哲人生哲学的结晶，也是古人在开拓前进中的思想积淀，更是后生继续前进的重要借鉴。例如，他在一纸进表文中说：

> 窃惟尧舜之治，先务知人，诗书所传，厥惟述古。
> 盖观人所由立政，而考古于以知今。①

陈廷敬认为古代圣贤之有为，无一不是在"研极夫六艺之精"、"推行于诸史之实"中取得成就的，因此只有循"旧学"才能逢"更新"。陈廷敬着意说明师古日新之理，是以鉴古为知新之基础，就是说开新是沿着传统与正统的基本精义而来，只有反本才能开新，从而说明古学六经为精华之所在，而道统则是开新的历程。

二是陈廷敬崇尚六经，坚持道统说，是与清初社会政治文化背景有着重要的关系。对此，陈廷敬虽未言明其用意，但从其一系列的奏疏文字观察，他认为在清初坚持经学、坚持道统说，意义更为重要。因为现实中存在的清王朝，是满洲贵族入主中原后形成的一个王朝。陈廷敬身居康熙朝大臣之位，又是皇帝之经学侍讲官，因此，他以此合法之地位，一直宣扬着入主中原者必行

---

① 《午亭文编》卷32，《进〈鉴古辑览〉表》。

中华文化之道。由此可以说明陈廷敬重视经学，不仅具有历代崇尚经学的一般性意义，也深藏着不同于以往的特殊性意义。治经成为他治学的一项重要内容，表现出一种弘扬经学的责任感与历史使命感，他的这种执着的态度，对清初的文化曾起了积极的影响作用。

经学产生于汉代，由此时起，便逐步形成传承儒学的道统说。经学源于孔子的定六艺，同时孔子又将古学之传承系统化，后儒便视六经为天经地义之经典，而道统便成为儒家的传道系统，或曰儒家传道的统绪。对于道统说，陈廷敬在《癸未会试录序》的奏疏中说：

> 盖臣今奉命而论者，文也。夫文以载道，道命于天，传于人。知天之所以命，知人之所以传，夫然后道尊而学正，学正而文兴。则今日道统之传，文运系焉，此其大者也。臣谨识焉。惟天阴骘下民，笃生圣神，作之君、作之师，自伏羲、神农、黄帝、尧、舜、禹、汤、文、武，皆以圣人之德，居君师之位，以行其政教。道统之传，常在上而不在下也。若有其德，而无其位，则不得君师之位，以行其政教之实。故自孔子以来，道统之传，常在于下。揆之天降生民之意，岂适如此哉！且夫天道贞观，无往不复。故知今日者，道统之传，果在上而不在下矣。在下者传之师儒，仅寄于语言文字，而在上者，则见诸行事之实。[1]

---

① 《午亭文编》卷35，《癸未会试录序》。

陈廷敬在这段文字中，概括地论述了道统说的源流，以及道统说的重要意义。首先需要说明的最先历叙尧舜传授之言为此说之本者，是春秋时的孔子和战国时的孟子。孔子说：

尧曰："咨！尔舜！天之历数在尔躬。允执厥中。四海困穷，天禄永终。"舜亦以命禹。[1]

仲尼祖述尧舜，宪章文武。[2]

在孔子论述的基础上，孟子继其说，曰：

五百年必有王者兴，其间必有名世者。由周而来，七百有余岁矣！以其数，则过矣；以其时考之，则可矣。[3]
……

由尧舜至于汤，五百有余岁，若禹、皋陶，则见而知之；若汤，则闻而知之。由汤至于文王，五百有余岁，若伊尹、莱朱，则见而知之；若文王，则闻而知之。由文王至于孔子，五百有余岁，若太公望、散宜生，则见而知之；若孔子，则闻而知之。由孔子而来至于今，百有余岁，去圣人之世，若此其未远也；近圣人

---

[1]《论语·尧曰》。
[2]《中庸》。
[3]《孟子·公孙丑下》。

之居，若此其甚也，然而无有乎尔，则亦无有乎尔。①

孔子和孟子的上述叙述，一是说明他们认为从尧舜禹汤至文武周公，已经形成一个明确的道的传承系统；同时，孔子认为他是这个道统的继承的，孟子自命继承了孔子的正统之道。二是这个道统的内涵，主要是天人合一之道，以及"允执厥中"、"克己复礼"和"仁政"等，也就是应变于人与自然，人与社会关系的法则。

汉唐以来，这种儒家的道统说，一直延续着和发展着。唐代的韩愈对此又进行自己的阐述，他说：

　　夫所谓先王之教者，何也？博爱之谓仁，行而宜之之谓义，由是而之焉之谓道……曰："斯道也，何道也？"曰："斯吾所谓道也，非向所谓老与佛之道也。"尧以是传之舜，舜以是传之禹，禹以是传之汤，汤以是传之文武周公，文武周公传之孔子，孔子传之孟轲。轲之死，不得其传焉。②

韩愈认为先王之道，从尧开始有一个传承的、持久的系统，一方面他说明这个道统，起始早于道家与佛家；另一方面这个道统较释老更显得具有正统的权威性。同时他还说"孟轲之死，不得其传焉"，又说："天不欲使兹人有知乎？则吾之命不可期。如使

①《孟子·尽心下》。
②《韩昌黎文集·原道》，古典文学出版社1957年版，页7。

兹人有知乎，非我其谁哉！其行道，其为书，其化今，其传后，必有在矣。"①这些语言，明确表示了他是孔孟创立的道统说的继承与发扬者。南宋的朱熹在阐述道统说中，则以周敦颐、程颢、程颐之学，上承孟子，将自己又上接周程诸子，亦以道统传承者自居。至于明季儒者又自谓是程朱之学道统说的继承与传授者。陈廷敬对于先儒的道统说，不仅完全同意，又赋以新意。如孔子、孟子以至程朱，都以尧舜为道统说的肇始者，对此陈廷敬在尧舜之先又增加了伏羲、神农和黄帝等三位先圣，使道统说的时序更为久远，这是汉唐乃至宋明以来，闻所未闻之说。从陈廷敬对道统说的阐述而言，他是在说明儒家的道统说，就是中华文化的正统论，因此道统说论述的目的，就是为维护道统说在学坛中具有权威性的正统地位，在思想领域占有统治地位。

事实上，中华文化一直处于一个多元文化的氛围中。正因为如此，中华文化长期以来呈现出绚丽多彩、生机勃勃的景象，值得关注的是正统说就是多元文化矛盾激烈存在时的表现。例如，在春秋战国时期，思想文化领域中出现了如荀子所言的"诸侯异政，百家异说"的局面，孔子历叙尧舜传授之言，成为道统之说之本。汉唐以来，此说受到统治者的重视，并在学坛受到不同程度的正统地位的际遇。又如在唐代盛世，思想文化繁荣，呈现出婀娜多姿的人文景观，在儒学兴盛的同时，又出现了佛老（即佛教与道家）兴盛时期，这时的天下，不仅文华诗韵陶醉着文坛，而且朝野又沉浸在晨钟暮鼓、香烟缭绕的氛围之中。由于儒释道等学派的和合交融，"诸子合流，三教合一"之风，徐徐吹起

---

① 《韩昌黎文集·重答张籍书》，古典文学出版社1957年版，页77。

来，而儒家道统说之音日趋于微声之中。此时以韩愈为代表的儒者，奋笔撰《原道》等文，一面以维护正统之名，全力排斥释道之说；一面再次正式提出了"尧、舜、禹、汤、文、武、周公、孔、孟"相承的关于道统的传授系统之说，以继承孟子道统之说自居。韩愈之说在唐代虽未取得预期的结果，但却开了宋代道学的先声，宋代学者确实沿着其先哲的思维轨迹，推进了道统之说的发展，并为道统说成为正统取得了重大进展。

上述道统说的发展历程，说明道统说的内涵是在不断充实、发展和更新的。韩愈的道统说与孟子的道统说之内涵，就有许多不同的特色。这是思想文化发展的法则所使然。春秋时代的史伯曾有"和实生物，同则不继"的论断，说明不同思想文化的矛盾与交融，是创新的源泉。中国多元文化的矛盾统一，就成为中华文化连续性发展的基础。这种思想文化形态，发展到清代康熙年间，形成了中华多元文化中满汉文化直接交融的时期，因此就出现了陈廷敬进一步申说儒家道统说的情势。他在重视满汉文化相互交流的同时，更重视道统说的正统性，以使清王朝的统治集团接受这一固有的儒家传统思维方式。他提出在当今之时，道统之传"在上而不在下也"之说，表明其坚持道统说之意，在于坚持儒学的正统性。他说：

> 道统之传，常在上而不在下也。若有其德，而无其位，则不得君师之位，以行其政教之实。故自孔子以来，道统之传，常在于下，揆之天降生民之意，岂适如此哉！且夫天道贞观，无往不复。故知今日者，道统之

传，果在上而不在下矣。……昔孟子谓"五百年必有王
者兴"，历叙其传，亦大率以五百年为断。以今考之，在
上者莫不皆然，而在下者则或不尽然也。①

陈廷敬在这段话中，分析和归纳了道统说在历史发展中，分为
"在下"与"在上"传承的两种情况。在孔子之前，道统说是
"在上"即在帝王之中传承，按陈廷敬之言，是在伏羲、神农、
黄帝、尧、舜、禹、汤、文、武、周公之中传承；孔子之后，道
统之说则"在下"，即在"不得君师之位"者中传承，因此难得
有政教之效。同时他指出，这种"在上"与"在下"之分，关系
甚大，情况也大为不同，对此他再次深入分析说：

道统之传，果在上而不在下矣。在下者传之师儒，
仅寄于语言文字；而在上者则见诸行事之实……若周
子，若二程子，若朱子，此所谓在下者，或不尽然也。
若是者何也？天之郑重夫在上之传，故以五百年为断。
其不必五百年者，盖仅寄之语言文字，以衍斯道于绝续
之交，特在下者之事耳。惟是师儒之统转而属之帝王，
则五百年之期，断然其不爽者，将复合焉。此所谓后之
由下以归于上者，莫不皆然也。盖自周子、二程子、朱
子而来，至于今五百年矣。我皇上论世知人，崇朱子之
学，颂其诗，读其书，存诸德行，见于文章，举而措诸
天下之民，使尧、舜、禹、汤、文、武之道常在上而不

①《午亭文编》卷35，《癸未会试录序》。

在下，故道统之传由下以归于上者，此正其时也。此乃
天之所以降生下民之意也。①

陈廷敬在这段文字中，明确阐述了三点意思：一是说明道统之
传，"在上"与"在下"不同之处。"在上"则可见诸行事，将
道之内涵用于实际的政事中，可以见到直接的实效，如尧、舜、
禹、汤等君王，创造了古代圣王之治；"在下"之时，道统的传
授，"仅寄之语言文字，以衍斯道于绝续之交"而已，就是说，
如先哲程朱之学，只是停留于他们的字里行间，并不可能产生实
际的效用。他们所起的作用，就是使斯道传承下来，避免道统说
的中断。陈廷敬在论"在上"与"在下"道统之传作用时，无意
贬低"在下"之传道者，只是从功效而言，加以说明之。二是说
明道统之传延续至今，应该有一个变化，这就是当今道统之传，
有条件使其由"在下之传"，转化成为"在上之传"，因为当今帝
君，已具备了认识道统说的意义、传承道统说的品格，所以
说："以下归于上者，此正其时也。"三是说明论道统说之重
要。有两重意义，一方面他认为道统说是中华文化的主体内容之
一，因此继承与发扬道统说，是他的崇高使命，也是他治学之根
本；另一方面他深刻地认识到，在清初维护道统说的存在与发
展，更为艰难与重要。若康熙皇帝作为"在上"中起主导作用
者，真正接受道统说，不仅有益于道统说延续，也同时有利于满
汉文化的交融。

陈廷敬的道统之论，体现出他很推崇道统说，并且揭示出道

①《午亭文编》卷35，《癸未会试录序》。

统说"在上"之时，则天下大治，而"在下"之时，则天下处于人欲横流的大乱之中。同时，他对道统之传中，体现出他的高尚品格。他在论道统之传时，没有如古人那样，以承接道统者自居，不恰当地抬高自己。这表明他的治学与做人，具有宽阔的胸襟与崇高的品质，以及他对中华文化怀有的敬畏之心。这些都是值得肯定与关注的。

陈氏家族

马甫平

滥觞与崛起

（一）

山西省阳城县皇城村，原名中道庄。居住于这里的陈氏家族，祖籍在河南彰德府临漳县，是在明代永乐年间迁到山西来的。彰德府的府治即今河南省安阳市，临漳县原属河南省，今属河北省。陈氏的先祖曰陈仲名，世居临漳县，其子曰陈靠。永乐末年，陈靠举家迁到山西省泽州永义都天户里，居住于半坡沟南。陈靠有二子，长曰陈岩，次曰陈林。因为是陈靠始由河南临漳县迁居山西，于是他就成为陈氏在山西定居的始祖。

陈靠以牧羊耕田为生，故老乡传陈氏的祖祠中，原来供奉着陈氏始祖陈靠的画像，手里拿着放羊的鞭子，就是牧羊人的打扮装束。陈靠去世后，其妻樊氏与长子陈岩、次子陈林于明宣德四年（1429）迁到了阳城县郭峪村偏东北的樊河对岸定居下来。《陈氏家谱》记载，说此地："山岭雄秀，泉水温凉，风气郁茂，实太行之中落。"①陈氏便在这里修房置产，安居乐业。因为此地上面有沟底村，古名锦川，下面有郭峪村，古名锦阳，这个新建的小庄子正好在上下两个村落的道路中间，所以就取名为中道庄。陈廷敬说："中道庄者，上下皆村落，故以中道名。"②有学者认为，"中道庄"三个字的含义深远，是"中庸之道"的意思，其实这样的解释是望文生义、牵强附会的解释，不符合陈氏

---

① 《陈氏家谱》。
② 《陈氏家谱》。

祖先当初命名的本义。

陈靠的两个儿子陈岩和陈林，同时到中道庄定居，这样就产生了陈氏家族。因为直到清康熙三十三年（1694）秋，陈氏的九世孙陈廷敬才创修家谱，其时距陈氏迁居中道庄的明宣德四年（1429）已经过了二百六十五年，陈氏各门派的资料皆无从收集，故陈廷敬所修的《陈氏家谱》主要记载了以陈廷敬本支为中心的家族史料。陈林是陈廷敬的直系宗祖，所以陈氏把他作为陈氏家族的二世祖。陈廷敬的伯父陈昌言曾说："余家苦无乘，其远祖不可考，所可溯孝庙时有祖讳林者耳。"①入清后，陈昌言官江南提学使，才查清了陈林以上先祖的名字。他说："余督学江南，得后湖所藏黄册而阅之，则永乐十年所造也。详溯宗派，知林祖有兄曰岩，上之而考讳靠，祖讳仲名，仲名祖拨入河南彰德府临漳县籍。……其详悉家乘不若也。"②陈氏先祖的历史至此时才有了大致的线索。

陈林娶妻郭氏，生有两子，长子陈秀，次子陈武。陈秀是陈氏家族的三世祖。陈秀，字升之、行一。生而颖敏，年少时鄙视八股文，不喜举子业，能诗，"工词曲，有元人风"③，善书，尤精行草。倜傥有气节。族人有欲吞并其家产者，据理力争。以三考授陕西汉中府西乡县典史。上官见他有才干，遇事每向他咨询。凡文章之事，全都托付于他。他为人清严刻励，挂冠于墙壁，多惠政，民感戴之。署城固县令，致仕去官，民为之

①陈昌言：《述先草序》。
②陈昌言：《陈氏上世祖茔碑记》。
③《陈氏家谱》。

立生祠。陈秀做了九年典史，卒于明弘治十四年（1501）七月初二日。

陈秀在陈氏家族史上是一个极其重要的人物，首先他是陈氏家族的第一个读书人，虽然他没有取得任何功名，但因为他读书，便为陈氏家族后来获得九进士、六翰林奠定了基础。陈秀是陈氏家族中第一个做官的人，虽然他只做了一个不入流的小官，但他却进入了仕途，为陈氏家族后来出现高官显宦奠定了基础。陈秀是陈氏家族中第一个写诗作文的人，虽然他留下来的诗数量不多，艺术价值也不甚高，但他却挤进了诗人的行列，为陈氏家族成为诗书世家、文化巨族奠定了基础。陈秀是陈氏家族实现读书入仕理想的第一人，所以，陈昌言说："肇造余家，实权舆诸此。"①

陈秀能诗，但作品多散佚，裔孙陈昌言于遗稿中获得他任西乡典史时寄儿子辈的诗和散曲数首，辑为《述先草》。陈秀的诗和散曲，如《南宫一枝花》：

> 爷今系宦途，儿独营家计。清勤爷自守，孝友在儿为。爷事儿知，浊富非吾志，宁怀一念私！享浊富徇利亡身，怀私心违天害理。②

这是教子，也是明志，表明他要做好官，做清官。

《教子诗》：

---

① 陈昌言：《述先草序》。
② 陈秀：《述先草》。

才忆儿时便起愁，愁儿不把放心收。

肯离家舍来官舍，料出歌楼入酒楼。

未得彩衣承膝下，且将绿蚁展眉头。

天涯谁念虚甘旨，顾我于今鬓已秋。①

又曰：

百岁光阴易掷梭，痴儿莫得等闲过。

起家绍业由勤俭，处事交人贵缓和。

酒饮三杯须用止，书攻万卷未为多。

我今欲著灯窗力，鬓点秋霜奈老何！②

都是教子忠厚忍让，勤读诗书。

陈秀《教子诗》对陈氏后人产生了很大的影响，成为陈氏后人居家立身之本。故陈昌言说："每捧读之，奚啻义方训，允为子若孙守身家良谟也。"③又说："佑启我后人，尚念毋忘。"④陈廷敬也说："迄今予家食醇厚和平之福者，实肇于此也。"⑤

陈秀娶郭峪镇窑头村王氏为妻，生有三子，长子陈珏

---

①陈秀：《述先草》。
②陈秀：《述先草》。
③陈昌言：《述先草序》。
④陈昌言：《述先草序》。
⑤《陈氏家谱》。

(jué)，次子陈珦（xiàng），三子陈珙（gǒng）。陈珙是陈廷敬本支的第四世宗祖。陈珙，字孟瑞，号南泉，少小即读书，攻举子业，但考场上得不到施展。在其父陈秀去世以后，他即弃儒经营家业。陈珙生于明弘治三年（1490），卒于明嘉靖三十七年（1558），终年六十九岁。他娶郭峪镇张僖之女为妻，生有三子，长子曰陈侨，次子曰陈修，三子曰陈信。

陈珏任河南滑县典史，有子陈天佑，陈天佑是陈氏四世宗祖陈珙的侄子，是陈氏的第五世。陈天佑在明嘉靖十三年（1534）考中了举人，在嘉靖二十三年（1544）考中进士，是陈氏家族的第一个进士，被授户部主事，累官至陕西按察司副使。陈天佑号容山，著有《容山诗集》，已失传，仅存残句一联："未遂持螯意，空悬击楫心。"①陈廷敬曾说，"余家近尧畿，代有文学，"并写《祖德》诗云：

> 祖德斯文在，家传正始音。
>
> 歌谣依帝日，分野直辰参。
>
> 丘壑三生客，云天万里心。
>
> 持螯兼击楫，佳句独长吟。②

陈氏四世宗祖陈珙的次子陈修为陈氏的五世宗祖。陈修，字宗慎，号柏山，"所居对西坪之柏山"③，因以为别号。他为人

---

① 《午亭文编》卷20，《祖德诗序》。

② 《午亭文编》卷20，《祖德》。

③ 王洽：《明故柏山陈公暨配李孺人合葬墓表》。

"刚毅缜密，谦恭孝友"①，年轻时"有志于用世"②，但屡试不第，便"退而为鼓铸业"③。他有心计，善于治理家业。

陈氏"先世饶于赀"④，在始祖陈靠和二世祖陈林时，就已经有了一定的积累。在三世祖陈秀的时候，就已经很富裕了。陈秀在写给他儿子的诗中说："肯离家舍来官舍，料出歌楼入酒楼。"⑤他想儿子们很可能每天出入于歌楼、酒楼之中，担心他们整天沉迷于花天酒地的生活而耽误了读书学习。由此可见，陈氏当时的家境已经很富裕了。到了陈修的时候，家境就更加充实富裕，"拓田庐储蓄，视囊昔远过"⑥，可称为富甲一方的大户了。陈修"轻财好施，有弗给者辄出帑金、廪粟以赈春急。弗能偿者，即毁券不校。乡人以为岁星"⑦。他虽然废学，不再求取功名，却"教诸子则严"⑧，常常要儿子们以他的堂兄陈天佑为榜样，说："盍学汝伯父！汝父不足法也。"⑨陈修生于明正德十三年（1518），卒于万历六年（1578），终年六十一岁。陈修娶白巷里李尚宽之女为妻，生有四子。长子陈三晋，恩贡，怀仁县训导；次子陈三乐；三子陈三接；四子陈三益。陈三乐为陈廷敬本支六世祖。

---

①《陈氏家谱》。
②《陈氏家谱》。
③《陈氏家谱》。
④王泊：《明故柏山陈公暨配李孺人合葬墓表》。
⑤陈秀：《述先草》。
⑥王泊：《明故柏山陈公暨配李孺人合葬墓表》。
⑦王泊：《明故柏山陈公暨配李孺人合葬墓表》。
⑧王泊：《明故柏山陈公暨配李孺人合葬墓表》。
⑨王泊：《明故柏山陈公暨配李孺人合葬墓表》。

陈三乐，字同伦，号育斋。三乐的"乐"读作 yào，是喜爱、喜好的意思。"三乐"出自《论语·季氏》："益者三乐，损者三乐。乐节礼乐，乐道人之善，乐多贤友。"陈三乐赋性严毅，倜傥不群，容仪端庄，行于途中，"顾不绝人"①，为人温和慈善，与之接近，有蔼然可亲之感。他善于料理家事，经营农田，使内外井井有条，并且乐善好施，"喜周人之难，扶人之危"②。在周济别人急难之时，他从来没有吝啬之意。遇到荒年，自己减食以接济饿者。他家门前有一棵大槐树，他常坐在槐荫下备茶饭招待过路者。一年腊月，他偶感风寒，卧病在床。夜间，突然有人因事告急，他正要起床给那人拿钱，其母阻止说："风厉甚，诘朝见。"③他又睡下，但辗转反侧，不能入眠，便委婉地对母亲说："人遇急来求，度刻如年；儿虑之不寐，是两不安也。"④于是他急忙起床，取出囊中所有的钱，赠给那人，笑着说："可以安寝矣。"⑤像这样的事情多得举不胜举。陈三乐生于明嘉靖三十一年（1552），卒于万历四十一年（1613），终年六十二岁。配卢氏，郭峪镇卢光耀女。子四：长子陈经济、次子陈经正、三子陈经训、四子陈经典。女一：适阳城县白巷里明吏部尚书王国光之孙王于召。王国光是明代著名的政治家，是张居正进行改革的得力助手，是阳城县明代官职最高的人。王氏是阳城白

---

①《陈氏家谱》。
②陈昌期：《槐云世荫记》。
③同治版《阳城县志》卷11，《陈三乐传》。
④同治版《阳城县志》卷11，《陈三乐传》。
⑤同治版《阳城县志》卷11，《陈三乐传》。

巷里的大户，方圆有名的官宦之家。陈三乐能和王国光的儿子攀亲，成为儿女亲家，可见当时陈氏家族的声望已非同一般。在陈三乐的四个儿子中，长子经济是陈廷敬本支的七世祖。

陈经济，字伯常，号泰宇。幼时攻读制举业，"有壮志"[①]，但考场不售，终未能遂其心愿。于是他代父"综理家政"[②]，其父去世，"哀毁骨立"[③]。母卢氏在堂，早晚探视，"必亲必诚"[④]。先人所遗资产，他全部平均分给诸弟，"罔有私者"[⑤]。孝友传家，成为乡里效法的榜样。乡人有争讼，他"片语解之，无不悦服"[⑥]。乡里人流传这样一句话："宁为刑罚所加，不为陈君所短。"[⑦]陈经济生于明万历四年（1576），卒于天启六年（1626），终年五十一岁。子三：长子陈昌言、次子陈昌期、三子陈昌齐。这弟兄三人，是陈氏家族的第八世。陈廷敬是陈昌期的长子，是陈氏家族的第九世。陈氏家族的第八世中的陈所知，乃第五世陈天佑的嫡系曾孙，考中了万历十三年乙酉科（1585）举人，官虞城知县。

（二）

陈氏家族从始祖陈靠、二世陈林、三世陈秀、四世陈珙、五世陈修、六世陈三乐、七世陈经济，发展到八世陈昌言、陈昌

---

①《陈氏家谱》。
②《陈氏家谱》。
③《陈氏家谱》。
④《陈氏家谱》。
⑤《陈氏家谱》。
⑥同治版《阳城县志》卷11，《陈经济传》。
⑦同治版《阳城县志》卷11，《陈经济传》。

期、陈昌齐弟兄三人，陈氏家族已经成为方圆百里的富户巨族，到了非常兴旺的阶段。那么陈氏是靠什么发财致富的呢？有学者把陈氏家族定位为晋商的一支，但我们在陈氏家族的历史上没有看到有经商的记载。陈氏的五世祖陈修虽然从事过鼓铸业，但属生产性的实业，并不是经营性的商业，而陈氏主要从事的还是农业，即前面讲到的耕田和牧羊。在阳城的生产习俗中，牧羊的用途也主要是用来"卧地"，即白天在野外放牧，晚上把羊赶入地里休息，通过羊所拉的粪便肥田，所以说牧羊也是耕田所不可缺少的。陈廷敬之父陈昌期曾说："明季吾兄宦游于外，余以耕读摄家政，铢积寸累，薄成基业。"①陈廷敬也说："吾家自上世已来虽业儒，然本农家，衣食仅自给。"②清初陈昌言的同僚邑人白胤谦在《题陈泉山侍御止园》诗中说："此山富泉石，下有幽人宫。耕稼百余年，淳朴多古风。"③也是说陈氏是以农耕为业。陈廷敬编成《陈氏家谱》，曾经在后面题了一首诗：

> 侧闻长老训，诸祖称豪贤。
>
> 披籍阅往代，叹息良复然。
>
> 诚词炳星日，志气薄云天。
>
> 处士及吏隐，一一皆可传。
>
> 淳休被邑里，声华如蝉联。
>
> 缅维卜东庄，始自宣德年。

---

① 陈昌期：《槐云世荫记》。

② 《午亭文编》卷43，《百鹤阡表》。

③ 白胤谦：《东谷集》卷5，《题陈泉山侍御止园》。

耕稼三百载，风义桑梓前。

小子耻甘肥，食利忘所先。

惕然从中惧，勖哉以无愆！ ①

其中"耕稼三百载，风义桑梓前"两句，明确指出陈氏有三百年的农耕历史。

据《康熙四十一年陈氏分拨总账》中记载，康熙四十一年陈氏分家，陈廷敬的三个儿子每人所分财产情况如下：

"陈谦吉：郭峪并各庄共房四百一十三间，共地六百七十九亩五分，共羊一千一百只。"

"陈豫朋：郭峪并各庄共房四百三十九间，共地六百三十一亩，共羊一千只。"

"陈壮履：郭峪并各庄共房四百三十三间，共地六百五十四亩，共羊一千只。"

以上共计房屋一千四百零五间，土地二千零八十四亩五分，羊三千一百只。

从这个账单来看，陈廷敬的三个儿子所分得的财产只有房屋、土地和羊群，并没有店铺、工场、作坊等。在陈氏的家业中虽有河南清花镇店房一处，但并未注明经营项目。家业的财产只是供给陈氏家族宗祠祭祀之用，并不是陈氏家族的主要经济来源。由此可见，陈氏家族在历史上根本不是靠经商来致富的，而是典型的耕读之家。

陈氏的历史上也曾有一位经商的人，那就是陈修的第四子陈

①《午亭文编》卷5，《谱牒后书》。

三益。他是陈廷敬曾祖陈三乐的四弟。陈三益幼读诗书，长大之后就出外经商，常来往于河南、直隶一带。但他并没有因为经商而致富，最后死在卫辉的一家旅店里。身后凄凉，又无子嗣，只留下了一位副室郭氏。她孤苦无依，"旦则事纺绩，或自理其米盐醋酱箸匕女红"①，靠自己劳动维持生计，"寡居近五十年，霜帏星杵，无子女之亲，无婢仆之奉，茕茕孤屋中，一病垂二十年许，以此而终"②，其生活之艰苦可以想见，死后还是陈廷敬等族人给她料理了丧事。陈三益并不是成功的商人，是一个失败的商人，同时他也不是陈廷敬的本支，在陈氏家族中没有形成主流。我们不能因为有个别陈氏族人从事过商业活动，就把陈氏家族定位在晋商的行列中。

（三）

陈氏的先祖在明朝宣德四年（1429）由泽州的天户里迁居到阳城县的郭峪里，从此在这里安居乐业。也就是说，陈氏的先祖原是泽州人，明宣德四年之后就成了阳城人，到陈廷敬入阁拜相的康熙四十二年（1703）已经长达二百七十四年了。但陈廷敬为什么仍被称为"陈泽州"、"泽州公"或"泽州相国"呢？这是因为陈廷敬在考秀才、考举人以及考进士时要填报自己的籍贯，他当时填报的籍贯是山西泽州，而不是山西阳城。

在明代及清代的康熙年间，泽州和阳城县是两个各自独立的地理区划概念。泽州是直隶州，它的版图相等于现在的晋城市城区和泽州县版图的总和。也就是说，当时的泽州并不包括阳城县

①陈廷敬：《故曾叔祖处士忠斋公墓碑》。
②陈廷敬：《故曾叔祖处士忠斋公墓碑》。

在内。阳城县及当时的高平、陵川、沁水四个县都是独立于泽州版图之外的。直到清代雍正六年（1728），泽州升格为泽州府，而把原来泽州这一块土地叫作凤台县，到了后来的民国三年（1914）又改成了晋城县。清雍正六年（1728）之后的泽州府才成为比县高一级的行政区划，包括了凤台、高平、阳城、陵川、沁水五个县的版图。但这时陈廷敬已去世十六年了。陈廷敬在世及以前的明代，泽州并不能包括阳城县。

年龄比陈廷敬大一个辈分，与陈廷敬的伯父陈昌言是同僚，做过清顺治朝刑部尚书的阳城人白胤谦，他在《赠御史陈公暨封太安人范氏墓志铭》中说，陈氏始自泽州天户里迁于阳城郭峪里，"今籍犹寄泽州"①。白胤谦说得很明白，陈氏先祖虽然自泽州天户里迁于阳城郭峪里二百多年，但至今户籍还暂寄在泽州，并未迁到阳城。户口不仅涉及到国家的赋税征收等许多重要事情，还因为科举考试录取秀才时各州县都有名额限制。陈氏族人考取秀才，要占用泽州的名额，陈廷敬当然也不例外，所以陈廷敬在参加考取秀才以及后来参加考取举人、进士时，所填报的籍贯是泽州。

陈氏先祖迁居到阳城县，却把户口暂寄在泽州，直至陈廷敬死后，这种情况尚未改变。后来，陈氏的户籍归入了阳城县，但归入阳城县的具体时间，至今未发现明确的文献记载，笔者估计是在清雍正六年（1728）泽州升格为府、原泽州之地命名为凤台县之时。原泽州不存在了，泽州府是更高一级的行政机构，不再管理县级的户籍，陈氏才把户籍迁到了阳城县。

①白胤谦：《东谷续集》卷12，《赠御史陈公暨封太安人范氏墓志铭》。

　　陈氏的户籍归入阳城县之后，随着时间的推移，陈廷敬以及陈氏家族的户籍暂寄于泽州的这一段历史，逐渐不为世人所知。清道光六年（1826）阳城诗人延君寿在编辑《樊南诗钞》时，曾在例言中写道："陈午亭隶籍泽州，实世居阳城。"[1]延君寿对陈氏隶籍泽州的情况是清楚的，那是因为延君寿和陈廷敬的曾孙陈法于是很要好的朋友，常在一起诗酒唱和，对这一情况有所了解。而当时阳城县和凤台县的大多数士大夫对这件事恐怕就都不甚了然了。

　　由于陈廷敬的籍贯被他自己认定是泽州，所以清乾隆年间编修《阳城县志》时，没有把陈廷敬的传记收入县志。后来，嘉庆、道光年间的阳城县学廪生田铭就写了一首诗，把这个问题提了出来：

　　　　宣德迁来二百年，析城初降相公贤。

　　　　文章勋业分明在，县乘如何不入编？[2]

第一句"宣德迁来二百年"：是说陈廷敬的先祖在明朝宣德四年（1429）迁来阳城定居，到陈廷敬出生的明崇祯十一年（1638）已经二百零九年了，这里的二百是取其概数。第二句"析城初降相公贤"：这里的析城是指位于阳城县境内的一座山，传说商朝的成汤年间大旱，商王曾经到析城山祷雨。大禹治水也曾经过这座山，《尚书》的《禹贡》篇中记载了它的名字，所以说析城山

---

　　①延君寿：《樊南诗钞例言》。
　　②田铭：《午亭山庄》。

是一座名山，人们常把它作为阳城的代称。"相公"就是"宰相"。这一句是说阳城县的山川灵秀孕育了宰相陈廷敬这样的先贤。第三句"文章勋业分明在"："文章"是指陈廷敬为后人留下的著述，"勋业"是指陈廷敬为国家所作出的贡献和创立的功业，这些都赫然在目，大家都能看到。第四句提出疑问："县乘如何不入编？"县乘就是县志，是指清乾隆年间编写的《阳城县志》。"县志为什么不把陈廷敬的文章勋业编进去呢？"这是一个反问句，答案是肯定的。

所以，到清同治十三年（1874）编修《阳城县志》时，当地人便将陈廷敬及陈氏族人的事迹收入了志书，并对陈廷敬自系籍贯于泽州的事情作了这样的解释："虽文贞公自系于泽州，亦犹是朱子不忘新安祖籍之意。"①"文贞"是陈廷敬的谥号，"自系于泽州"是说陈廷敬把自己的籍贯定为泽州。这句话的言外之意是说，陈廷敬的籍贯本应该是阳城，而不应该是泽州，是他自己出于某种原因把他的籍贯定为泽州的。那么陈廷敬这样做究竟是为什么？是出于什么样的原因呢？下一句话作了进一步的解释："亦犹是朱子不忘新安祖籍之意。"朱子是指南宋时期的大理学家朱熹。朱熹原籍江西婺源，他的父亲朱松曾任政和县尉，朱熹因而侨居建州，建州在福建省。因为他的原籍婺源在南朝梁、陈时期属新安郡，故其署款皆称新安。

从这里明显地可以看到，陈廷敬的情况和朱熹的情况并不相同。陈廷敬的故里是阳城，他的先人从泽州已经迁来二百多年，而他却仍然把自己的籍贯写成了泽州。朱熹本人是出生于婺源，

①同治版《阳城县志》卷18，《杂志》。

仅仅是一度侨居于建州，他的籍贯仍然是婺源。他在写诗作文时署款为新安，只是使用了婺源的古地名。如果说陈廷敬家在阳城，而把泽州说成是祖籍，尚且勉强可通。但婺源是朱熹的籍贯，新安只是婺源古来的名称，新安和婺源本来就是指同一地。朱熹籍贯始终是婺源，前后并没有发生变化，而把新安说成是朱熹的祖籍，那就根本说不通。由此可见，这种说法本来并不适合于朱熹，与陈廷敬也没有可比性，所以说这种解释是不正确的解释，不能成立。

再说，如果陈廷敬把自己籍贯写成泽州是表示他不忘自己祖籍的话，那么陈廷敬真正的祖籍是明代的河南彰德府临漳县。陈氏先祖是先由临漳县迁到泽州，不久就又迁到阳城的。因此陈廷敬如果真是不忘自己的祖籍，应该是不忘临漳县祖籍才对，不能把泽州当成自己的祖籍。

在清同治十三年（1874）之前，即清乾隆四十八年（1783）编修的《凤台县志》中，虽然收录了陈廷敬的传记，却说陈廷敬"世为郭峪里人"①。郭峪里分明是在阳城县，不在凤台县。既承认陈廷敬是郭峪里人，又把他收入《凤台县志》，这样做显然自相矛盾，存在一定问题。因此在九十九年之后，清光绪八年（1882）编修《凤台县续志》时，编者特地在志书中写了一段"人物纠误"，说："旧志列文贞于凤台，而书为郭峪里人。按凤台里中原无郭峪名目，非特自相矛盾，且使文贞公籍贯久而失实。谨录之，以备考核。"②《凤台县续志》的编者指出乾隆版

①乾隆版《凤台县志》卷8，《陈廷敬传》。

②光绪版《凤台县续志》卷3。

《凤台县志》记载的矛盾和错误之处，但并没有指出问题的症结所在，而以"谨录之，以备考核"不了了之。这说明当时《凤台县志》和《凤台县续志》的编者对于陈廷敬的籍贯问题也是不得要领。

从上面的情况看，清代中晚期，人们已经弄不清陈廷敬自系籍贯于泽州的真正原因，根本无法作出合理的解释。以至清乾隆年间编修《凤台县志》、同治年间编修《阳城县志》、光绪年间编修《凤台县续志》时，编者对陈廷敬的籍贯问题都无法作出正确的解释。直至今天，人们仍然不清楚陈氏从明宣德四年（1429）至清雍正年间大约三百年间寄籍于泽州的历史。

陈氏迁到阳城后虽然寄籍于泽州，但他们长期生活在阳城，其实是自视为阳城人的。陈廷敬在他所写的《故北直隶任县知县卢府君墓表》一文中说："樊川在阳城万山溪谷之间，余家焉。其南半里许，墟烟相接，林木交映，邑之所谓郭谷镇者也。"①同时陈廷敬在他所写的《太子太保兵部尚书总督江南江西谥清端于公传》中有这样一段话："陈廷敬曰：异时，吾阳城杨公继宗，天下称清白吏，所首指名者也。"②陈廷敬晚年在《午壁亭》一诗中写道："茫茫禹迹忆平成，午壁亭留汉代名。若问午亭归老处？析城山下是阳城。"③从陈廷敬自己的说法中，明确指出了三点：陈廷敬的家就在阳城县，他自认是阳城县人，阳城县是他的归老之地。所以我们说，陈氏家族虽然隶籍于泽州，但他们长期生活于阳城，他们自己也是把自己当阳城人看待的。

①《午亭文编》卷47。

②《午亭文编》卷41。

③《午亭山人第二集》卷2，《午壁亭》。

曲折发展

（一）

明崇祯四年（1631）四月十八日，陕西延绥东路副总兵曹文诏攻下了河曲县城。王嘉胤率领起义军南下，五月二十四日经岳阳（今安泽）到达屯留、长子，五月二十七日从高平、端氏进入阳城。六月初一，王嘉胤率众到达阳城城下，阳城知县杨镇原据城固守。因为曹文诏率官兵追杀，王嘉胤带领起义军从李邱、长湾等村进入阳城南山。六月初二日，王嘉胤饮酒大醉，被他的左丞相王国忠杀害，带着其首级投降了官军，向曹文诏请功。王嘉胤的右丞相王自用（号紫金梁）便联络马守应、闯王高迎祥、八大王张献忠、射塌天李万庆、满天星、破甲锥、独行狼、乱世王、混天王、显道神、混天猴、点灯子、九条龙、不沾泥等三十六家起义军首领，举行集会，起义军的首领共推王自用为盟主，组成了时合时分、协同作战的军事联盟。

起义军二十多万人在晋城地区活动之时，陈廷敬的祖父陈经济已于天启六年（1626）死去，其夫人范氏尚健在。陈廷敬的父辈兄弟三人是陈氏的第八世，老大陈昌言，是陈廷敬的伯父，生于明万历二十六年（1598），到崇祯四年（1631）是三十四岁；老二陈昌期，是陈廷敬的父亲，生于明万历三十六年（1608），此时二十四岁；老三陈昌齐，是陈廷敬的叔父，生于万历四十三年（1615），这时是十六岁。由于他们所居的中道庄"僻处隅曲，户不满百，离城稍远，无险可恃，无人足守"[①]，面临着这

---

①陈昌言：《河山楼记》。

种形势，他们兄弟三人急谋自保之法，于是他们决定修一座坚固的高楼。形势紧急，他们就在崇祯五年（1632）的正月动工修建。

楼占地只有三间房大小，长三丈四尺，宽二丈四尺，共修七层，高十丈余。最下面一层深入地下，掘有水井，备有碾磨，并有暗道与外面相通。三层以上才设窗户，但都有厚实坚硬的木板门可以随时关闭。楼的顶端筑有女墙，可以由家丁把守。居高临下，是一座易守难攻的防御建筑。整个工程共用石料三千块、砖三十万块，"为费颇奢"①。工匠的饮食等事都靠陈廷敬的祖母范氏料理，工地的备料、经营等事都靠陈昌期奔波，全家上下都在为此事忙碌，可谓"数月无有宁晷"②。

修楼的工程还在继续，到了这年七月，楼修到七层，砖工结束了，要开始立木上梁。按风俗，修房盖屋、立木上梁时都要选择吉日祭神，他们选择了七月十六为立木之日。可是到七月十五这一天，陈家忽然听说起义军已经来到了附近，这时楼尚未修成，"仅有门户，尚无棚板"③（没有盖顶），但事情紧急，消停不得。人们只好赶快准备石头弓箭，运了粮米、煤炭入楼，其他金银细软等物都来不及收拾。附近的百姓也都赶紧跑来进楼躲避，当时楼中所容纳的百姓有八百余人。这天傍晚，人们就紧闭楼门，严阵以待。

次日，就是七月十六日，这是择好的吉日，要在寅时开始祭神立木。可是在仓促之间，竟无祭品，陈家只好焚香拜祝，而后

①陈昌言：《河山楼记》。

②陈昌言：《河山楼记》。

③陈昌言：《河山楼记》。

立木。当立木的仪式结束后，已到了辰时，他们就看到起义军从东北方向而来，开始只有零星几人，只一小会功夫，就来了万余人，都穿着红衣服，看上去遍地赤色。陈昌言在楼上率领壮丁百余人坚守，当时天正下雨，楼上没有顶棚，大家都站立在雨中。楼中有八百多人，全由陈家供给饭食。陈昌期沿垛口到处巡视，陈昌齐管理着楼门的钥匙，防守很严密。起义军虽然人多势众，但那时是冷兵器的时代，这座高楼就显得坚不可摧。起义军不敢近前，又不甘心离开，就把这座高楼团团围困起来。

七月十七日，起义军仍不退去。陈昌期曰："贼势众矣，即固守，围久不解，楼中食尽人饥，终不可保。"[1]陈昌言曰："家去州七十里耳，得州救兵来，楼宜可保。"[2]陈昌期曰："自请间道告于州。"[3]陈昌言曰："此危道，奈何？"[4]陈昌期曰："苟得当活楼上下千人，且不使贼惊吾母，为益大矣。若坐毙于此，非计之得也。"[5]大家商量后，决定让陈昌期乘夜间出去，到泽州求援。到了夜晚，起义军火把照山，上下如昼。午夜时分，陈昌期就攀援着绳索下楼，准备到泽州求救。当陈昌期下楼之时，"忽腕力不胜"[6]，没有抓紧绳索，就摔了下去。这时，陈昌言在楼上心胆俱裂，悔恨无极，哭着说："以十丈楼坠地，万无得

---

①《午亭文编》卷43，《百鹤阡表》。
②陈廷敬：《皇清诰封光禄大夫正一品经筵讲官吏刑二部尚书都察院左都御史鱼山府君行状》。
③《午亭文编》卷43，《百鹤阡表》。
④《午亭文编》卷43，《百鹤阡表》。
⑤《午亭文编》卷43，《百鹤阡表》。
⑥陈昌言：《河山楼记》。

生之理。"①遍问楼中人，谁敢下楼相救。楼中人人畏惧，无人敢应。后来仆人李忠自告奋勇，曰："死生命也，救主义也，义在而死，命之正也，忠愿下楼。"②陈家立即赏银五两。李忠攀援着绳索下楼，用竹篓将昌期吊了上来。陈昌期当时昏迷不醒，陈昌言抱头痛哭，又不敢惊动老母亲。他一方面指挥御敌，一方面照料二弟。过了一日，陈昌期渐渐苏醒，四肢竟安然无恙，只是脸上微有血痕。

起义军围攻四昼夜，以为楼中无水，难以相持。在此之前，沁水县大兴里的柳氏，修了一座高楼，非常坚固。起义军来攻，攻不破，只好退去，后又听说楼中无水，复围三日。楼中人因饥渴无奈而被攻破。这时，陈昌期命人打起楼中井水，从楼的四围泼下去。起义军见楼中有水，觉得久困无益，只好在七月二十日解围而去。

陈氏的这一座楼一直到十一月，才全部竣工，后又安置了弓箭、枪、铳、火药、石头。在此期间，起义军曾连续来围攻四次，皆没有攻破，在楼中躲避的百姓前后达到一万余人次。楼成之后，陈昌言想为楼取名，想了好久，没有结果。在崇祯六年的八月初一夜晚，陈昌言梦见与仙人在楼上相会，他就恳请仙人为其楼题名。这位仙人在向周围环视之后，提笔写了"河山为囿"四个大字。陈昌言向仙人叩问，这个"囿"字是什么意思。仙人说："登斯楼而望河山，不宛宛一苑囿乎？"③陈昌言醒来之后，

---

①陈昌言：《河山楼记》。
②《午亭文编》卷43，《百鹤阡表》。
③陈昌言：《河山楼记》。

觉得很奇异，次日早起，登楼四望，看到周围的景象，果然不错，山环水绕，就是一个大园林，于是就把这座楼命为河山楼。

明崇祯五年九月，起义军攻泽州，城陷，朝野为之震动。明廷调集重兵在山西加紧围剿，总兵左良玉奉命援河南，复驻泽州，扼守晋豫咽喉。十月，起义军北进。十一月，起义军经沁水槐山到阳城，阳城知县杨镇原闭城严守。崇祯六年（1633）正月，起义军转战阳城，明参将芮琦等战死。七月，起义军攻破沁水城，杀沁水知县焦鳌。

起义军的势力不断壮大，陈氏家族的陈昌言"日夜图维，思保障于万全"①。虽然河山楼坚不可摧，足以独当一面，楼之内可容人千口之多，但粮食包裹不能多藏，牛马等牲畜也无处躲避。陈氏家族想到修一座楼已经很有成效，如果能修一座城堡肯定会更加安全可靠。况中道庄本来就不很大，所居住的又都是陈氏同宗之人，如果能共同修筑一个城堡自守应该不是难事。于是陈昌言就把族人集中起来，阐述他的想法，晓以同舟共济的道理，"期共筑一堡以图永利"②。但是陈氏族人各藏私心，人多嘴杂，众说纷纭，无法形成统一意见。陈昌言也无法强求，只好打算把自己这一家所居住的地方围起来修一座城堡。可是与他的居处所相邻的地基都是同宗族人的产业，"不肯相成"③，他只好恳请亲友帮助说合。破费了很多钱财，再以自己的产业相兑换，这样才勉强将相邻的房产地基谈妥。

---

①陈昌言：《斗筑居记》。

②陈昌言：《斗筑居记》。

③陈昌言：《斗筑居记》。

崇祯六年（1633）七月二十一日，陈氏动工筑堡，整整修了八个月，到次年的二月才竣工。这座城堡周围大约有百丈，高二丈，垛口二百，开西北两门，门均用铁皮包裹，门上修有城楼。铁门之外，设有粗大的木栅栏。一切闲人往来，都在栅栏外，不得擅自入内。南面虽设有门，而实填不开，以便日后修房屋运送木料。城堡东面的山最高，若敌人居高临下，不利于防守，所以在东城墙上，覆以橡瓦，使敌人的石头、箭不能从上空坠落，守卫的垛夫可以不受到威胁。城堡的东北角上，筑春秋阁，祀奉关圣帝君；东南角上，筑文昌阁，祀奉文昌帝君。关圣、文昌二神，一文一武，以保佑庇护。这项工程共花费白银一千余两。城堡修成之后，陈氏又训练了守城的家丁，添置了武器，备了火药，贮积了粮食、煤炭，万事俱备，没有更多的担忧了。陈昌言把这座城堡取名叫作"斗筑居"，并在城门上题了四个字"斗筑可居"。

（二）

陈氏三兄弟的陈昌言，字禹前，号道庄，一号泉山。他幼时聪明，"耻与凡儿伍"①，考中了秀才之后，进入州学读书，"试辄冠军"②，"沉若有大家名，籍甚于州庠"③。崇祯三年（1630）秋天，陈昌言参加乡试，考中了举人。崇祯四年（1631）起义军进入阳城，崇祯五年（1632）陈氏修建了河山楼，崇祯六年（1633）春陈氏开始修建斗筑居城。在修建斗筑居

①《陈氏家谱》。
②《陈氏家谱》。
③白胤谦：《东谷集》卷5，《清故儒林郎浙江道监察御史加一级泉山陈公墓志铭》。

城期间，陈昌言又赴京参加了崇祯七年（1634）春的会试和殿试，二月二十七日放了榜，陈昌言高中进士，这时他三十六岁。陈氏家族的第五代陈天佑曾于嘉靖二十三年（1544）中了进士，到第八世陈昌言中进士整整经过了九十年的时间。陈昌言是陈氏家族第二个进士，被授乐亭县知县。这年秋天，陈昌言就起程到乐亭县去上任。在任乐亭知县期间，陈昌言努力做一个好官、清官。在他的墓志铭中有这样的记载："在乐亭任上，庭无留牍，胥无容奸。"①"各台使者至，供张之具，悉自为储置，不费民间一钱。"②"会大水，城不浸者三版，公胼胝疏塞，民幸不鱼。"③陈廷敬也说："侍御公自为乐亭令，有廉名，性严峭，不能与时俯仰。有一介不取与之风，囊无私积。俸入之余，以公同爨。尝曰：'吾不以为家累也。'"④陈昌言在乐亭的政绩较好，经过考绩，被调到京城里任御史。他离任之后，乐亭的百姓还为他立了生祠。陈昌言在任御史期间曾被派出巡按山东。在巡按山东时，"值齐鲁绿林蜂起"⑤，他"严为战守具"⑥，并且于"一岁之

①白胤谦：《东谷集》卷5，《清故儒林郎浙江道监察御史加一级泉山陈公墓志铭》。

②白胤谦：《东谷集》卷5，《清故儒林郎浙江道监察御史加一级泉山陈公墓志铭》。

③白胤谦：《东谷集》卷5，《清故儒林郎浙江道监察御史加一级泉山陈公墓志铭》。

④《午亭文编》卷43，《百鹤阡表》。

⑤白胤谦：《东谷集》卷5，《清故儒林郎浙江道监察御史加一级泉山陈公墓志铭》。

⑥白胤谦：《东谷集》卷5，《清故儒林郎浙江道监察御史加一级泉山陈公墓志铭》。

中，封事不惮百十上，诸所纠墨吏裰懦弁，不避权贵，直声达于朝右"。①

陈昌言在任乐亭知县期间，他的三弟陈昌齐病逝了。陈昌齐，字大虞，"赋质清弱，性多颖悟。甫五岁，能识字读书"②，而且读书特别用功。他为人沉默寡言，厚重老成，明崇祯八年（1635）二十一岁时，与二兄陈昌期同时考中秀才。就在这一年冬天，他去到乐亭县陈昌言的官署内读书，与长兄陈昌言朝夕相处，探讨学业，"学日有进"③。可是到次年夏天，陈昌齐得了呕血之症，请医诊治，不见好转，初秋时渐重。他离开乐亭，扶病归家，二年之后病故。陈昌齐生于明万历四十三年（1615）五月，卒于崇祯十一年十二月，终年二十四岁。陈昌齐原配杨氏，润城上佛村杨实之女，崇祯六年（1633）病故，终年十九岁。继娶卫氏，章训村庠生卫圣言女，崇祯十三年（1640）病故，只比陈昌齐迟死十五个月，终年二十岁。陈昌齐无子女，后来以陈昌期之次子陈廷继为嗣。

陈氏三兄弟的老二陈昌期，因其兄昌言在外做官，他便在籍治家，奉养老母范氏。崇祯十五年（1642），陈昌期在斗筑居城外买了四十亩地，并写信告诉了陈昌言，陈昌言立即对这四十亩地作了安排。陈昌言说："余家中道庄四围皆山，地偏而僻，泉温而冽，颇占陵谷之胜。年来时事不淑，爰处实难，因创河山楼

①白胤谦：《东谷集》卷5，《清故儒林郎浙江道监察御史加一级泉山陈公墓志铭》。
②陈昌言：《明泽庠生陈大虞配杨氏合葬墓志铭》。
③陈昌言：《明泽庠生陈大虞配杨氏合葬墓志铭》。

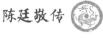

以御侮。再辟斗筑居，以同人草屋数椽，可待风雨。今于斗筑外，又买得闲田四十亩许，高下可因，堪理别墅。余意于居之北一区作稷事，终岁问农，为力本计；其南一区作止园，为书堂，引水通梁，栽花灌木，可以课读，可以陶情，老足矣。更兼东山之麓多隙地，可作鹿囿，植蔬果。周围筑之短墙，墙外遍植佳树，数年绿满阴稠，佳鸟欣托，杂鸣其间。主人于稼圃吟读之暇，坐卧其下，把酒听之，洵乐也！"①按陈昌言的计划，要在斗筑居城外修建一座别墅。别墅北面的土地用来种庄稼，南面可以修建止园、书堂，作为自己将来养老读书的地方。

这样计划之后，陈昌期按照大哥的吩咐，立刻动工在斗筑居前修建了别墅。这个别墅就是后来的大学士第，即陈廷敬的相府。相府正门有"大学士第"立匾，背后是"冢宰第"横匾。据当代陈氏后裔回忆，相府正门之上原来还有二匾，一为"大司徒府"，一为"总宪府"，已毁，不复得见。从这里明显地看到，这座府第的门匾是根据主人陈廷敬的官职变化而逐步加上去的。康熙二十三年（1684），陈廷敬升为都察院左都御史，因为都察院在古代称为宪台，都察院的最高长官左都御史别称为总宪，所以那时这座府第悬挂"总宪府"匾；康熙二十六年（1687）二月，陈廷敬调任户部尚书，因户部尚书的别称为大司徒，故那时这座府第悬挂"大司徒府"匾；同年九月，陈廷敬调任吏部尚书，因吏部尚书的别称为冢宰，故那时这座府第悬挂"冢宰第"匾；康熙四十二年（1703）四月，陈廷敬拜文渊阁大学士，故这座府第悬挂"大学士第"匾。以此推论，康熙二十三年陈廷敬任左都御

---

① 陈昌言：《家弟书至诗序》。

史之前，还做过国子监司业、詹事府詹事、翰林院掌院学士、礼部侍郎、吏部侍郎等官，这座府第都应该悬挂相应的门匾。陈廷敬每次升迁之后，随之更换门匾，或者略加修葺，府第的名称也随之更换，以前的门匾就被取代了。

陈昌期在修建别墅之时，并没有修建止园、书堂，是因为陈昌言还不到辞官养老的年龄，更主要的原因是时局动荡。陈昌言曾说："年来时事不淑，爰处实难。"[1]当时是明崇祯十五年，大明朝廷已经是风雨飘摇，日薄西山，濒于崩溃之际。农民起义军已成燎原之势，力量更加强大，威胁着明王朝的江山社稷。关外铁骑虎视眈眈，曾多次入关蹂躏，势不可挡。陈昌言在乐亭做官时，亲眼目睹了清军骑兵蹂躏关内的惨况。那是明崇祯十一年（1638），清军入关，铁骑强悍无比，所向披靡，前后破畿辅州县四十三座，山东州县十八座，掳掠人口四十六万余人，直到次年三月才出青山口而去。陈昌言的三弟陈昌齐于明崇祯十一年（1638）的腊月死去，当陈昌言得到消息时，正赶上清兵内犯，道路阻隔，无法返家。他说："计闻讣日，亡弟已盖棺五旬余，因奴酋内犯，道里为梗耳。"[2]

基于当时形势，战乱随时可能发生，所以在崇祯十五年（1642）陈氏在修建别墅的同时，又把斗筑居城向西进行了扩展，修成了中道庄城。中道庄城仍然是非常坚固的防御性城堡式建筑，共有四门，中道庄门是正门，另外还有南门、北门和西偏门。陈昌言于这年也回到了家中，主持修建陈氏别墅和中道庄城

---

[1]陈昌言：《家弟书至诗序》。
[2]陈昌言：《明泽庠生陈大虞配杨氏合葬墓志铭》。

的工程，并在城堡正门的石匾处题写了"中道庄"三个大字，上款为"崇祯壬午孟春"，下款为"道庄主人建"。崇祯壬午是明崇祯十五年（1642），道庄主人是陈昌言的别号。

到次年即崇祯十六年（1643）的夏天，工程竣工后，陈昌言才辞家返任，他在途中写诗寄给二弟昌期，其中有这样两句："风雨征途空碌碌，兵戈王事正皇皇。"①这句诗正说明当时动荡混乱的国内形势，十分令封建士大夫担忧。

（三）

明崇祯十七年（1644）三月十九日，大顺军攻克北京，明朝崇祯皇帝朱由检自缢身死，标志着明朝的覆亡。四月二十二日，吴三桂勾引清兵入关，由于兵力悬殊，大顺军大败，于四月底退出北京。李自成率军经山西进入陕西。就在李自成退出北京之时，明朝的大批官员也趁此机会逃出京城，估计陈昌言就是在此时逃回阳城县中道庄的。陈昌言回到中道庄之后写了一首诗《蛰居》，诗前的小序写道："有屋一间，尽可容膝。甲申避乱其间，因名。"②他的诗是这样的：

大厦虽非一木支，苟全乱世欲何为？
忧将天问凭谁解，惭对青山转自疑。
半榻奇书消寂寞，一杯元酒了愚痴。
愁多潦倒无新句，且向残灯改旧诗。③

①陈昌言：《癸未季夏发家园越二日立秋寄大来弟》。
②陈昌言：《蛰居诗序》。
③陈昌言：《蛰居》。

这首诗的前四句写出了自己当时矛盾复杂的思想和心情，后四句写自己以看书、饮酒、写诗来消磨时光，排解愁思。

由于清廷对前明的官员大加笼络，只要是在明朝做过官的，都按原官起用。因此陈昌言归降了清朝，官复原职。清顺治二年（1645），清朝的军队攻克了南京，清廷设置江南省，辖今江苏、安徽及江北等地，陈昌言就被任命为提督江南学政。

（四）

清顺治五年（1648），清朝内部出现明朝降将大反正的局面，原明朝总兵姜瓖反正于山西大同。大同之后，山西各地闻风响应。阳城人张斗光本来于麻娄山"据险筑寨"①，聚众抗清，姜瓖反正后即率军攻打泽州。潞安（长治）义军统帅胡国鼎命陈杜、乔炳、许守信前来支援，声势十分浩大。张斗光攻下泽州城，以泽州为根据地，接着进军陵川，围攻陵川县城。清朝陵川知县李向禹见城不保，又无退路，知道难免一死。其妻王氏无奈，便与二女在后堂自缢。李向禹拼死抵抗，城破被杀。张斗光又出兵攻沁水县城，沁水知县刘昌（隆平人）抵敌不住，便暗中安排妻儿子女带着金银细软出城，潜回老家。自己声称到河东去求救兵来守城，实际他出城后便仓皇逃窜，沁水城破。晋东南的潞安府、泽州、沁水全部易帜，为义军所占领。

顺治六年（1649）八月，大同城破，姜瓖被杀。然后朔州、浑源相继被攻破，清军大肆屠戮，人民不存。张斗光听到大同失守的消息，并不气馁，继续坚持抗清斗争。他在泽州各县设置官

---

①同治版《阳城县志》卷18，《兵祥》。

吏，建立政权，深受百姓拥护，青壮年纷纷参加他的抗清队伍。张斗光看到在这次抗清斗争中，山西好多前明官员和地方绅士都纷纷起兵抗清，于是他也想得到地方绅士的支持。因为中道庄的陈昌期是当时晋城一带最有名望的乡绅，他便决定请陈昌期共谋抗清大事。于是张斗光写了一封措词恳切的书信，派员带着厚礼去见陈昌期，请陈昌期前来共事。张斗光的使者来到陈昌期家，送上金帛礼品，说明来意。陈昌期撕碎了张斗光的书信，拒收礼物，怒骂曰："贼奴死在旦夕耳，敢胁我耶！"①张斗光的使者无奈，只好回泽州复命。张斗光得知陈昌期不愿合作，而且出言不逊，十分愤怒，便率军数千人于薄暮时分来到中道庄，将城堡团团围住，云梯、大炮、火器诸物，无不具备。

陈昌期立即集中家丁，指挥家丁迅速收拾武器，准备守城，并且和他们说："受恩本朝，为臣子，誓不陷身于贼。贼反覆倡乱，此特贷命漏刻耳！吾已度外置妻子，若汝曹不协力坚守，一旦为贼所污，异时王师至，无噍类矣。"②陈昌期的妻子张氏哭着告昌期说："吾必不辱君，堡破请先死，君其勉之！"③当时张氏刚生下第三女，犹在产蓐中，她说："此非安寝之时！"④于是立刻起床准备粮食饭菜，辅佐陈昌期守城，终夜未尝解衣休息。

陈廷敬这时已经十二岁，随父陈昌期登城瞭望。张斗光先礼

①陈廷敬：《皇清诰封光禄大夫正一品经筵讲官吏刑二部尚书都察院左都御史鱼山府君行状》。

②陈廷敬：《母淑人行状》。

③陈廷敬：《母淑人行状》。

④陈廷敬：《母淑人行状》。

后兵，又写一封书信，言辞更为诚恳，晓以抗清复明之大义，以箭系书，射于城上。陈昌期接到张斗光射上来的书信，目不正视，撕成碎片，说："以身死忠，永无二念。"①张斗光看到中道庄城堡坚固，预料难以攻下，便向陈昌期索取金银财帛，以充军饷。陈昌期说："为大清守一块土，金帛以劳守者，何贿贼为？"②张斗光见陈昌期态度坚决，再无回旋的余地，便下令攻城，攻势异常猛烈。陈昌期以重金赏赐守城壮丁，顽强抵抗，炮火矢石齐发。张斗光攻城数日，城即将破。陈昌期见情势危急，异常恐慌，左思右想，无计可施。正在此万分危急之时，张斗光军忽然全军撤去。

原来清军攻破大同、朔州之后，逐渐平定了晋北，又率领大军南下。十月初四日，清军用红衣大炮攻破太谷县城；初十日占领沁州城，接着又攻克潞安（今长治市）。驻守泽州的陈杜得到消息，忙派人告知张斗光。张斗光闻讯，急率军回救泽州。

十一月，清将博洛率领镇国公韩岱、固山额真石廷柱、左梦庚等部在泽州击败反清义师，义军部陈杜、监军道何守忠、守将张斗光等被擒杀。

陈昌言、陈昌期兄弟和陈氏家族在经过了鼎革之际的抉择和反清怒潮的冲击之后，官绅地位得到了巩固，并且为陈氏家族的进一步发展创造了条件。

---

①陈廷敬：《皇清诰封光禄大夫正一品经筵讲官吏刑二部尚书都察院左都御史鱼山府君行状》。

②陈廷敬：《皇清诰封光禄大夫正一品经筵讲官吏刑二部尚书都察院左都御史鱼山府君行状》。

（五）

陈昌言在担任江南学政期间，"绝苞苴，杜请托，风教丕振畴昔"[1]，并且选拔了一批优秀人才，"士类翕然宗之"[2]，在朝野很有一些声望。他在外做官期间，"俸入之余悉委昌期经纪，不以一毫入私橐"[3]，其弟"昌期亦殚心父事之"[4]。早在明崇祯十五年（1642）陈氏家族修建中道庄城堡之时，陈昌言就有修建止园、书堂的计划，由于时事动荡，未能实现。修建止园、书堂是陈昌言所主张的，其目的是为了让他有一个课读、陶情的娱老之地。陈昌期为了满足其兄长的愿望，"尝综厥余财，即其居壤缔室，栋宇壮巨，园林华蔚，器物僮指充备其中，欲待公为菟裘"[5]。这里所说的园林、泉石、栋宇，便是止园和书堂。清顺治十年（1653）夏，陈昌言予假省亲，回到家中，正是止园落成之日，他写了一首赞美止园的诗：

随地聊成趣，依山近水滨。

凿池生荇藻，叠石象嶙峋。

楼建元龙志，园修董子邻。

竹林书屋邃，花坞药栏新。

塞门蠲尘虑，交游尽古人。

---

①白胤谦：《东谷集》卷5，《浙江道御史泉山陈公墓志铭》。
②白胤谦：《东谷集》卷5，《浙江道御史泉山陈公墓志铭》。
③白胤谦：《东谷集》卷5，《浙江道御史泉山陈公墓志铭》。
④白胤谦：《东谷集》卷5，《浙江道御史泉山陈公墓志铭》。
⑤白胤谦：《东谷集》卷5，《浙江道御史泉山陈公墓志铭》。

天渊时共映，鱼鸟日相亲。

蜡屐寻樵路，青蓑理钓纶。

狂歌邀月盏，滥醉落风巾。

自可称园叟，何妨作酒民。

心闲身似客，榻静主如宾。

且得如三径，何须别问津！[1]

清乾嘉年间的郭峪里人窦家善（字积之），曾写诗歌咏止园的景观，从中可见止园风貌之一斑。其诗曰：

影翠廊

高人无俗怀，修竹同一静。

影乱青凤凰，虚廊忘睡醒。

借景楼

隔圃万花妍，卷篇香入座。

莫任飞鸟喧，先生正高卧。

绿玉屏风

孔雀夸唐代，琉璃属汉宫。

名园开绿野，又见玉屏风。

---

①陈昌言：《止园落成即景》。

石楠坞

溽暑何曾到，人缘花坞过。

莫嫌红落尽，为尔子偏多。

二乡深处

伏枕无俗萦，衔杯有真趣。

不图身后名，但愿此中住。

莲　塘

种莲引渠水，叠石方为塘。

莫教采莲人，惊起双鸳鸯。

浣花第二泉

汩汩浣花泉，水曲花回渡。

欲问春浅深，水流不知数。

韭　畦

老圃尽秋色，微微夕照低。

韭花初破蕊，香扑涧东西。[1]

在止园中有一景观名为飞鱼阁，又称石壁飞鱼。同治版《阳城县志》载："陈侍御昌言记云：'崇祯庚午春，有道人铜冠束发，来坐山庵，数日不食，人争往视之。予弟大来饭之，询以

_____

[1]窦家善：《止园八咏为陈明轩先生作》。

故，亦不语，但云：此山乃鱼山也，鳞角已就，势欲飞腾，当即出贵人矣。'"①同治版《阳城县志》是引自陈廷敬的伯父陈昌言所写的碑记，但陈昌言的原碑已佚，现在只能看到《阳城县志》的引文。这段话所记载的就是石壁飞鱼的故事。陈氏要实现读书做官的理想，要追求功名富贵。这个故事中的道人说此地要出贵人，正好迎合了陈氏家族的意愿。所以陈昌期就把这座东山改名为鱼山，并在山石上建了飞鱼阁，在石壁上刻了飞鱼的形状，并且自取"鱼山"为号。清乾隆年间的文学家临汾人徐昆，字后山，号柳崖居士，曾在阳城县任教谕，他在《柳崖外编》中也记载了石壁飞鱼的故事："陈翁昌期，相国文贞公父也，居阳城郭峪村。有游方羽客至，周览峪口曰：'异哉此山！有石鱼二，宜创亭镇之，勿令飞去，子孙必大贵。'言讫而别，翁未信。一日，大雷雨，烟雾闪烁中见有振鳞而飞者，不知石为鱼而鱼为石也。惊愕间，道士适至，曰：'不听吾言，已失其一。若再飞焉，山灵尽矣。'遂不见。翁因就雷雨处镇以阁，颜曰'飞鱼'，以祀孔子。后生文贞公，果大拜。今人名其山曰鱼山，且传道士临去时，石上多书'口'字云。"②石壁飞鱼的故事经过了民间的加工和润色，到徐昆的笔下，就变得更加富于传奇性，更加富于文学色彩了。这里说道士临去时，石上多书"口"字，言外之意是说这个道士就是吕洞宾的化身，因为吕字是两个口字组成的。

止园的景致是让陈昌言欣赏和陶醉的，他"履丰养豫，依依

①同治版《阳城县志》卷18，《杂志》。
②徐昆：《柳崖外编》。

泉石间，颇有人世富贵欢适之乐"①，自此绝意宦途，以此终老，但他"素耽曲蘖，自谓得全于酒，亦坐是内伤，衰形早见"②。他于清顺治十年（1653）夏，因其母范氏尚在堂，请假归省。十一年假满，引疾展期，十二年十月十八日卒于家，终年五十八岁。陈昌言擅作诗文，著有《东溟草》、《燕邸草》、《道中草》、《东巡草》、《南校草》、《山居草》、《斗筑居集》。元配王氏，白巷庠生王升俊女，赠安人；继配栗氏，润城栗得义女；李氏，白巷李宗范女，俱封安人。子一，陈元。女二：长适郭峪镇广西宣山县县丞张元声子浙江仁和县县丞尔谋；次适下佛庠生刘天章子庠生振坤。

陈昌言在临终之前，作了《斗筑居铭》，以告诫子孙创业不易，守成更难，让子孙后代和睦相处，牢记祖训，时时小心，防水防火，维护城堡，保全家业。其铭曰："斗筑拮据，二十余年。创之不易，守须万全。阴雨叵测，侮余眈眈。牖户绸缪，日夕谨焉。徙薪曲突，明烛几先。勿谓一星，势成燎原。疏渠补漏，夏秋更专。勿谓一隙，蚁穴滔天。曝晒蔬果，登屋相沿。最损瓦舍，切戒勿然。僻兹一隅，水绕山环。鹪鹩一枝，茅屋数椽。风雨可恃，俯仰托全。修齐敦睦，追本溯源。和气致祥，家室绵延。世守而勿替，惟我子孙之贤。"③又跋曰："余家自明宣德四年移往中道庄，盖二百一十五年。赖上世先人多贤而显达，

---

①白胤谦：《东谷集》卷5，《清故儒林郎浙江道监察御史加一级泉山陈公墓志铭》。

②白胤谦：《东谷集》卷5，《清故儒林郎浙江道监察御史加一级泉山陈公墓志铭》。

③陈昌言：《斗筑居铭》。

故能绵长至此。余作《斗筑居铭》，凡百有三十一字，虽简朴不文，实保家至理。启佑我后人，深思远虑，触目警心，庶几与中道之河山并永云。"[1]

清顺治十四年（1657），陈廷敬考中举人，陈氏在中道庄城内修建了功名牌坊。

牌坊题字为：

陕西汉中府西乡县尉陈秀。

直隶大名府滑县尉赠户部主事陈珏。

中顺大夫陕西按察副使陈天佑。

河南开封府荥泽县教谕陈三晋。

赠儒林郎浙江道监察御史陈经济。

儒林郎浙江道监察御史陈昌言。

坊阴题字为：

嘉靖甲辰科进士陈天佑。

万历恩选贡士陈三晋。

崇祯甲戌科进士陈昌言。

顺治辛卯科经魁陈元。

顺治甲午科恩选贡士陈昌期。

顺治丁酉科举人陈敬。

这座牌坊是陈氏家族科举与仕宦兴旺发达的标志，自此陈氏家族便逐步走向了科甲鼎盛、簪缨满门的佳境。

———————

[1]陈昌言：《斗筑居铭跋语》。

空前兴盛

（一）

清朝定鼎中原，陈氏家族一跃成为新朝的显贵，乡绅地位得到了进一步巩固与提高。康熙年间，随着陈廷敬仕途的一帆风顺，陈氏家族也开始进入空前兴盛的时期。

陈昌期，字大来，号鱼山。他先娶了白巷里的乡饮宾李氏之女，但早卒。其母范氏为儿择配，里人争传沁水县的张家有贤女，即聘为儿媳，即陈廷敬生母。张氏世居沁水窦庄。高祖镗，岁贡生，官瑞金王府教授。曾祖知本，赠礼部员外郎。祖之屏，明万历甲戌（1574）科进士，累官至陕西商洛道左参政。父洪翼，字万涵，万历癸卯（1603）科举人，署朝邑县教谕，官至广平府威县知县。母王孺人，明吏部尚书王国光孙女。张洪翼壮年无子，见此女少聪颖，异于常儿，十分钟爱，就亲授《四书》、《通鉴》及《列女传》诸书。张氏无不熟背，且能通晓大义，并工笔札，"如经生然"[1]。其母王氏善治家，事亲戚、乡邻皆以礼，对下人宽严得中；对女儿日夜训诫，纤细而有法度，女儿亦善承母意。

张氏嫁至陈家，陈昌言之妻李氏善病，陈昌齐夫妇早夭，婆母范氏寡居在堂，张氏晨夕侍于侧，一切烹饪缝纫诸琐屑事，皆亲自动手。范氏老而长斋，喜洁清，非张氏所做食物则不甘味，每叹息说："微此贤新妇，何以娱我老人？"[2]张氏多子女累，又

---

[1]《午亭文编》卷43，《百鹤阡表》。

[2]陈廷敬：《母淑人行状》。

性好劳作，每分娩后三日即起，操持家政，供养婆母范氏。

陈昌期为人方严，虽于盛夏酷暑，必衣冠端坐，张氏亦言笑不苟，相对甚庄，反复谈论者，皆前古忠孝义烈之行。张氏知书，"凡治家悉遵礼法，绝不信鬼神祷禳之事，尼师巫姥尤禁往来"[①]。家政稍有余暇，即取出书籍，凭几诵读，夜深方寝，"经生好学者"[②]也不过如此。陈廷敬幼时，尚未就师，张氏口授《四书》、《诗经》诸书，以致精熟。陈昌期对于陈廷敬和其兄之子陈元督教甚严，常曰："学者攻应举文字，恒视读书立品为二事。吾所以教汝曹者，以读圣贤书，当实存诸心而见之行事。凡读书令往复涵泳其中，身体力行以变化气质为先。"[③]

陈廷敬进入仕途，陈昌期夫妇经常告诫他不能有贪心。康熙元年（1662），陈廷敬归省，其父陈昌期了解了他为官的情况，说："汝清品正尔难得！"[④]康熙四年（1665），陈廷敬还京赴任之时，母亲张氏为他治理行装，告诉他说："汝往哉！吾为汝娶妇嫁女，治装具给资斧焉，慎毋爱官家一钱。"[⑤]此后其父每有书至，张氏亦必附手书，以勤谨居官为勉，大略曰："吾儿已致身，所宜忘家为国。吾两人犹壮盛，万勿以为念。"[⑥]廷敬居官兢兢自守，得张氏教诲为多。陈廷敬每想到父母的教诲，辄往往失声痛哭。晚年，他检点自己一生，清廉自守，果不负父母期望，

---

①陈廷敬：《母淑人行状》。

②《午亭文编》卷43，《百鹤阡表》。

③《午亭文编》卷43，《百鹤阡表》。

④《午亭归去集》卷2，《绝句十首》自注。

⑤《午亭文编》卷46，《封萧母程孺人合祔墓志铭》。

⑥陈廷敬：《母淑人行状》。

写诗道："不负当年过庭语，先公曾许是清官。"①

张氏生于明万历四十八年（1620）七月十九日，卒于清康熙十七年（1678）十月二十九日，终年五十九岁，以廷敬贵封淑人，赠一品夫人。大学士李霨、编修汪琬、学士叶方蔼为志传表行于世。

陈昌期守祖宗遗产，治家谨严，勤俭节用，常以钱粮周济族人和乡党，每逢饥年，必出家谷救灾，乡人皆感其恩德。魏象枢曾赋诗《陈太翁出家谷赈饥乡里德之赋呈说岩先生》曰：

古道何能遘？高风尚在今。

痌瘝原素念，桑梓况关心。

尽饱仁人粟，争传义士吟。

贞珉书不朽，遍满太行阴。②

清康熙二十七年（1688），陈昌期"尽弃先世所积粟累数十万石"③以与乡人，"所全活者不可胜计"④，又焚券"计捐金钱数十万"⑤。乡人怀德感义，共同请求官府，奏请朝廷旌表。昌期闻而止之曰："何可乃尔？"⑥但众意不可挽回，山西巡抚咨文

①《午亭归去集》卷2，《绝句十首》。
②魏象枢：《寒松堂全集》卷7。
③陈廷敬：《惠民祠碑记》。
④王熙：《王文靖公集》卷17，《泽州陈太公蠲逋惠民碑》。
⑤王熙：《王文靖公集》卷17，《泽州陈太公蠲逋惠民碑》。
⑥陈廷敬：《皇清诰封光禄大夫正一品经筵讲官吏刑二部尚书都察院左都御史鱼山府君行状》。

上达礼部。昌期大惊，派人七昼夜驰往京师，命陈廷敬速阻止此事。陈廷敬遵父命具牒于礼部，礼部大人曰："成长者志。"①方停止上奏。京城中能为诗古文者，纷纷吟诗作文歌咏此事，以为可以"劝善而励世"②，其诗文集为一卷，名曰《惠民录》。乡人"为立石通衢接数十里"③，达三十多处，以颂其德。

昌期积仁累义，乐善不倦。清康熙三十一年七月，陈昌期病重，于诞辰十二日，"出所有家资，易米数百斛"④，周济邻里。康熙二十七年陈昌期捐谷后，其诸子家中已贫，"或无以为食"⑤，而陈昌期"怡然不以屑意"⑥，此时又尽其资济人。试问天下有倾其家财以济人者的吗？其所作所为实为古今难能之举。士民"合辞请建生祠祠公"⑦，陈昌期不许。康熙三十一年十月，陈昌期已逝世，陈廷敬与诸兄弟为了永记陈昌期乐善好施的义举，决定为他建祠，曰："祠之建不可以累吾乡之人，公志不可违也。我曹建祠以祠公，于义无害。"⑧于是在陈氏所居东山之麓建惠民祠，予以纪念。

---

①陈廷敬：《皇清诰封光禄大夫正一品经筵讲官吏刑二部尚书都察院左都御史鱼山府君行状》。

②陈廷敬：《皇清诰封光禄大夫正一品经筵讲官吏刑二部尚书都察院左都御史鱼山府君行状》。

③同治版《阳城县志》卷11，《陈昌期传》。

④陈廷敬：《皇清诰封光禄大夫正一品经筵讲官吏刑二部尚书都察院左都御史鱼山府君行状》。

⑤《午亭文编》卷43，《百鹤阡表》。

⑥《午亭文编》卷43，《百鹤阡表》。

⑦陈廷敬：《惠民祠碑记》。

⑧陈廷敬：《惠民祠碑记》。

陈昌期尝命陈廷敬编修《陈氏家谱》，并言之曰："我陈氏谱牒散亡，今则不敢妄有所祖，微信近代焉可也。昔狄枢密为有宋功臣，有梁公之后，持公图像告身，诣青献之，以为青之远祖。青谢曰：'一时遭际，安敢自附梁公？'人以为名言。五季郭崇韬哭于汾阳之庙，识者于今哂之。谱亦何可易言，谱亦何可妄言也！"[1]他告诫陈廷敬不必妄攀名人为先祖，反映了他不尚浮华、求真务实的思想。陈廷敬曰："今吾重修族谱之顷，不敢妄为指引，所以遵家法也。"[2]

昌期为顺治十一年甲午科（1654）拔贡，以子廷敬贵诰封光禄大夫、吏刑二部尚书。明万历三十六年（1608）七月十二日生，清康熙三十一年（1692）十月二十五日卒，终年八十五岁。娶白巷乡饮宾李氏女，早卒。继沁水县进士商洛道张之屏孙女、直隶威县知县张洪翼女，赠一品夫人。副室：王氏；程氏，赠安人，留善程希孟女；潘氏。子八：廷敬、廷苪、廷愫、廷统、廷弼、廷翰，张氏出；廷继、廷宸，副室程氏出。女五：长适庠生卢启茂，亦程氏出；次适太学生候选州同知秦光先；次适太学生王仁堂；次适官生候选州同知张中骥；次适太学生候选县丞杨健。

（二）

在明崇祯五年四月陈家修建河山楼之时，陈昌言得一子，取名陈元，乳名叫兴第，为振兴门第之意。崇祯十一年（1638）十一月二十七日，陈昌期得一子，取名陈敬，陈敬后来改名为陈廷敬。陈元和陈廷敬是陈家的第九世。清顺治十五年（1658），陈

---

①陈廷敬：《陈氏家谱谱言》。

②陈廷敬：《陈氏家谱谱言》。

廷敬考取进士，入选翰林院庶吉士，成为陈氏家族的第三位进士、第一位翰林。因为陈廷敬的伯父陈昌言于清顺治十二年（1655）十月逝世，其子陈元遵制守孝，未能参加顺治十五年（1658）举行的会试。顺治十六年（1659），朝廷"以云、贵荡平，命令秋举会试"[①]，陈元即考取进士，入选翰林院清书庶吉士，成为陈氏家族的第四位进士、第二位翰林。

陈元，字长公，号澹庵，一号端坪，陈昌言之子，行一。崇祯五年（1632）四月二十七日生，康熙元年（1662）卒，终年三十一岁。他赋性诚敏，少受业于叔父陈昌期，教以立品为先，次及制艺。顺治八年辛卯科（1651）举人，顺治十六年己亥科（1659）进士，选翰林院清书庶吉士。他"博览古人传记，奇诡之文，目不再涉而谈论娓娓；下笔如风起泉涌，千万言顷刻立就"[②]，不喜言利，与人争，一以道义为准，苟且附会之事决不为。陈廷敬"以文章名海内，得于元教居多"[③]。顺治十六年（1659）九月二十八日，陈昌期之母范氏卒，陈元以长孙"乞请奔还承重"[④]，守制期间，患病而逝。陈元娶本镇进士历官保定巡抚张鹏云孙女、广西宜山县县丞元声女，副室张氏。

陈元早逝，年仅三十一岁，无子嗣，以陈昌期第六子陈廷统之次子陈复刚为嗣。陈昌期的三弟陈昌齐早逝无子，曾以陈昌期之次子陈廷继为嗣。自此，陈昌期兄弟三支人，其余二支皆绝，

①《清史稿·世祖本纪》。
②同治版《阳城县志》卷11，《陈元传》。
③同治版《阳城县志》卷11，《陈元传》。
④白胤谦：《东谷续集》卷12，《赠御史陈公暨封太安人范氏墓志铭》。

只剩陈昌期一支。不过陈昌期子嗣旺盛，共生八子，依次为廷敬、廷继、廷苪、廷愫、廷宷、廷统、廷弼、廷翰。昆季八人除陈廷敬外，只有陈廷翰一人考中举人，廷继、廷愫、廷宷、廷统、廷弼皆为贡生，廷苪为廪生。廷苪、廷翰俱早逝，其余皆入仕。比陈廷敬稍后，雍正年间任文华殿大学士兼吏部尚书的阳城人田从典曾经说，陈廷敬"同怀诸弟，皆能奋起于功名，大至监司，小亦不下州县之宰，家门煊赫，事业彪炳。呜呼，可谓盛矣"①！陈廷敬诸弟生平仕宦及诗文著作情况如下。

陈廷继，字孝章，号绵斋，陈廷敬之弟，行三。清顺治元年（1644）五月初四日生，康熙二十八年（1689）五月十六日卒，终年四十六岁。清康熙壬子（1672）拔贡，授永宁州学正，升国子监学录，候补行人司司副。平生"以培养人材为己任"②。为人"谦谨公正，颇受乡人敬重"③，性耿直，朴实无华，笃于孝。念其父春秋高，诸兄弟服官于外，乃"拂袖归养"④，家居侍父，问安视膳，不忍暂离。"奉亲则定省勤劬，任事则条分缕析。屏于纷华，绝无纨绔之习。间出课耕，则布袍驽乘，一苍头控之。行道上，遇者不知为贵公子也。"⑤著有《绵斋诗稿》、《世德堂遗稿》。元配郭氏，敕赠孺人，马村乡饮宾郭九龄女。继

---

①田从典：《皇清敕赠征士郎行人司司副孝章陈公暨配郭张万孺人之墓表》。

②光绪版《山西通志》卷150，《仕实录六·陈廷继传》。

③同治版《阳城县志》卷11，《陈廷继传》。

④田从典：《皇清敕赠征士郎行人司司副孝章陈公暨配郭张万孺人之墓表》。

⑤《陈氏家谱》。

张氏，敕赠孺人，本镇福建光泽县知县张彭女。副室万氏，敕封孺人。子一：咸受，万孺人出。女一：适窦庄明进士巡按辽东谥忠烈公张铨曾孙庠生传煜。

陈廷茋，字逊斯，一字荀四，行四，州廪生。清顺治元年（1644）十二月二十一日生，康熙三年（1664）八月十九日卒，终年二十一岁。娶张氏，郭峪广西宜山县县丞张庄卢女。继关氏，长畛庠生关太和女。抚养嗣子升阶。

陈廷愫，字素心，号梅庄，一号梅嵁，行五。清顺治五年（1648）二月十九日生，康熙五十七年（1718）二月十七日卒，终年七十一岁。清康熙间恩贡。生而颖异，为人孝友，"有济物才，处家庭间恩义皆尽，凡抚孤济急赈荒，莫不引为己任"①。州内征收羊绒、狐皮，"久为行户累，力白上官，革其弊"②。出私粟，创办朱子社仓，"后遇歉，岁竟赖以济"③。补府同知，改授武安县知县。武安每年办漕米，百姓负载运送至黄河的船上，颇费时日。廷愫令户房的胥吏带着银子到黄河岸边买米交付漕运，民便之。当地百姓健讼好斗，"多方化导，民风丕变"④。廷愫不贪一钱，深得民心，当地有"耿青天后陈青天"⑤的民谣。民感慕建祠，名为"一钱亭"。廷愫去职乡居，营建梅庄，颇具园亭之胜。昔人云："梅庄居午亭之西，碧槛朱栏，回廊复

①同治版《阳城县志》卷11，《陈廷愫传》。
②光绪版《山西通志》卷133，《乡贤录》。
③光绪版《山西通志》卷133，《乡贤录》。
④同治版《阳城县志》卷11，《陈廷愫传》。
⑤同治版《阳城县志》卷11，《陈廷愫传》。

阁，掩映茂林修竹之间，朝烟暮霭，苍翠迷离，不啻蓬壶阆苑也。"①并有诗《梅庄烟树》赞曰：

> 飞泉遥引下前峰，卉木潜滋秀气浓。
> 杨柳盈门陶靖节，芙蓉拟句谢超宗。
> 楼台花卷朝霞敛，灯火早然暮霭重。
> 岚影溪光清入画，松关时有白云封。②

廷愫工钟繇、王羲之小楷。著有《南游草》、《归田诗录》、《梅嵋遗稿》。配李氏，敕赠孺人，阳城望川举人江西都昌县知县李芝女。继许氏，敕赠孺人，长畛许显猷女。继卢氏，敕封孺人，清平县籍迁居郭峪卢觉女。副室孙氏、梁氏、程氏、贾氏。子三：长贲懿，卢孺人出；次萃应，卢孺人出，嗣陈廷翰；次颐淑，孙氏出。女十：长适□□候选州同李□子候选州同□统，梁氏出；次适周村候选县丞范芮子庠生时萃，梁氏出；次适郭峪广东东莞县县丞韩可弘子煜，卢孺人出；次适小城庠生郭登杰子监生元，卢孺人出；次适小城贡生王国柱子监生道幌，卢孺人出；次适窦庄候选州同张传炯子心圻，程氏出；次适王子街候选州同樊之伦子监生烈，孙氏出；次适郭峪福建光泽县知县张彭子世禄，程氏出；次适郡城荫生张中骥子候选州同秉辂，孙氏出；次适郭壁平定州训导韩大惠子庠生予垛，孙氏出。

陈廷宬，字六箴，号西墅，行六。清顺治七年（1650）八月

---

①无名氏：《郭峪事迹》。
②无名氏：《郭峪事迹》。

初一日生，康熙四十九年（1710）九月十三日卒，终年六十一岁。清康熙年间岁贡。初任太原训导，修复学舍，督促生徒，知府将其事迹作为"二十七学所之典范"。继补平阳训导，调任广东钦州金判，历摄永安、西宁、新兴、和平诸县，"并有声"①。不久转湖广郧阳府通判。郧阳为"楚北重镇，艰于转饷"②，各个属县运粮饷要经过汉水到达长江，其间颇多险阻。陈廷宷请折价采买，"既省装运，又避江涛"③，军民称便。署理郧阳知府时，廷宷曾挖修渠道，浇灌民田三千余顷。兴国州有久悬不决之疑案，知州因之罢官，廷宷一次审讯，立即辨明。升为广东罗定州知州，百废俱兴，民颂其德。不久，其弟陈廷弼任参议，辖罗定州，廷宷循例引避，途经兴安时卒。廷宷长于诗，著有《梅庵遗稿》、《自怡草》、《信口吟》、《北上怡怡草》等。娶配王氏，敕封孺人，诰赠宜人，阳城白巷里明忠臣历官河南参政王征俊孙女、贡生王龙御女。继高氏，诰封宜人，沁水县历官陕西按察司金事高显光女。副室酒氏、张氏。子一：震远，酒氏出。女一：适郭峪浙江仁和县县丞张尔谋子监生扬。

陈廷统，字与可，号莘野，一号秋崖，行七。清顺治十一年（1654）二月十七日生，康熙五十六年（1717）十二月初五日卒，终年六十二岁。清康熙间岁贡，初授四川成都府通判，内转大理寺副，升刑部郎中，擢湖广辰沅靖道。当时地方叛乱，有众数万人，但是城中兵不满一千，"皆老稚不可用"④。而富户某

①光绪版《山西通志》卷150，《仕实录六·陈廷宷传》。
②光绪版《山西通志》卷150，《仕实录六·陈廷宷传》。
③同治版《阳城县志》卷11，《陈廷宷传》。
④同治版《阳城县志》卷11，《陈廷统传》。

甲与敌人暗通，约为内应。由于"事起仓卒，武士皆股栗不知所为"①。廷统从容指挥，喻以祸福，诛杀某甲，悬首城上。敌人见失去内应，乃退去。廷统率兵尾追，大败之。"师旋，市井宴然，若不知有兵革者"②。不久，改福建延建邵道。他"为政不务苛细，临大事有高识远略，所任在在称治"③。延平据入关上游，"素称繁剧"④，廷统"剔厘奸弊，宽恤人民"⑤，竟"以吏议去，士民叹颂，有攀援流涕者"⑥。旋因赞襄军务功补陕西神木道，未任归里。廷统壮年离开官场，纵情于烟霞诗酒之间，著有《握兰草》、《桑干集》、《镇箑边防末议》等。娶王氏，敕封恭人，小城诰封建昌知府王仁洽女。继于氏，副室王氏、申氏、余氏。子六：观颙、观化、观民、孚鹤、孚中。女三：长适武安武生关复汉；次适县城江苏松江府同知田子君祖，余氏出；次适二圣头□□□，张孺人出。

陈廷弼，字荀少，号厚斋，行八。清顺治十五年（1658）二月十四日生,康熙五十三年（1714）三月初三日卒，终年五十七岁。自幼天资聪明，受业于长兄陈廷敬，喜读《左传》、《史记》，作文"独出机杼"⑦。岁贡生，授任湖广临湘县知县。在任"清丈民田，积弊尽除"⑧。丁艰服阙，改澧州直隶州知州。澧州

①同治版《阳城县志》卷11，《陈廷统传》。
②光绪版《山西通志》卷150，《仕实录六·陈廷统传》。
③同治版《阳城县志》卷11，《陈廷统传》。
④同治版《阳城县志》卷11，《陈廷统传》。
⑤光绪版《山西通志》卷150，《仕实录六·陈廷统传》。
⑥同治版《阳城县志》卷11，《陈廷统传》。
⑦同治版《阳城县志》卷11，《陈廷弼传》。
⑧同治版《阳城县志》卷11，《陈廷弼传》。

故多淫祀，廷弼乃以祀典核之，祀典所不载者全部废除。调桂阳知州。桂阳"僻处山中"①，廷弼"开诚布公，夷为帖服"②。不久，内升兵部职方司员外郎，"百姓攀援流涕送之"③。迁广东粮驿巡道，"益励清节"④。在此之前，各属粮米有多种摊派名目，廷弼全部革除。又修建粮仓三百余所，"积储如法"⑤。由乐昌到澎阳，水道多险，"丛山壁立，怒涛汹涌，每有覆溺之患"⑥，廷弼"鸠工平治，四百余里成坦途"⑦。广东的民田多半临海，廷弼筑长堤保护，"民皆德之"⑧。著有《澧阳清田录》、《王屋山庄诗钞》、《太上感应篇注解》。娶杨氏，诰封恭人，白巷甘肃庆阳府杨屡女。副室卢氏，例赠孺人；副室马氏。子四：长随贞，杨恭人出；次坤载，卢氏出；次蒙德，马氏出；次需位，卢氏出。女一，杨氏出，适大阳广西郁林州知州郜超子。

陈廷翰，字公干，号行麓，一号迁斋，行九。清顺治十六年（1659）九月三十日生，康熙三十一年（1692）三月十七日卒，终年三十四岁。康熙甲子（1684）举人，拣选知县。著有《梅庄唱和集》。娶张氏，郭峪岁贡生榆次县教谕张尔实女。继张氏，泽州郡城庠生张某女。子一：萃应嗣。女三：长适郭峪贡生张范

①同治版《阳城县志》卷11，《陈廷弼传》。
②同治版《阳城县志》卷11，《陈廷弼传》。
③光绪版《山西通志》卷150，《仕实录六·陈廷弼传》。
④同治版《阳城县志》卷11，《陈廷弼传》。
⑤光绪版《山西通志》卷150，《仕实录六·陈廷弼传》。
⑥同治版《阳城县志》卷11，《陈廷弼传》。
⑦光绪版《山西通志》卷150，《仕实录六·陈廷弼传》。
⑧同治版《阳城县志》卷11，《陈廷弼传》。

子；次适郡城武举苗士容子；次适小城举人郭如璞子。

（三）

陈廷敬的子侄辈为陈氏的第十世，共二十人。其中陈廷敬子三：谦吉、豫朋、壮履；陈廷继子一：咸受；陈廷莅子一：升阶（抚子）；陈廷愫子三：贲懿、萃应（嗣陈廷翰）、颐淑；陈廷宸子一：震远；陈廷统子六：观颙、复刚（嗣陈元）、观化、观民、孚鹤、孚中；陈廷弼子五：随贞、坤载、蒙德、需位、蒙圣。

陈氏第十世，皆取易经卦名而命名。

陈廷敬三子：谦吉以谦卦命名，"吉"出自谦卦初六爻辞："谦谦君子，用涉大川，吉。"豫朋以豫卦命名，"朋"出自豫卦九四爻辞："由豫，大有得。勿疑，朋盍簪。"壮履以大壮卦命名，"履"出自大壮卦大象："君子以非礼弗履。"

陈廷继一子：咸受以咸卦命名，"受"出自咸卦大象："山上有泽，咸，君子以虚受人。"

陈廷莅一子：升阶以升卦命名，"阶"出自升卦六五爻辞："贞吉，升阶。"

陈廷愫三子：贲懿以贲卦命名，"懿"出自小畜卦大象："君子以懿文德。"萃应以萃卦命名，"应"出自萃卦彖辞："萃，聚也。顺以说，刚中而应，故聚也。"颐淑以颐卦命名。

陈廷宸一子：震远以震卦命名，"远"出自震卦彖辞："震惊百里，惊远而惧迩也。"

陈廷统六子：观颙以观卦命名，"颙"出自观卦卦辞："观，盥而不荐，有孚颙若。"复刚以复卦命名，"刚"出自"复亨，刚反，动而以顺行，是以出入无疾，朋来无咎。"观化以观卦命名，"化"出自观卦彖辞："观，盥而不荐，有孚颙若，下观而化也。"观民以观卦命名，"民"出自观卦大象："风行地上，观；先王以省方，观民设教。"孚鹤以中孚卦命名，"鹤"出自中孚卦九二爻辞："鸣鹤在阴，其子和之，我有好爵，吾与尔靡之。"孚中以中孚卦命名，"中"出自中孚卦彖辞："中孚，柔在内而刚得中。"

陈廷弼五子：随贞以随卦命名，"贞"出自随卦卦辞："随，元亨利贞，无咎。"坤载以坤卦命名，"载"出自坤卦彖辞："坤厚载物，德合无疆。"蒙德以蒙卦命名，"德"出自蒙卦大象："山下有泉，蒙；君子以果行育德。"需位以需卦命名，"位"出自需卦彖辞："位乎天位，以正中也。"蒙圣以蒙卦命名，"圣"出自蒙卦彖辞："蒙以养正，圣功也。"

陈廷敬的子侄辈二十人中，有进士四人，分别为陈豫朋、陈壮履、陈观颙、陈随贞，其中陈豫朋、陈壮履、陈随贞三人入翰林；有举人一人，为陈贲懿；有贡生五人，分别为陈咸受（岁贡）、陈升阶（岁贡）、陈复刚（岁贡）、陈观化（恩贡）、陈坤载（拔贡）、陈蒙德（岁贡）；监生三人，分别为陈谦吉、陈震远、陈萃应。入仕者共九人：陈谦吉为江南淮安府邳睢灵璧河务同知；陈豫朋为刑部陕西司郎中兼广东道监察御史；陈壮履为侍读学士、内廷供奉、翰林院编修；陈随贞为翰林院庶吉士；陈咸受为灵石县教谕；陈贲懿历任候补内阁中书、直隶涞水县知县、河南杞县知县、直隶宁晋知县；陈观颙为直隶浚县知县；陈复刚为内阁纂修官；陈坤载为河南涉县教谕。候选者三人：陈升阶为候选训导，陈震远为候选州同知，陈观化为候选教谕。其主要人物详述如下。

陈谦吉，字尊士，号甘谷，陈廷敬长子，行一。清顺治十三年（1656）五月初八日生，康熙五十八年（1719）五月十九日卒，终年六十四岁。例监生，授河南归德府河捕通判，升江南淮安府邳睢灵璧河务同知。因疾归，寄居屯城。娶田氏，诰赠宜人，县城进士历官户部左侍郎田六善女。继曹氏，诰封宜人，尧沟庠生曹宜振女。继曹氏，赠孺人，曹宜振次女。副室杨氏。子四：长寿樊，原配田宜人出；次寿岳，杨氏出；次寿嵩，曹宜人出；次寿华，曹孺人出。女五：长适县城陕西金县知县田澧子举人晋楠；次适高平城北候补内阁中书李培寿子；次适窦庄张氏；次适凤台侯氏；次适郭壁韩氏。

陈豫朋，字尧凯，号濂村，陈廷敬次子，行二。清康熙十一年（1672）九月初五日生，乾隆十六年（1751）九月十八日卒，终年八十岁。康熙庚午（1690）经魁，甲戌（1694）会魁，授翰林院庶吉士，翰林院编修，改四川筠连县知县，升陕西耀州知州，迁甘肃岷洮抚民同知，充四川陕西乙卯、乙酉、戊子三科文武同考官，内升礼部仪制司员外郎，擢精膳司郎中，特简通州坐粮厅，除福建都转盐运使兼延建邵道。奉命监督青州驻防城工，事竣授刑部陕西司郎中兼广东道监察御史。以监试武闱失察，降补户部河南司员外郎，迁礼部仪制司郎中。钦命提督湖南学政，以年老力辞。旋请致仕，奉旨切责，留京一年后奉特恩注原衔归里。陈豫朋在关陇间做地方官达六七年之久，"清介自守，不名一钱"[1]，颇有政绩。他回京之日，其父陈廷敬高兴地写诗勉励

---

[1]光绪版《山西通志》卷150，《仕实录六·陈豫朋传》。

道："敝裘羸马霜天路，赖汝清名到处传。"①

豫朋八岁能诗，陈廷敬授以《杜律诗话》。他每日吟诗作文，名重一时。范镐鼎曰："甲子（1684）京华集时年十一岁，然则先生诗才天授，不独家学有自也。"②康熙三十三年，陈廷敬丁父忧服除赴京，于高平赵店见陈豫朋题壁诗，感叹到：

> 云树东来客梦西，草堂深掩绿萝迷。
>
> 三年才尽销魂路，羡汝诗多到处题。③

可见其作诗之勤，令其父也叹羡不如。

康熙三十五年（1696）及三十六年（1697）春，康熙皇帝大驾提师出塞亲征，扫荡漠北，振旅而还，于时陈豫朋"方选授庶常，先后奏诗五言排律四十韵、七言近体十六章，皆冠之序，都下传诵，为之纸贵"④。

陈豫朋诗宗法二谢、杜甫，得其神髓。姜宸英评其诗曰："典赡有风，则妣美燕许；诗格整丽，叙事详核，大历才子之遗调也。"⑤他与邑人吏部侍郎田懋齐名，晚年家居，常有诗唱和，号称陈田。陈豫朋死后，田懋有挽诗云：

---

① 《午亭归去集》卷3，《豫朋自岷州来感示以诗》。
② 范镐鼎：《晋诗二集》。
③ 《午亭文编》卷16，《赵店见豫朋题壁诗用韵》。
④ 姜宸英：《湛园集》卷1，《陈濂村诗钞序》。
⑤ 姜宸英：《湛园集》卷1，《陈濂村诗钞序》。

万首生平忆剑南，钧天有诏趣仙骖。

雅怀当代应无两，荒径从今欲堕三。

歌断停云心怆怆，奏残流水鬓鬖鬖。

蓬莱若遇青莲子，为道新诗未满函。①

陈豫朋著有《濂村诗集》、《幻因集》、《燠南集》、《且怡轩诗钞》、《六友斋诗文集》、《濂村经解》、《濂村奏草》等。

娶王氏，诰封宜人，赠工部左侍郎王璇女。副室王氏，敕赠孺人。副原氏，敕赠孺人。子三：长师俭，王孺人出；次名俭，原孺人出；次崇俭，原孺人出。女六：长适大箕进士历官陕西神木道卫璠子岁贡生封沛；次适郎庄庠生李上遴子监生仙授；次早卒；次适经历郑建侯子监生斌；次早卒；次适大兴县籍河南布政使司温而逊子云南布政使司库大使葆诚。

陈随贞，字孚嘉，号寄亭，晚号西山老人。陈廷弼之子，行三。清康熙十四年（1675）八月初九日生，卒年不详。清康熙丙子（1696）举人，己丑（1709）二甲第四名进士。授翰林院清书庶吉士。因事请假回乡，便不再赴任，"辟别墅于阳城县治东北二里许之青林沟。引水造舟，亭台工丽，花竹及一时之盛"②。潜心学问，喜山居，从不入城市，"诗酒潇洒以终"③。其"天资俊逸，学问宏深"④，所作"诗古文皆不经人道"⑤。书学董其

---

① 田懋：《依园诗集》。

② 徐昆：《柳崖外编》。

③ 光绪版《山西通志》卷156，《文学录下·陈随贞传》。

④ 光绪版《山西通志》卷156，《文学录下·陈随贞传》。

⑤ 光绪版《山西通志》卷156，《文学录下·陈随贞传》。

昌，"得其神髓，间署董款，久之亦不能自辨也"①。著有《立诚堂集》、《寄亭诗草》。娶卫氏，例赠孺人，大箕武进士湖广沅州镇标游击卫汉超女。副室来氏、常氏。子一：式玉，卫孺人出。女二：长适河南济源县籍历官浙江布政使段志熙子举人景文；次早卒。

陈观颐，后人为避清嘉庆帝颙琰讳改为观永，字安次，号蓉村，一号柑亭，陈廷统之子，行四。清康熙十八年（1679）二月十一日生，雍正元年（1723）五月初一日卒，终年四十五岁。清康熙丙子（1696）举人，丙戌（1706）进士，授直隶浚县知县。著有《恤纬集》。娶王氏，敕封孺人，小城历任江西建昌府王嘉植女。继许氏，敕封孺人，长畛许女。副室秦氏、张氏。子二：长象炜，许孺人出；次象雍，张氏出。女五：长适屯城庠生张维孜，王孺人出；次适郭峪窦禹年，秦氏出；次适王子街廪生樊振基，秦氏出；次适周村范氏，许孺人出；次适郡城监生候补通判秦田余，秦氏出。

陈壮履，字幼安，一字礼叔，号南垞。陈廷敬第三子，行五。清康熙十九年（1680）十一月十一日生，乾隆十三年（1748）十一月二十二日卒，终年六十九岁。少时聪颖，诵《诗》及《易》，父陈廷敬见里中人张泰交通《春秋传》，因令从张泰交学《春秋》。康熙丙子（1696）中举人，丁丑（1697）中进士，选翰林院清书庶吉士，散馆授检讨，擢左春坊谕德，迁日讲起居注官，翰林院侍读学士，内廷供奉。康熙四十九年（1710），因奉命"致祭南岳，纤道嘉鱼县，骚扰地方"②，被革

①光绪版《山西通志》卷156，《文学录下·陈随贞传》。
②《圣祖仁皇帝实录》卷242。

去侍读学士，停止内廷供奉，降为翰林院编修。他"力承家学，素擅鸿词"①，"以文章著名翰苑"②，曾参加编修《康熙字典》。著有《潜斋诗集》、《慕园诗草》、《南垞集》、《读〈书〉疏》。娶郭氏，敕封孺人，小城鸿胪寺鸣赞郭璋女。继许氏，敕封孺人，长畛许女。继江南扬州府许女。副室梅氏、曹氏。子二：长传始，郭孺人出；次传妽，梅氏出。女六：长早卒，次适河底太谷县训导王六皆孙监生汝楫；次适永宁州籍历官两江总督于成龙曾孙广东潮州府知府大梴；次适顺天府籍流寓本镇原任潞安府同知刘芳璧；次适郡城候选训导张骆子仝礼，旌表节孝；次适本镇监生张国相子龄志。

陈咸受，字若谷，号盟洲。陈廷继之子，行六。清康熙二十二年（1683）正月初九日生，乾隆六年（1741）四月初十日卒，终年四十九岁。少时"颖异不群，束发受书，寓目即能成诵"③。十三岁入县学，"试辄冠军"④。后以明经廷试一等，授灵石县教谕。在任"兴废举坠，文教振兴，士子靡不矜式"⑤。任满之后，"为大吏荐于朝"⑥，将束装赴部，恰以内艰告归，"遂徜徉泉石，不复出仕"⑦。性孝友，因其父逝世时年方七岁，"常

①同治版《阳城县志》卷11，《陈壮履传》。

②光绪版《山西通志》卷156，《文学录下·陈壮履传》。

③同治版《阳城县志》卷11，《陈咸受传》。

④同治版《阳城县志》卷11，《陈咸受传》。

⑤同治版《阳城县志》卷11，《陈咸受传》。

⑥田从典：《皇清敕赠征士郎行人司司副孝章陈公暨配郭张万孺人之墓表》。

⑦王炳照：《皇清例封修职郎灵石县教谕盟洲陈公祔王孺人合葬墓表》。

以不及色养抱憾终天"①。晚年"益静简，屏出浮嚣"②，著《褊庐诗集》。娶王氏，敕封孺人，白巷明忠臣历官河南参政王征俊曾孙女、监生复绘女。子一：汝枢。女八：长适屯城庠生张汝霖子惟勤；次适郭峪山东汶上县闸官张世爵子候选州同绍湛；次适沛县夏镇岁贡生侯宣化子监生延息；次适郭壁廪生韩元甄子湖广均州知州亦诗；次适郭峪监生窦恂子嵩年；次适县城兵部职方司主事田□子候选州判晋楷；次适白巷监生曹韶美子江苏吴县主簿力学；次适高庄监生李允升。

陈复刚，字见若，一字见梅，号鉴斋，一号卧屿。陈廷统之子，行八。清康熙二十四年（1685）四月二十日生，乾隆十六年（1751）八月十七日卒，终年六十七岁。岁贡生，候选知县，充内阁纂修官。著有《意园近稿》、《卧屿集》。娶高平米山崔荣女，副室张氏、褚氏。子一：简；女一，早卒，俱张氏出。

陈赉懿，字庾亭，号白村。陈廷愫子，行九。清康熙三十二年（1693）六月初三生，乾隆二十五年（1760）七月初四卒，终年六十八岁。康熙辛卯（1711）举人。候补内阁中书，改授直隶涞水县知县。服阕补河南杞县知县。杞县靠近黄河，堤长达千余丈，每年要储备林木竹石，"向例皆取诸民，加赋常额外"③，陈赉懿"力请上官，免其储赋如常额"④。雍正元年（1723），充武闱同考官。雍正五年（1727），因黄河澄清，蒙恩加级。不

---

① 同治版《阳城县志》卷11，《陈咸受传》。
② 同治版《阳城县志》卷11，《陈咸受传》。
③ 同治版《阳城县志》卷11，《陈赉懿传》。
④ 同治版《阳城县志》卷11，《陈赉懿传》。

久，署理祥符、睢州，擢陕州知州，"格于部议，寻，因事罢去"①。乾隆元年（1736）开复，补直隶宁晋县知县。宁晋"为古大陆泽地，南泊水势窪下，每川溪涨发，辄为患"②。陈贲懿"相度高下，挑引沟渠，导水沟壑，得干涸地千余亩，民大赖之"。其他如"兴学造士，安良去莠，多此类"③。后以年老告归。著有《问津诗集》。娶王氏，敕封孺人，为阳城县城明忠臣河南孟县知县王日俞孙女、戊辰进士户部主事璋女。副室荣氏。子五：增、墺、坦、均，孺人出；堂，荣氏出。女四，俱孺人出，长适二圣头监生张全说子监生□；次适候选训导张骆子全智，旌表节孝；次适郡城候选县丞吕从诲子监生□；次适郡城吏部清吏司员外郎秦峤子学浦。

康熙三十六年（1697），陈廷敬的第三子陈壮履考中丁丑科会魁，赐二甲第八名进士，入选翰林院庶吉士，其时他年仅十八岁，陈氏大约在此时修建了冢宰总宪牌坊。

冢宰总宪牌坊位于中道庄内，牌坊为三门，正中题额为"冢宰总宪"，左右题额为"一门衍泽"、"五世承恩"。

中门题字为：

诰赠正一品光禄大夫经筵讲官刑部尚书陈三乐。

累赠正一品光禄大夫经筵讲官吏刑二部尚书都察院掌院事左都御史陈经济。

累封正一品光禄大夫经筵讲官吏刑二部尚书都察院掌院事左

---

① 同治版《阳城县志》卷11，《陈贲懿传》。
② 同治版《阳城县志》卷11，《陈贲懿传》。
③ 同治版《阳城县志》卷11，《陈贲懿传》。

都御史陈昌期。

戊戌科赐进士正一品光禄大夫经筵讲官吏户刑工四部尚书都察院掌院事左都御史陈廷敬。

左门题字为：

己亥科赐进士翰林院庶吉士陈元。

壬子拔贡国子监学正候补行人司司副陈廷继。

候选知县改候补府同知陈廷愫。

征仕郎广东廉州府钦州州判候补知县陈廷宸。

奉直大夫刑部湖广清吏司郎中改兵部武库清吏司郎中加一级陈廷统。

右门题字为：

湖广岳州府临湘县知县陈廷弼。

甲子科举人拣选知县陈廷翰。

江南淮安府邳睢灵璧河务同知加一级陈谦吉。

甲戌科会魁赐二甲第十二名进士翰林院庶吉士陈豫朋。

丁丑科会魁赐二甲第八名进士翰林院庶吉士陈壮履。

准确地说，冢宰总宪牌坊的建筑时间没有一个确定的年份，只能是在一个时间区域内，即康熙三十六年陈壮履中进士之后和康熙四十二年陈廷敬入阁之前。笔者认为，冢宰总宪牌坊的修建时间虽然是一个时间区域，但根据情理推测，它的建筑时间可能更靠近于康熙三十六年陈壮履中进士之后。因为康熙三十六年陈廷敬已经六十岁，年过花甲，官已做到吏部尚书，仅次于阁臣，能否入阁拜相，机会甚少，希望渺茫。对于一向乐天知命、不作非分之想的陈廷敬早已满足了，何况他年事已高，诗文中常常明显地表现出归隐田园的思想。因此，修建牌坊，光宗耀祖，激励后人，势在必然。当他十八岁的小儿子陈壮履中进士入翰林后，修建牌坊的条件完全成熟，再无所等待了。故而冢宰总宪牌坊的建筑时间虽在康熙三十六年陈壮履中进士之后与康熙四十二年陈廷敬入阁之前，但从情理上推测更靠近康熙三十六年。

陈壮履名重海内，人称南垞学士，"扬州八怪"之一的金农与之交好。金农于雍正五年（1727）来到阳城，居住于陈家，写了许多游览阳城山水名胜的诗。现将歌咏陈氏名迹的诗摘录如下：

午亭山村

午亭山村，陈文贞公居里也。去公薨后十五年，予乃游其门，与嗣君学士为笔札之徒。每企公之清德余风，合于古而不可没者，因连缀成篇，计得四首，较之夸毗无征之音微有异焉。

独持清德道弥尊，半饱遗风在菜根。
厩吏尚然思楚相，栈车牝马久无存。

河岳精灵绝代夸，耻居王后论诗家。
瓣香一脉才如愿，蛛网梁尘拜绛纱。

溪上青山接太行，午亭便是午桥庄。
能消裴令生前憾，绣尾鱼今尺二长。

令狐学士被恩齐，趋步曾登白石梯。

夹道槐荫门似水，雨余好护旧沙堤。①

樊川雪后至西坡寻陈文贞公题名

余雪媚樵径，精庐策杖行。

眼明半峰影，心洗百泉声。

驯鹤禯禯立，朝曦暖暖生。

樊川陈阁老，岩壁有题名。②

东冈之下老屋三楹，陈文贞公读书处也。予尝游憩其间，怀企有作

秋气敛虚馆，东冈生道心。

林疏风脱翠，山暗雨添阴。

既有出烟磬，复多聒渚禽。

六时喧寂意，欲继谢公吟。③

（四）

陈氏的第十一世，陈昌期的嫡孙共三十八人。其中陈谦吉子四：寿樊、寿岳、寿嵩、寿华；陈豫朋子三：师俭、名俭、崇俭；陈壮履子二：传始、传妫；陈咸受子一：汝枢；陈贲懿子五：增、埙、坦、均、堂；陈震远子六：荆楚、师濂、景行、师

①金农：《冬心先生集》卷2。
②金农：《冬心先生集》卷2。
③金农：《冬心先生集》卷3。

关、鹏翼、师夔；陈观颙子二：象炜、象雍；陈观化子三：象炜、象坰、象炳；陈孚中子一：象咸；陈随贞子一：式玉；陈坤载子二：式舟、式曾；陈蒙德子四：式穀、式金、式廊、式典；陈翠应子三：墉、圻、城；陈颐淑子一：墓。

在此三十八人中，有进士一人，即陈豫朋的长子陈师俭，雍正五年丁未科（1727）进士，选翰林院庶吉士。有举人六人，其中陈寿岳为康熙五十年辛卯科（1711）举人，陈寿华为雍正七年己酉科（1729）举人，陈名俭为乾隆九年甲子科（1744）举人，陈崇俭为乾隆九年甲子科（1744）举人，陈传始为雍正十年壬子科（1732）举人，陈式玉为雍正四年丙午科（1726）举人。另外第十一世族人中还有一位陈恂，为康熙五十九年庚子科（1720）举人，是陈氏第三世陈秀之弟陈武的嫡系裔孙，和陈廷敬一脉的支系较远。岁贡生一人：陈象雍。监生共九人：陈寿樊、陈寿嵩、陈传妫、陈汝枢、陈增、陈埂、陈鹏翼、陈象炜、陈墉。入仕者七人：陈寿樊为湖北兴山县知县、天津府税务同知；陈寿岳为四川通江县知县；陈寿华为贵州清平县知县；陈师俭为广西泗城府同知；陈名俭为四川珙县知县；陈传始为福建古田县水口关盐大使；陈式玉为浙江试用盐大使。候选二人：陈崇俭为拣选知县，陈寿嵩为候选州判。

在陈氏的第十一世三十八个子孙中，陈师俭最为突出。陈师俭，字汝贤，号鹤皋，陈豫朋之子，行一。清康熙三十八年（1699）十二月初九生，雍正六年（1728）十一月初六卒，终年三十岁。清雍正癸卯（1723）举人，丁未（1727）进士，授翰林院庶吉士，改泗城府同知，卒于官。著《鹤皋诗集》。娶卫氏，诰封宜人，大箕卫氏女。嗣寿华子。女一，适小城候补光禄寺署正张巽子桃源县县丞稽陶。

陈师俭是陈世家族的最后一位进士，也是最后一位翰林。他在雍正五年（1227）考取进士被选为翰林院庶吉士之后，拜见了当时的文华殿大学士兼吏部尚书田从典。田从典是阳城人，与陈氏家族有通家之好，他曾说："陈为高都甲族，簪缨累叶，至本朝而愈大。文贞公以词林起家，历官清要，入秉枋轴者垂十年。文章功业之盛，轶后超前，为我朝名宰辅。"[1]又说："余由令膺考选，受知文贞公。"[2]田从典见陈师俭考中翰林，即为陈氏家族题写了一幅楹联：

德积一门九进士；
恩荣三世六词林。

这副楹联一直悬挂在陈氏宗祠中。陈氏从明嘉靖年间至清雍正年间，共出了陈天佑、陈昌言、陈廷敬、陈元、陈豫朋、陈壮履、陈观颙、陈随贞、陈师俭九位进士，其中陈廷敬、陈元与陈豫朋、陈壮履、陈随贞以及陈师俭三代共六位翰林。[3]"翰林"亦称"词林"。田从典所题楹联中不言"翰林"而言"词林"，主要是因为楹联格律的关系，若不用"词林"而用"翰林"，则平仄

---

[1]田从典：《皇清敕赠征士郎行人司司副孝章陈公暨配郭张万孺人之墓表》。

[2]田从典：《皇清敕赠征士郎行人司司副孝章陈公暨配郭张万孺人之墓表》。

[3]实际上此说法不对，只有陈廷敬和陈壮履是翰林，其他几位是庶吉士。

不谐。在这六位翰林中，陈元、陈师俭英年早逝，陈随贞辞官隐居，皆无大成就，而在政治以及文化学术方面有较大成就的只有陈廷敬、陈豫朋、陈壮履父子三人。

渐次式微

（一）

进入乾隆时期，陈氏家道中落，陈廷敬的遗著如《述古训》、《午亭笔话》、《历代诗藏》皆未刻版，稿本逐渐散佚。乾隆七年（1742），陈廷敬的《午亭山人第二集》才由陈廷敬之子陈壮履的女婿，即被称为一代廉吏的两江总督于成龙的曾孙，时任广东潮州府知府的于大樫刻板印刷，方得以流传。后来，陈氏"宗衰，家弗能宝"①，《午亭文编》和《午亭山人第二集》的版片竟"为人窃以置典肆，不克赎者二十年"②。乾隆四十三年，陈氏的第十世子孙陈观化等尚在世，他们担心《午亭文编》和《午亭山人第二集》的版片年久散佚，向时任阳城县教谕的徐昆说明了情况，并请求说："愿先生善计之，置以所。"③徐昆，字厚山，平阳府（今山西省临汾市）举人，乾隆四十一年（1776）任阳城教谕。他"才美学富"④，在任"实心训迪，一时士风丕变"⑤，教谕署内"列彝鼎图书，名宿诗歌唱和不绝"⑥。徐昆听

①徐昆：《午亭文编跋》。
②徐昆：《午亭文编跋》。
③徐昆：《午亭文编跋》。
④同治版《阳城县志》卷7，《职官传》。
⑤同治版《阳城县志》卷7，《职官传》。
⑥同治版《阳城县志》卷7，《职官传》。

了陈观化等的叙说，感叹说："是刻非独陈氏子孙所当宝，乃阳邑士大夫所共宝；亦非独一邑所宝爱，乃天下士大夫所共宝爱也。"①于是徐昆便出面与阳城知县宋本敬相商。宋本敬，湖南湘潭举人，清乾隆三十六年（1771）任阳城知县，在任"爱民养士"②，"兴利除害"③，政声甚著。他亦"久慕午壁风流者，清俸周画，力肩厥事"④，遂将二书的版片赎回储藏于阳城县学宫。

陈氏的第十一世子孙，大多生活于雍正与乾隆时期。虽有数人步入仕途，但无突出政绩。由于陈氏家境的没落，大多过着诗酒自娱的生活。他们的诗文虽有别集，但也皆未刻版，流传下来的也仅是零篇碎什，吉光片羽。在陈氏的十一世诗人中，最为突出的是女诗人陈静渊，其次是陈名俭、陈崇俭、陈传始等人。

陈静渊，陈廷敬孙女，陈豫朋长女，清雍正乾隆年间人。她生长在诗书世家，祖、父、兄弟都是诗人，从小便受到了极好的文学熏陶。成年后嫁与沧州（祖籍泽州）卫璠之子卫封沛。卫璠，字奂鲁，康熙辛未（1691）进士，官刑部主事、礼部郎中、转陕西神木道，和陈豫朋是同僚好友。卫封沛，贡生，年少而富有才华，与陈静渊婚后曾生一子，忽患癫痫病而死。陈静渊寡居后便回归娘家，坐卧于一楼，多愁善病。陈豫朋念她凄苦，取"悟却前因，万虑皆消"⑤之意，为她居处之楼题额曰"悟因

①徐昆：《午亭文编跋》。

②同治版《阳城县志》卷7，《职官传》。

③同治版《阳城县志》卷7，《职官传》。

④徐昆：《午亭文编跋》。

⑤陈静渊：《悟因楼诗序》

楼"，叮咛她说："宜常体吾心，遣却愁怀，莫役神思。"①她秉承父命，每日吟诗课子，怎奈天长日久，愁绪纷投，吙遣难尽，于病中赋诗云：

> 悟却前因万虑消，今朝谁复计明朝。
> 只怜欲遣愁无力，憔悴形容暗里凋。②

陈静渊作为一个封建礼教的牺牲品，一生在愁病中度过，诗写个人情怀，缠绵悱恻，几乎篇篇都说愁，体现了她凄苦孤寂的内心世界。虽然前人称赞她"以礼自持，以诗自适，清节高风，尤富贵家闺中所难，固巾帼高士也"③（李牧坪语）。可谁又知道在这"清节高风"的背后，掩藏着多少辛酸悲苦的泪水。陈静渊著有《悟因楼存草》。

陈卫氏，泽州大箕卫氏之女，陈氏的最后一位翰林陈师俭之妻，诰封宜人。早年孀居，诵诗书，习礼法，教育嗣子，至于成立。曾有课子诗曰：

> 梅花独放岁寒枝，夜静机窗罢织时。
> 寂寞深更人不寐，青灯黄卷课孤儿。④

---

①陈静渊：《悟因楼诗序》。
②陈静渊：《悟因楼》。
③李牧坪：《国朝山右诗存》。
④陈卫氏：《岁寒课子》。

陈卫氏知书达理，在陈氏家族中很有威望。先人祠墓园亭，终身护视扫除。家虽贫甚，但门庭肃然。族人有疑难事，皆来向她请决，她为之陈说道理，无不允当，历数十年如一日，被陈氏族人称为"女宗"。工诗，著《西窗晚课稿》。她死后，其堂侄陈秉灼有《挽从伯母卫宜人诗》云：

> 檗苦冰寒四十年，支撑门户间英贤。
> 坚心看老鱼山柏，清响听残鹤圃泉。
> 教子教孙几斗泪，一姑一息每弓田。
> 深闺曾睹先生席，白发青灯有蠹编。[1]

陈名俭，字以彰，号改庵，一号雅堂，陈廷敬之孙，陈豫朋之子。清康熙五十三年（1714）六月初四生，乾隆三十六年（1771）八月二十六日卒，终年五十八岁。乾隆甲子（1744）举人，乙丑明通。初选四川珙县知县。……服阕补山东荣城县知县，调惠民县、广东澄迈县、陵水县，以失察海盗罢任。著有《念修堂诗集》。娶李氏，敕赠孺人，周村庠生李天益女。继胡氏，敕封孺人，浙江绍兴府籍山东兰山县典史胡继泰女。子二：长法曾，李孺人出；次法于，胡孺人出。女一，适浙江仁和县籍代州知州施敬胜子广东十三都巡检肇林，李孺人出。

陈崇俭，字约躬，号朴轩，陈廷敬之孙，陈豫朋之子。清康熙五十四年（1715）五月二十四日生，乾隆二十七年（1762）九月二十三日卒，终年四十八岁。清乾隆甲子（1744）举人，拣选

---

[1] 陈秉灼：《听书楼诗稿》。

知县。著有《朴轩诗集》。娶侯氏，太谷县籍候选州同侯济世女。子二：法先、法登。女一。

陈传始，号兰皋，陈廷敬之孙，陈壮履之子。雍正十年壬子科（1732）举人。授福建古田县水口关盐大使，调侯官县南台浦下场，署漳浦县石马场，调兴化府前江场，改晋江县浔美场。雍正十三年（1735），泽州知府朱樟纂修《泽州府志》，陈传始参与其事，任编次之职。著有《兰皋诗集》。娶张氏，敕封孺人，二圣头张女。继王氏，敕封孺人，郭壁王氏女。继任氏，直隶通州籍临江县知县任枚妹。副都氏。嗣女三：长适白巷江苏吴县主簿曹量学子硕甫，次适白巷进士户部清吏司主事曹恒吉子庠生国馨，次适永宁州籍广东潮州府知府于大樋子浙江杭州批验所大使飞熊。

陈坦，字檀如，号安斋，一号菊区，陈廷愫之孙，陈贲懿之子。清康熙五十八年（1719）十二月十二日生，乾隆二十六年（1761）卒，终年四十三岁。阳城县学廪生，著有《蝶楼诗稿》。

陈景行，字向之，号仰山。陈廷宸之孙，陈震远之子。清康熙四十二年（1703）十月十一日生，乾隆二十四年（1759）六月十一日卒，终年五十七岁。阳城县学生。著有《仰山诗集》。娶殷庄庠生商文恺女。副室李氏。子二：长锡瑶，嗣；次锡玙，李氏出。女一，适小城张氏，李氏出。

陈师夔，字亮工，号石泉，陈廷宸之孙，陈震远之子。清康熙五十六年（1717）五月初五生，乾隆五十六年（1791）三月十四日卒，终年七十五岁。阳城县学生。著有《偷闲集》。娶程氏，屯城乡饮宾程天文女。继马氏，白巷马伯起女。继茹氏，茹士彦女。子二：长锡瑛，次锡璋，俱程氏出。女四：长适小城拔贡生平阳府教授张树佳，程氏出；次适屯城监生程有恭，程氏出；次适□□举人临汾县教谕马先觉，程氏出；次适县城举人原任直隶清丰县知县张锦子副贡生天伦，茹氏出。

陈象雍，字卿云，号半轩，陈廷统之孙，陈观颙之子。清康熙五十九年（1720）正月二十日生，乾隆五十九年（1794）正月初八日卒，终年七十五岁。岁贡生。著有《耕余草》。娶张氏，郭峪安徽灵璧县知县张拱辰孙女。继郭庄李子玉女。子二，俱李氏出。女三：长适郡城举人原任湖广汉州县知县秦朴，张氏出；次适郭峪庠生王俭；次适郭峪张顺。

陈氏第十一世子孙中还有一位较突出的人物陈汝枢，乃陈廷继之孙，陈咸受之子，字寰中，号肃斋。监生。清康熙五十三年（1714）六月初五生，乾隆五十八年（1793）五月二十七日卒，终年八十岁。《陈氏家谱》自清康熙三十三年由陈廷敬创修之后，已有九十年未修家谱。陈汝枢担心"数百年诗书之泽，日以陵夷"①，叹曰："一本分支，视同陌路，宁不深祖宗之恫、贻族党之羞耶！"②在乾隆四十八年（1783）又组织族人重修家谱。但"式微之日，延访为难"③，"仅能杂采郡县志书及墓表，行述以仪式先型，存十一于千百"④。谱成之后，"按册而稽，凡生卒、坟墓、婚姻、爵里，莫不胪列秩然"⑤。他希望"后之览

---

①陈汝枢：《重修家谱序》。
②陈汝枢：《重修家谱序》。
③陈汝枢：《重修家谱序》。
④陈汝枢：《重修家谱序》。
⑤陈汝枢：《重修家谱序》。

斯谱者，念燕翼之维艰，虑箕裘之将坠"，"而贤而才者有以自励，愚不肖者不敢以自外，继继承承，以振厥家声"①。除编修家谱之外，陈汝枢还"置祭田以收族"②，可见他对重振陈氏家声，颇费了一番心力。陈汝枢继承了陈氏乐善好施的家风，乾隆壬子（1792），岁大饥，陈汝枢"减己食以济乡之贫者"③，乡民皆颂其德。

（二）

陈氏在第十一世之后，家境趋于衰落，第十二世子孙中，不仅再无人考中进士、举人，府学、县学生员也是凤毛麟角，其中较为突出的当数陈秉灼和陈法于二人，其次是陈法登、陈金铭、陈沛霖等人。

陈秉灼，一名秉焯，字亮宇，一字亮与，号明轩，陈咸受之孙，行二。清乾隆十二年（1747）正月二十二日生，嘉庆九年（1804）四月卒，终年五十八岁。泽州府学廪生。游历济南，高级官府一时争相延请入幕。与桂未谷、陆古愚筑潭西精舍，当时的名流学者多和他交游。中年以后，投身于治河工程，官山东河工闸官，在衡家楼筑堤，死于工地。他平生抱负不凡，有经世济物之才，作诗乃其余事。著有《听书楼诗稿》、《潭西精舍纪年》。延君寿说他的诗"如春云出岫，姿态横生，专门名家，恐未能过"④。张晋是他的外甥，听到他死于治河工地，曾有挽诗云：

①陈汝枢：《重修家谱序》。
②光绪版《山西通志》卷143，《义行录中·陈汝枢传》。
③光绪版《山西通志》卷143，《义行录中·陈汝枢传》。
④延君寿：《樊诗一集》。

豪情侠气两无俦，忽堕元龙百尺楼。

黄阁青山归路杳，惊沙急浪一棺愁。

半生长物惟诗卷，何处栖魂不首丘。

此日羊昙悲更甚，独携马策哭西州。①

陈秉灼娶白巷庠生曹椿年女。妾原氏。子三，俱原氏出。女二：长适郭峪副监生谭道修子德炳，曹氏出；次适小城现任江西瑞州府同知张敦仁子，早夭，原氏出。

陈法于，字金门，陈廷敬之曾孙，陈名俭之子。清乾隆二十五年（1760）八月二十九日生，卒年不详。县学生员。身材短小，目光炯炯有神，口虽微吃而谈锋甚利。他家学有自，早岁便能诗，后又从里中诗人王炳照学而诗愈工。为诸生而不应科举，非买书览胜，足不入城市，有古隐君子之风。他在先人旧园内修筑小轩，栽花种竹，请王炳照题额。王炳照取苏东坡"花木秀而野"之句，题为"秀野山房"。他在这里读书吟诗，甚为自得，与诗人张晋、延君寿、张为基情谊最笃，风雨联床，吟咏酬答，号称"骚坛四逸"。著有《秀野山房诗钞》。他还喜欢研究古钱币，收藏秦汉以来刀布甚富。著有《泉谱》、《说泉图识》，考据精详，名人多所题咏。娶洪洞县籍广东陵水县知县梁廷霖女。继沈氏。妾周氏。女一。

陈法登，字豪士，号龙湖，陈崇俭之子。清乾隆十七年（1752）十二月二十五日生，卒年不详。阳城县武生。他性豪善谑，诗工谑体。作诗涉口成趣，声调格律无不工稳协调。若端坐

①张晋：《阆雪堂诗集》卷1，《挽陈明轩舅氏》。

苦吟，反不如谐谑时之天然入妙。著有《袖岚诗草》。娶潘庄侯一范女。继周村□氏。女一。

陈金铭，字西文，陈赍懿之孙，陈坦之侄。清乾隆七年（1742）十月二十一日生，乾隆二十七年（1762）正月十七日卒，终年二十一岁。著有《自怡小草》。娶郭峪八品顶戴卢燕女。

陈沛霖，字慰苍，号念笋，陈随贞之孙，陈式玉之子。生卒年不详。县学廪生。娶胡氏，江南人河南杞县籍寿阳县知县胡具体女。女一，适郎庄候补吏目李鹤年。著有《愈愚集》。

陈氏以文学起家，诗人众多，林林总总，代有其人，虽诗集大多失传，但至今有诗作传世者尚达三十三人之多。因此，陈氏家族近年被誉为中国清代北方第一文化大家族。

陈廷敬年谱简编

卫庆怀　李正民

陈廷敬 字子端，别字樊川，号说岩、悦岩、月岩、午亭、半饱居士、午亭山人。原籍泽州。

陈廷敬原名"敬"，顺治十五年（1676）进士。因同榜有同名同姓者，顺治十六年奏请改名，顺治帝允准，加"廷"字，遂更名为"廷敬"，以与顺天通州人陈敬相区别。

明崇祯十一年戊寅（1638），1岁

十一月二十七日，生于山西阳城县郭峪里中道庄。

"公生于前戊寅（明崇祯十一年）十一月二十七日巳时。"（李光地《说岩陈公墓志铭》，见雍正《山西通志》卷200）

陈廷敬《食榆关驿有老卒语世父侍卿公令乐亭时事》诗云："戊寅吾以降，老大凛百虑。"（《午亭文编》卷3，页18~19）

崇祯十二年己卯（1639），2岁

崇祯十三年庚辰至十五年壬午（1640—1642），3岁至5岁

母张氏口授《毛诗》及《四书》。

"廷敬尚未就外傅，凡《四子书》、《毛诗》皆太夫人口授以诵。"（《百鹤阡表》，《午亭文编》卷43，页13）

崇祯十六年癸未（1643），6岁

从塾师王先生受句读，从兄学古文。

"吾六七岁从塾师受句读。吾兄庶常君尤好古文，先太宰公命余从之学。"（《午亭文编》原序，页1）

崇祯十七年甲申（清顺治元年）（1644），7岁

读薛瑄《读书录》，心向慕之。

"河津薛子起而振理学之传，继河汾之业，庶几乎可进于孔

子者也。予童稚之年，即知向慕……"（《困学绪言如干则》，《午亭文编》卷24，页1）

顺治二年乙酉（1645），8岁

从师修业。

顺治三年丙戌（1646），9岁

从师修业。作《咏牡丹》诗。

《咏牡丹》绝句云："牡丹后春开，梅花先春坼。要使物皆春，定须春恨释。"太夫人异之曰："此子欲使万物皆得其所耶！"（《午亭山人年谱》，转引自刘伯伦著《陈廷敬》，国际炎黄文化出版社2001年版）

"予九岁作牡丹诗，母见而异之。"（《陟屺楼诗二十首》自注，《午亭文编》卷12，页23）

顺治四年丁亥（1647），10岁

塾师王先生辞去，从堂兄陈元及父修习。

顺治五年戊子（1648），11岁

从父及堂兄修学。

顺治六年己丑（1649），12岁

从父及堂兄修业。

顺治七年庚寅（1650），13岁

从父及堂兄修业。

顺治八年辛卯（1651），14岁

童子试第一，入潞安府府学。娶妻王氏。

"八年辛卯，十四岁。赴试潞安府，以童子第一入州学。""学使者莱芜公知山人能诗，独不试诗，试五经义，立就。"

（《午亭山人年谱》）

"应童子试于潞州，光禄公为诸生，父子皆试于学使者。"

十二月，娶夫人王氏为妻。王氏为明吏部尚书王国光玄孙女。（《午亭山人年谱》）

顺治九年壬辰（1652）至顺治十年癸巳（1653），15岁至16岁

在府学修业。

顺治十一年甲午（1654），17岁

初赴省乡试，未中。

"顺治中，余年十七，省试于太原。"（《午亭文编》卷38，页23）

顺治十二年乙未（1655），18岁

在府学修业。

顺治十三年丙申（1656），19岁

在府学修业。长子谦吉生。

顺治十四年丁酉（1657），20岁

再次参加乡试，中举人。

"顺治中，余年十七，省试于太原……又三年，余再试于乡。"（《郭先生逸事记》，《午亭文编》卷38，页23~24）

顺治十五年戊戌（1658），21岁

参加会试，中三甲进士，选取为庶吉士。

四月初五日辛未，"赐殿试贡生孙承恩等三百四十三人进士及第出身有差"。（《世祖实录》卷116，页904）

"十五年戊戌，二十一岁，登孙承恩榜二甲进士，授庶吉士。馆试御试辄取第一。"（《午亭山人年谱》）另据《明清历科进士题名碑录》，陈廷敬中三甲进士第一百九十五名，与《午亭山人年谱》所记"二甲进士"有异。

四月二十一日，"谕曰：'联惟庶常之选，所以储养人才，允宜慎重，故详加简阅，亲行考试，兹取马晋允、……山西泽州人陈敬……直隶通州人陈敬等三十二人俱为庶吉士，即传谕吏部遵行。'"（《世祖实录》卷116，页905）

顺治十六年己亥（1659），22岁

在庶吉士馆深造，学习满文。奏请改名，奉旨加"廷"字，以与顺天通州陈敬区别。此年前后，与王士禛、汪琬等相聚论诗文。

正月十三日乙巳，"允庶吉士陈敬奏请，更名廷敬，以与直隶庶吉士陈敬同名故也。"（《世祖实录》卷123，页952）

"顺治中，廷敬在翰林。大宗伯端毅龚公以能诗接后进。先生与今宰相合肥李公天馥、今户部侍郎新城王公士禛、吏部郎中颍州刘公体仁、监察御史长洲董公文骥及海内名能诗之士先后来会顾。予亦以诗受知龚公，日与诸子相见于词场。先生初见予诗，大惊，语新城曰：'此公异人也。'盖是时，予年逾弱冠矣。先生虽以诗与诸公游，实已岿然揽古文魁柄，自立标望，抗前行而排后劲，嗫锋踏坚，腾踔万夫之上。予既感先生知己之言，又方年少志锐，雅不乐以诗人自命，至是始学为文。先生又语人曰：'我固以为异人也。'龚公既殁，诸子或散去或留。"（《翰林编修汪钝翁墓志铭》，《午亭文编》卷44，页10~11）

顺治十七年庚子（1660），23岁

在庶吉士馆深造，学习满文。

顺治十八年辛丑（1661），24岁

正月初九，参加康熙帝即位大典。三月，充会试同考官。五月，授内秘书院检讨。

"十八年（1661），充会试同考官。"（《清史列传》卷9，页638）

"十八年，充会试同考官，寻，授秘书院检讨。"（《清史稿·陈廷敬传》）

康熙元年壬寅（1662），25岁

因病请假回籍。此年前后，陈廷敬第一部诗集《参野诗选》五卷，刻板刊行。

"康熙元年，以病请假回籍。"（《遵例自陈疏》，《午亭文编》卷30，页9）

"《参野诗选》五卷，清泽州陈廷敬撰，无刻书年月，约康熙间刊。此为编年诗，起戊戌，止壬寅。"（孙殿起：《贩书偶记续编》卷14，上海古籍出版社1980年版，页235）

康熙二年癸卯至三年甲辰（1663—1664），26岁至27岁

在原籍侍养父母。研读薛瑄理学，游故乡山水，赴洛阳等地旅游。有《午亭诗二十首》等。

"康熙元年……请假回籍，得河津薛文清公之书，专心洛闽之学。"（《午亭山人年谱》）

康熙四年乙巳（1665），28岁

假满还京，补授内秘书院检讨原官。

四年，"仍补检讨"。（《午亭文编》卷30，页9）

"四年，补原官。"（《清史稿·陈廷敬传》）

康熙五年丙午（1666），29岁

任内秘书院检讨。

康熙六年丁未（1667），30岁

仍任内秘书院检讨。参与康熙帝亲政大礼。任《世祖实录》纂修官。考察一等称职。诏授文林郎。与王士祯等结为文社。

九月初五日，"纂修《世祖章皇帝实录》……检讨李天馥、陈廷敬……为汉纂修官。"（《圣祖实录》［一］卷24，页328）

"六年，考察一等称职。"（《午亭文编》卷30，页9）

十一月二十六日（1668年1月9日）诏曰："尔内秘书院检讨加一级陈廷敬，……授尔为文林郎。"（《皇城石刻文编》页31）

"是年，龚芝麓尚书约山人同汪苕文（琬）、程周量（可则）、刘公（体仁）、叶子吉（方蔼）、梁曰缉（熙）、董玉虬（文骥）、王子底（士禄）、王贻上（士祯）、李湘北（天馥）海内诸名公为文社。"（《午亭山人年谱》）

康熙七年戊申（1668），31岁

仍任内秘书院检讨，参与纂修《世祖实录》。为白胤谦《念园存稿》作序。被邀为翟凤翥《涑水编》评阅人。

康熙八年己酉（1669），32岁

升国子监司业、内弘文院侍读。内阁中书汪懋麟赞陈廷敬："制诰还三代，辞华继两京。"

"八年，迁国子监司业。"（《清史列传》卷9，页638）

本年，汪懋麟《赠陈子端侍读十六韵》诗中云："翰林非不达，学古独尊荣。晋国推才子，清时翊圣明。赋诗陵太液，簪笔冠西清。制诰还三代，辞华继两京。孟公书札重，元礼楷模成。勋业推前辈，蹉跎愧后生。"（《百尺梧桐阁集》卷7，页18～19）

康熙九年庚戌（1670），33岁

任国子监司业。迁内秘书院侍读。授奉政大夫。

"诰封奉政大夫、内弘文院侍读学士。"（《百鹤阡表》，《午亭文编》卷43，页9）

"九年，升内秘书院侍读。"（《遵例自陈疏》，《午亭文编》卷30，页9）

三月初六日，康熙旨曰："尔内弘文院侍读陈廷敬，……授尔阶奉政大夫，锡之诰命。……康熙九年三月初六日。"（《皇城石刻文编》页32）

康熙十年辛亥（1671），34岁

改翰林院侍讲，转侍读，升侍讲学士。《八家诗选》刊行，收陈廷敬诗二百一十四首。《百名家诗选》刊行，收陈廷敬诗六十九首。

十年，陈廷敬"改翰林院侍讲，本年转侍读，升侍讲学士"。（《遵例自陈疏》，《午亭文编》卷30，页9）

六月，由王士禛荟萃、吴之振刻印的宋琬、曹尔堪、施闰章、沈荃、王士禄、程可则、陈廷敬、王士禛的《八家诗选》问世。其中陈廷敬《说岩诗选》收诗二百一十四首。

是年，由魏宪选编、魏氏枕江堂刻本《百名家诗选》印行。其中第十六卷是《陈说岩诗选》，选陈廷敬诗六十九首。有三十首是《午亭文编》、《午亭集》中没有的。其小引云："余读学士陈说岩先生诗，有情矣，而词敷焉；有力矣，而神存焉。……

余向读白东谷、程昆仑二公诗，非不居然晋风也，而恬淡幽雅，有道容焉；深奥渊实，有古质焉。以学士（陈廷敬）之才之情，与二公赓和一堂，取中原作者角技量力，吾恐此一鹿也不死于二公，而死于学士矣。搴六朝之旗，树三唐之帜，何多让焉。"

康熙十一年壬子（1672），35岁

任侍讲学士、日讲起居注官。次子豫朋生。

"十一年，纂修《世祖章皇帝实录》告成，（廷敬）加一级食俸。"（《午亭文编》卷30，页9）

十月十二日癸丑，"以翰林院侍讲学士陈廷敬充日讲起居注官"。（《圣祖实录》［一］卷40，页537）

康熙十二年癸丑（1673），36岁

转任翰林院侍读学士。充武会试副考官、武殿试读卷官。王士祯辑《感旧集》，收陈廷敬诗二十六首。

正月十四日，廷敬为轮值起居注官。作《赐石榴子恭纪时侍宴外藩郡王》："仙禁云深簇仗低，午朝簾下报班齐。侍臣早列名王右，使者曾过大夏西。安石种栽红豆蔻，火珠光迸赤玻璃。风霜历后含苞实，只有丹心老不迷。"深得康熙赞赏。（《午亭文编》卷10，页15）

"十二年，考察一等称职，本年转侍读学士。"（《清史列传》卷9，页638）

张英《讲筵应制集序》云："先后同在讲筵者，则泽州学士臣陈廷敬、昆山学士臣徐元文、臣叶方蔼。接天颜于内殿，蒙顾问于黼席，图书、翰墨、貂绮之赐，岁数至焉。"（张英《文端集》卷41，页1~3）

康熙十三年甲寅（1674），37岁

任日讲起居注官，翰林院侍读学士。为李霨《山行杂记诗》作序。

康熙十四年乙卯（1675），38岁

仍为翰林院侍读学士、日讲起居注官。升詹事府詹事。移居宣武门东街。作《晋国》、《赠孝感相公》、《同湘北送赆上东归》等诗，撰《祭少师卫公文》。

《晋国》诗云："晋国强天下，秦关限域中。兵车千乘合，血气万方同。紫塞连天险，黄河划地雄。虎狼休纵逸，父老愿从戎。"（《午亭文编》卷11，页9）此诗深得王士禛等赞誉，认为酷肖杜甫之诗。

十二月十三日，"授允礽以册宝，立为皇太子，正位东宫。……升内阁侍读学士孔郭岱，翰林院侍读学士陈廷敬并为詹事府詹事。"（《圣祖实录》〔一〕卷58，页758）

"十四年，升詹事府詹事，兼翰林院侍读学士。"（《遵例自陈疏》，《午亭文编》卷30，页9）

康熙十五年丙辰（1676），39岁

正月，授通议大夫。九月，升内阁学士兼礼部侍郎，充经筵讲官。奉使祭告北镇，途中所作诗编为《北镇集》，李霨、缪彤等作序。

正月十二日，圣旨："尔日讲官起居注詹事府詹事兼翰林院侍读学士陈廷敬……特授尔阶通议大夫。康熙十五年正月十二日。"（《皇城石刻文编》，页33）

"十五年，以册立东宫，奉使祭告北镇。"（《遵例自陈疏》，

《午亭文编》卷30，页9）

九月初五日，"升詹事府詹事陈廷敬为内阁学士兼礼部侍郎。"（《圣祖实录》［一］卷63，页810）

九月二十九日，"以内阁学士兼礼部侍郎陈廷敬充经筵讲官。"（《圣祖实录》［一］卷63，页813）

康熙十六年丁巳（1677），40岁

任翰林院掌院学士兼礼部侍郎，教习庶吉士。任经筵讲官、日讲起居注官。充《太宗文皇帝实录》副总裁官。历年给康熙帝进讲文史经典，多蒙奖谕赏赐。为李霦《心远堂诗集》作序。

正月十六日，"癸巳，以内阁学士陈廷敬为翰林院掌院学士。"（《圣祖实录》［一］卷65，页834）

正月二十三日，"庚子，以翰林院掌院学士陈廷敬充日讲起居注官。"（《圣祖实录》［一］卷65，页835）

正月二十九日，"命翰林院掌院学士陈廷敬教学庶吉士。"（《圣祖实录》［一］卷65，页836）

四月初六日，陈廷敬等讲毕伊尹以割烹要汤。讲章内有"伊尹之在有莘，诸葛亮之在隆中，惟其处而无求，所以出而能任"等语。讲毕，上问曰："诸葛亮可比伊尹否？"廷敬对曰："此一章书是论人臣出处之正。三代以下，亮之出处最正，所以比之伊尹。"上曰："伊尹，圣之任者也，以其君为尧舜之君。亮能之否？"廷敬对曰："先儒谓亮有王佐之才，亮虽不及伊尹，然其学术亦自正大。后世如此等人才诚不易得。但其所遇之时势不同，所以成就不及伊尹。"上曰："然。"（《康熙起居注》，页300）

"本年（十六年），充《太宗文皇帝实录》副总裁官。"（《遵例自陈疏》，《午亭文编》卷30，页9）

九月，"庚辰（初六），上御懋勤殿，谕讲官喇沙里、陈廷敬、张英曰：'尔等每日进讲，启导朕心，甚有裨益。嗣后天气渐寒，特赐尔等貂皮各五十张、表里缎各二匹。'"（《圣祖实录》［一］卷69，页881）

十二月十五日（1678年1月7日），陈廷敬上《岁终汇进讲义疏》。

康熙十七年戊午（1678），41岁

仍任经筵讲官、日讲起居注官、翰林院掌院学士兼礼部侍郎，教习庶吉士。是年，入值南书房。充纂修《皇舆表》总裁官、纂修《太宗实录》副总裁。荐王士祯、汪琬。母张氏卒。有《入直南书房纪事》等诗文。

"上留意文学，尝从容问大学士李霨：'今世博学善诗文者孰最？'霨以士祯对。复问冯溥、陈廷敬、张英，皆如霨言。"（《清史稿·王士祯传》）

"康熙朝名人文诗集，惟泽州、新城及长洲汪氏之所著，为闽人林佶手写，书法妍雅，尤可宝贵。考新城、长洲，盖泽州相国所荐达也。公为学士时，上数问公能文之士，公举王士祯以对，王遂以户部郎中改翰林院侍讲。"（陈康祺《郎潜纪闻》三笔，卷12，页869）

"十七年正月，诏举博学鸿儒，廷敬荐原任主事汪琬，召试一等，授编修。"（《清史列传》卷9，页638）

七月二十八日丙寅，"召翰林院掌院学士陈廷敬，侍读学士

叶方蔼入值南书房。"（《圣祖实录》［一］卷75，页969）

"十七年，充纂修《皇舆表》总裁官。"（《遵例自陈疏》，《午亭文编》卷30，页9）

八月"吴三桂死，永兴解围"。（《清史稿·圣祖本纪》）九月，陈廷敬作《闻湖南捷音恭和》。（《午亭文编》卷12，页14）

"戊午（康熙十七年）九月，上因顺天乡试科场有弊，特命臣象枢、兵部侍郎孔光祀、翰林院学士陈廷敬会同磨勘试卷。"（《魏敏果公象枢年谱》，台湾商务印书馆1978年版，页40~41）

十月二十九日，母张氏卒，享年五十九岁。汪琬撰《诰封陈母张淑人墓志铭》及《祭陈母张太夫人文》。叶方蔼撰《张淑人传》。

十二月初八日，"兵部尚书王熙丁父忧，翰林院掌院学士陈廷敬丁母忧，吏部奏闻。上谕大学士等曰：'满大臣有丧，特遣大臣往赐茶酒。满汉大臣，俱系一体。汉大臣有丧，亦应遣大臣往赐。著大学士明珠、翰林院掌院学士喇沙里等，携茶酒往赐。'"（《圣祖实录》［一］卷78，页997）

"部议：廷敬母以詹事任封，例不得与祭葬。上曰：廷敬侍从勤劳，其母准照学士品级赐恤。"（《午亭文编》卷43，页10）

康熙十八年己未（1679），42岁

回籍葬母，守制。上《谕祭谢恩疏》。

"康熙十八年……以母忧，于本年正月内回籍守制。"（《午亭文编》卷30，页6）

七月初一日，上《谕祭谢恩疏》云："奉旨：'陈廷敬侍从勤劳，其母准照学士品级赐恤。钦此。'臣不胜悲恸，不胜感

激，恭设香案，望阙叩头谢恩讫。"（《午亭文编》卷30，页6~8）

康熙十九年庚申（1680），43岁

在籍守制。作《陟屺楼诗》、《陟屺楼记》、《百鹤阡记》悼母。拜会高平学者毕振姬，为其书作序。致书刘提学，主张力革考试陋规。

康熙二十年辛酉（1681），44岁

十月下旬返京师。补原官：经筵日讲官，起居注官，翰林院掌院学士兼礼部侍郎。上《遵例自陈疏》。恩封通议大夫。撰《起居注册后跋》及《与汪钝庵书》等。

康熙二十年（1681），"十月还京，诣宫门候安。遣张英、高士奇慰问。"（《午亭山人年谱》）

"以原任翰林院掌院学士陈廷敬补原官。"（《圣祖实录》［一］卷98，页1239）

十一月十四日癸亥，云南大捷，全省荡平。

十二月初八日，"以翰林院掌院学士兼礼部侍郎陈廷敬充日讲起居注官。"（《圣祖实录》［一］卷99，页1244）

十二月二十日，陈廷敬献《平滇雅表》。

十二月二十一日，"以翰林院掌院学士兼礼部侍郎陈廷敬充经筵讲官。"（《圣祖实录》［一］卷99，页1252）

十二月二十四日，"以滇南荡平，恩封翰林院掌院学士兼礼部侍郎（陈廷敬）通议大夫。"（《午亭文编》卷43，页9）

是年年末，撰《起居注册后跋》、《与汪钝庵书》。（《午亭文编》卷48，页5~6；《午亭文编》卷39，页8）

康熙二十一年壬戌（1682），45岁

任经筵讲官、起居注官、翰林院掌院学士兼礼部侍郎。充会试副考官。受命撰拟朝会燕飨乐章。补任撰修《明史》总裁。任撰修《三朝圣训》副总裁官。与王士禛等为文酒之会。有《扈从东巡日纪序》等诗文。患肺病。三子壮履生。

"滇南平，更定朝会燕飨乐章，命廷敬撰拟，下所司肄习。"（《清史稿·陈廷敬传》）

甲申（二月初六日），"以吏部尚书黄机、工部尚书朱之弼为会试正考官，翰林院掌院学士陈廷敬、户部左侍郎李天馥为副考官。"（《圣祖实录》［二］卷101，页11）

五月，为高士奇《扈从东巡日纪》作序。

"甲申（初八日），翰林院请补纂修《明史》总裁叶方蔼员缺。得旨：'此缺著补用陈廷敬。'"（《圣祖实录》［二］卷103，页37）

"康熙壬戌（二十一年）七月，王文简公士禛、陈文贞公廷敬、徐健庵尚书乾学、王幼华给谏又旦、汪蛟门比部懋麟，集城南山庄，禹慎斋鸿胪之鼎作《五客话旧图》，蛟门为纪卷，藏泽州陈氏。"（陈康祺《郎潜纪闻》初笔，卷7，页158）

辛卯（十八日），"纂修《三朝圣训》，以大学士勒德洪、明珠、李霨、王熙、黄机、吴正治为总裁官；内阁学士席柱、王守才，翰林院掌院学士陈廷敬为副总裁官。"（《圣祖实录》［二］卷105，页69）

岁末，陈廷敬有诗《鼻不知臭屺瞻学士颇用嘲谑戏简》，其中云："肺病经寒斗更加。"（《午亭文编》卷13，页17）

康熙二十二年癸亥（1683），46岁

仍任经筵讲官、起居注官、翰林院掌院学士兼礼部侍郎，升礼部右侍郎。

二月社日，陈廷敬、王士祯、徐乾学、朱彝尊、姜宸英作《社日联句诗》。

四月二十三日，"升翰林院掌院学士陈廷敬为礼部右侍郎。"（《圣祖实录》［二］卷109，页112）

"癸亥，擢礼部右侍郎兼翰林院学士，寻，转左。太宗、世祖圣训总裁缺，复以命廷敬。学士迁他官仍典书局，自廷敬始。"（雍正《山西通志》卷122，页63）

康熙二十三年甲子（1684），47岁

转吏部左侍郎，兼管右侍郎事，仍兼经筵讲官、翰林院学士。特命督理户部钱法。升都察院左都御史，管京省钱法。诰封资政大夫。呈《幸阙里颂》。

正月二十六日，"调礼部左侍郎陈廷敬为吏部左侍郎管右侍郎事。"（《圣祖实录》［二］卷114，页117）

三月二十日，"上命吏部侍郎陈廷敬、兵部侍郎阿兰泰、刑部侍郎佛伦、都察院左副都御史马世济管理钱法。"（《圣祖实录》［二］卷114，页187）

五月十二日，陈廷敬上疏《为清理钱法事》。

八月十七日，陈廷敬上《制钱销毁滋弊疏》。

癸酉（初十日），"升吏部左侍郎陈廷敬为都察院左都御史。"（《圣祖实录》［二］卷116，页214）

九月二十四日，陈廷敬"以东巡恩诰封资政大夫"。（《午亭文编》卷43，页9）

十一月二十八日，康熙东巡祭孔返京，陈廷敬呈《幸阙里颂》。

康熙二十四年乙丑（1685），48岁

任经筵讲官、都察院左都御史，仍管理京省钱法。充纂修《政治典训》总裁官。为高士奇撰《左国颖序》。

正月二十四日，上《劝廉祛弊详议定制疏》、《请严考亲民之官以收吏治实效疏》。

五月十九日，"以大学士勒德洪、明珠、王熙、吴正治、宋德宜，户部尚书余国柱，左都御史陈廷敬为《政治典训》总裁官。"（《圣祖实录》［二］卷121，页273）

八月，撰《都察院堂示为严饬禁剔病民十弊以靖地方以安民生事》。

九月初六日，连上三疏：《请严督抚之责成疏》、《请议水旱疏》、《抚臣亏饷负国据实纠参疏》。

康熙二十五年丙寅（1686），49岁

仍为经筵讲官、左都御史，迁工部尚书。充《三朝圣训》、《政治典训》、《平定三逆方略》、《皇舆表》、《一统志》、《明史》总裁官。与徐乾学专理修书馆务。《鉴古辑览》一百卷成书，陈廷敬上表。

三月初五日，"命纂修《一统志》，以大学士勒德洪、明珠、王熙、吴正治、宋德宜，户部尚书余国柱，左都御史陈廷敬为总裁官，……并命陈廷敬、徐乾学专理馆务。"（《圣祖实录》［二］卷125，页324）

"时纂辑《三朝圣训》、《政治典训》、《平定三逆方略》、

《皇舆表》、《一统志》、《明史》，廷敬并充总裁官。"（《清史列传》卷9，页641）

闰四月十八日，"左都御史陈廷敬、内阁学士牛钮、徐乾学恭捧《鉴古辑览》进呈御览。奏曰：'皇上命编纂《鉴古辑览》，臣等仰承谕旨，汇集成书，共计一百卷，敬呈御览。'"（《康熙起居注》，页1477）

九月二十六日，"丁未，转都察院左都御史陈廷敬为工部尚书。"（《圣祖实录》[二]卷127，页361）

康熙二十六年丁卯（1687），50岁

调任户部尚书，又调吏部尚书。仍为经筵讲官，侍值南书房，管理修书总裁事务。魏象枢卒，陈廷敬为其撰墓志铭。亲家张汧案发。

二月十一日，"调工部尚书陈廷敬为户部尚书。"（《圣祖实录》[二]卷129，页384）

九月十三日戊子，"调户部尚书陈廷敬为吏部尚书。"（《圣祖实录》[二]卷131，页409）

陈廷敬撰《资政大夫刑部尚书致仕谥敏果魏公墓志铭》。（见《午亭文编》卷44，页1~9）

十一月二十七日，陈廷敬五十寿辰。赋《五十初度》。（《午亭文编》卷14，页12~13）

十二月十八日，"山西道御史陈紫芝参奏：'湖广巡抚张汧居官贪劣，应敕部严处，以为贪官之戒。其保举张汧之员亦应一并察议。'奏毕，九卿、詹事、科、道遵旨，将色冷格等审来之事看毕入奏。上问曰：'张汧居官何如？'吏部尚书陈廷敬奏曰：

'张汧系臣同乡亲戚，性行向来乖戾。'刑部尚书张玉书奏曰：'张汧任事未久，名声甚是贪劣。'左都御史徐乾学奏曰：'张汧五月到任，中更文武科场，视事未久，秽声遂已流布，此岂可久居民上？'……上曰：'张汧情罪著直隶巡抚于成龙、山西巡抚马奇、副都御史凯（开）音布驰驿速往，再行严审。如果情真，将张汧与穆尔赛同日正法，以为居官贪污之戒。'"（《康熙起居注》，页1690~1692）

康熙二十七年戊辰（1688），51岁

任吏部尚书，管理修书总裁事务。五月，上疏恳请归养老父，诏许解任，乃命照旧管理修书总裁事务。康熙帝谕：张汧案不得蔓延，以免牵累众人。撰《于成龙传》、《杜律诗话》等。泽州旱，父陈昌期发藏粟贷民，悉焚贷卷，震动朝野。

五月初二日，陈廷敬上《俯沥恳诚祈准回籍以安愚分疏》，中云："臣自念无他材能报塞万一，惟早夜竞竞，思自淬厉，不徇亲党，不阿友朋，上恐负圣主之殊恩，下欲全微臣之小节。乃至积有疑衅，飞语中伤，如前楚抚一案者。汧虽臣戚，泾渭自分，嫌疑之际，尤臣所慎。彼既败事，遂疑及臣，积疑成恨，语涉连染。今幸我皇上日月中天，无幽不烛，既难逃圣主睿鉴之明，复一付盈廷至公之论。虽臣之心迹即此可白，而臣之自处须适所宜。惟当隐退田间。……又臣父年八十有一，倚闾悬望……伏乞圣心怜悯，准与回籍。"（《午亭文编》卷31，页10~11）

"法司逮问湖广巡抚张汧，汧曾赍银赴京行贿。狱急，语涉廷敬及尚书徐乾学、詹事高士奇，上置勿问。廷敬乃以父老，疏乞归养，诏许解任，仍管修书事。"（《清史稿·陈廷敬传》）

编就《御览诗》一书，并为之序。

七月十五日，《杜律诗话》二卷撰成。

《杜律诗话》于康熙五十一年（日本正德三年）"刻于日本，因《午亭文编》传入扶桑时，日人喜其卷后之《杜律诗话》，遂锓板焉。……所出议论，颇为精要中的，复着语无多，得简要之旨。惟非难前人，概出以或曰，使人昧渊源来历。午亭与钝吟、阮亭先后同时，必有与二人相互发明者。冯、王之言，垂影响于无穷，而午亭之论议，沉晦未为人知。得此一篇，亦可知其高下矣。"（《清诗话访佚初编》第10册，台湾新文丰出版公司1987年印行）

十月二十三日（11月15日），帝授陈廷敬资政大夫。圣旨云："尔管理修书总裁事务、吏部尚书陈廷敬……特授尔阶资政大夫。"（《皇城石刻文编》，页36）

是岁，泽州旱灾，陈廷敬父陈昌期发藏粟贷民，悉焚贷券。百姓感激，震动朝廷。王熙、李振裕、徐元文、徐乾学、赵士麟等撰惠民碑记其事。

是年，陈廷敬撰《太子太保兵部尚书总督江南江西谥清端于公传》。（《午亭文编》卷41，页1~31）

康熙二十八年己巳（1689），52岁

仍管理修书总裁事务。撰《昆山徐相国贺序》等。

五月初七日乙巳，以"户部尚书徐元文为文华殿大学士"。（《圣祖实录》［二］卷141，页545）陈廷敬撰《昆山徐相国贺序》。（《午亭文编》卷36，页11~14）

康熙二十九年庚午（1690），53岁

陈廷敬年谱简编

　　再任都察院左都御史，充经筵讲官，兼管修书事。复任工部尚书。充纂修《三朝国史》副总裁。举陆陇其、邵嗣尧为廉吏。次子豫朋中举。《皇清诗选》收入陈廷敬诗。

　　二月二十六日，"以原任吏部尚书陈廷敬为都察院左都御史。"（《圣祖实录》［二］卷144，页593）

　　二月二十九日，"以都察院左都御史陈廷敬充经筵讲官。"（《圣祖实录》［二］卷144，页593）

　　四月初四日，"以大学士王熙为《三朝国史》监修总裁官，……左都御史陈廷敬……为副总裁官。"（《圣祖实录》［二］卷145，页599~600）

　　"上御门召九卿举廉吏，诸臣各有所举。语未竟，上特问廷敬，廷敬奏：'知县陆陇其、邵嗣尧皆清官，虽治状不同，其廉则一也。'乃皆擢御史。始廷敬尝亟称两人，或谓曰：'两人廉而刚，刚易折，且多怨，恐及公。'廷敬曰：'果贤欤，虽折且怨，庸何伤？'"（《清史稿·陈廷敬传》）

　　七月初十日，"转左都御史陈廷敬为工部尚书。"（《圣祖实录》［二］卷147，页623）

　　孙铢辑《皇清诗选》，收入陈廷敬"有关风教"之诗。（见《四库全书存目丛书》集398）

康熙三十年辛未（1691），54岁

　　仍任工部尚书。二月任会试正考官，撰《辛未会试录序》。六月，调为刑部尚书。读《汉书》、《后汉书》、《三国志》，评历史人物，以史为鉴，多有灼见。《尊闻堂集钞》编就，并为之序。撰《刑部堂谕》、《汉高帝得天下之正论》及《汪琬墓志铭》等。

二月初六日，"壬戌，以大学士张玉书，工部尚书陈廷敬为会试正考官，兵部左侍郎李光地、兵部督捕右侍郎王士祯为副考官。"（《圣祖实录》［二］卷150，页662）

"癸亥（6月9日）调刑部尚书杜臻为兵部尚书，工部尚书陈廷敬为刑部尚书。"（《圣祖实录》［二］卷152，页681）

康熙三十一年壬申（1692），55岁

任经筵讲官、刑部尚书。八月，父陈昌期卒，回籍守制。特授光禄大夫。弟廷翰卒。

七月二十五日，陈廷敬父卒，康熙帝"遣内阁学士兼礼部侍郎臣戴通、内阁学士兼礼部侍郎臣王尹方至臣（廷敬）私寓，恩赐茶酒"。（《午亭文编》卷43，页10；卷31，页14）

八月十八日，"刑部尚书陈廷敬丁父忧，命回籍守制。"（《圣祖实录》［二］卷156，页719）

九月初五日，圣旨："尔经筵讲官刑部尚书加二级陈廷敬……兹以克襄公事，特授尔阶光禄大夫。"（《皇城石刻文编》，页37）

康熙三十二年癸酉（1693），56岁

在籍守制。

十一月，大学士熊赐履为陈昌期撰神道碑。

十二月初四日，合葬父母于樊山百鹤阡。（《午亭文编》卷43，页10）

康熙三十三年甲戌（1694），57岁

在籍守制。起为户部尚书。重修《陈氏族谱》。次子豫朋中进士，选为庶吉士。

十一月十四日，"以原任刑部尚书陈廷敬为户部尚书。"（《圣祖实录》[二]卷165，页801）

康熙三十四年乙亥（1695），58岁

任户部尚书。

康熙三十五年丙子（1696），59岁

仍任户部尚书。撰贺《北征大捷作诗二十首》等。与吴琠互赠诗。

六月初八日，"甲午，以荡平噶尔丹，王以下文武各官，行庆贺礼。"（《圣祖实录》[二]卷174，页880）陈廷敬撰《北征大捷作诗二十首》。

八月，子壮履，侄随贞、观颙，同举于乡。

九月，吴琠入都，履总宪任。陈廷敬赋《赠铜川都宪》诗。吴琠有《和赠大司农陈说岩》。

康熙三十六年丁丑（1697），60岁

仍掌户部。九月，又充经筵讲官。仍任纂修《明史》总裁官。特授光禄大夫。第三子壮履中进士，选庶吉士。《尊闻堂集》成，姜宸英、赵士麟等作序。撰《大驾三临沙漠亲平僭逆圣武雅三篇》、《合肥李相国诗序》等。《丁丑诗卷》问世。

七月十九日，"以平定朔漠并太和殿告成上表行庆贺礼"。（《圣祖实录》[二]卷184，页971）陈廷敬上《大驾三临沙漠亲平僭逆圣武雅三篇》有序。（《午亭文编》卷1，页22~23）

七月十九日，圣旨云："克副度支之任，宜膺锡命之荣。尔经筵讲官户部尚书加四级陈廷敬……特授尔阶光禄大夫。康熙三

十六年七月十九日。"（《皇城石刻文编》，页38）

《尊闻堂集》成，陈廷敬撰《尊闻堂铭》云："古人于道有见而知，有闻而知，有传闻而知。自孔子殁，七十子散，所见所闻寥寥，千载其谁其见于书者，所传闻异辞。博观而求，约取而思，俨私淑之在兹。吾不幸不生齐鲁及孔子之时。游夏之贤，孰敢等夷。我思其狂，琴张牧皮。俯仰百世，我友我师。既不可得见闻，若传闻者是，亦曰'闻'。是故尊之。"（《午亭文编》卷40，页10）

康熙三十七年戊寅（1698），61岁

任户部尚书，经筵讲官。在内廷侍值。仍任纂修《明史》总裁官，又任纂修《平定朔漠方略》总裁。

"康熙三十七年初，始编《亲征朔漠方略》，特命纂修。以臣温达、臣张玉书、臣陈廷敬、臣李光地为总裁官。"（《平定朔漠方略》，见《四库全书》册354，页428）

康熙三十八年己卯（1699），62岁

仍任经筵讲官、户部尚书，纂修《明史》总裁官，纂修《平定朔漠方略》总裁官。调任吏部尚书。康熙南巡。陈廷敬撰《南巡歌十二章》等。

十一月初五日，"调陈廷敬为吏部尚书。"（《圣祖实录》［二］卷196，页1065）

康熙三十九年庚辰（1700），63岁

任经筵讲官、吏部尚书，侍值南书房。仍为纂修《明史》总裁官、纂修《平定朔漠方略》总裁官。

"三十九年庚辰，六十三岁，赐'点翰堂'匾额。"（《午亭

山人年谱》)

陈廷敬上《恭进御书点翰堂法帖表》。

康熙四十年辛巳（1701），64岁

仍任经筵讲官、吏部尚书，纂修《明史》、《平定朔漠方略》总裁官。撰《莱抚张先生遗诗序》等。

康熙四十一年壬午（1702），65岁

仍为经筵讲官、吏部尚书，纂修《明史》及《平定朔漠方略》总裁官，并任南书房侍值总督。《午亭集》成书，金德嘉、曹禾、汪懋麟撰序。曹序称陈廷敬为当代之苏轼。荐查慎行。

"四十一年壬午，六十五岁张文端公致仕。三月，总理南书房。"（《午亭山人年谱》）

"廷敬尝获赐御书'点翰堂'额，时又赐'清立堂'额、'博文约礼'四大字。"（雍正《山西通志》卷122，页65）

"其后圣祖东巡，以大学士陈廷敬荐，诏诣行在赋诗。又诏随入都，直南书房。"（《清史稿·查慎行传》）

《午亭集》卷数，金德嘉序称80卷；《四库全书总目》称55卷；《四库全书存目丛书补编》称30卷（皆为诗）。

康熙四十二年癸未（1703），66岁

仍任经筵讲官、吏部尚书、南书房侍值总督，纂修《明史》及《平定朔漠方略》总裁官。充会试正考官，撰《癸未会试录序》。升任文渊阁大学士。受命祭孔。康熙五十岁寿辰，上《恭进圣德万寿诗表》、《圣德万寿诗》。修葺故里宅第中道庄。

二月初六日，"以大学士熊赐履、吏部尚书陈廷敬为会试正考官。吏部右侍郎吴涵、礼部右侍郎许汝霖为副考官。"（《圣祖

实录》〔三〕卷211，页142）会试后，陈廷敬进呈《癸未会试录序》。（《午亭文编》卷35，页9~13）

四月二十一日丙申，以"吏部尚书陈廷敬为文渊阁大学士兼吏部尚书"。（《圣祖实录》〔三〕卷212，页149）

五月，撰《御书千字文跋》、《御书后跋》。

八月初四日，"遣大学士陈廷敬祭先师孔子"。（《圣祖实录》〔三〕卷213，页158）

康熙四十三年甲申（1704），67岁

仍任文渊阁大学士兼吏部尚书、经筵讲官、南书房总督，《明史》、《平定朔漠方略》纂修总裁官。参与纂修《佩文韵府》，为汇阅官。受命祭孔。

八月初十日，"遣大学士陈廷敬祭先师孔子。"（《圣祖实录》〔三〕卷217，页193）

康熙四十四年乙酉（1705），68岁

任文渊阁大学士兼吏部尚书、经筵讲官、南书房侍值总督，纂修《明史》及《平定朔漠方略》总裁官，纂修《佩文韵府》汇阅官。扈从南巡。康熙赐诗，以房玄龄、姚崇、李白、杜甫比拟陈廷敬。

康熙帝："览《皇清文颖》，内大学士陈廷敬所作各体诗，清雅醇厚，非集字累句之初学所能窥也，故作五言近体一律，以表风度：'横经召视草，记事翼鸿毛。礼义传家训，清新授紫毫。房姚比雅韵，李杜并诗豪。何似升平相，开怀宫锦袍。'"（《圣祖仁皇帝御制文集》第三集，卷49，页1~2）

扈从南巡。康熙谕："廷敬老臣，遇宫眷车不须避路。"有

《西湖八首》等诗。

康熙四十五年丙戌（1706），69岁

为文渊阁大学士兼吏部尚书、经筵讲官、南书房侍值总督，纂修《明史》及《平定朔漠方略》总裁官，《佩文韵府》汇阅官。任纂修《玉牒》副总裁。参与编录《咏物诗选》，康熙作序。受命祭孔。撰《御定〈全唐诗〉后序》等。

二月初四日，"以多罗安郡王马尔浑为纂修《玉牒》总裁官，大学士席哈纳、陈廷敬，礼部侍郎邵穆布、内阁学士赫寿为副总裁官。"（《圣祖实录》［三］卷224，页251）

四月，为重修《泽州府志》撰序。（《泽州府志》卷首，山西古籍出版社2001年版）

八月初二日，"遣大学士陈廷敬祭先师孔子"。（《圣祖实录》［三］卷226，页268）

康熙四十六年丁亥（1707），70岁

仍任文渊阁大学士兼吏部尚书、经筵讲官，纂修《明史》及《平定朔漠方略》总裁官，纂修《玉牒》副总裁，纂修《佩文韵府》汇阅官、南书房侍值总督。第二次扈从康熙南巡。大学士张玉书、李光地等为陈廷敬写祝寿诗文。有《祖德》等诗。

正月二十二日至五月二十二日，康熙帝第六次南巡，陈廷敬为扈从大学士之一。其子陈壮履为扈从官员。

十一月，张玉书、李光地、王鸿绪、吕履恒等为陈廷敬祝七十岁寿辰。

康熙四十七年戊子（1708），71岁

仍任文渊阁大学士兼吏部尚书、经筵讲官、南书房侍值总督，纂修《明史》总裁官、纂修《佩文韵府》汇阅官、纂修《玉牒》副总裁。《平定朔漠方略》成书，陈廷敬等上《进方略表》。奏请致仕，未准。《午亭文编》编就，命门人林佶作序。撰《百鹤阡表》等诗文。

"丁亥（康熙四十六年）十一月，中使转奏衰老乞归。戊子（康熙四十七年）正月具折陈情。上曰：'机务重地，良难其人，不必求去。'"（《午亭山人第二集》卷1，页8）

七月十七日，《午亭文编》编就。

康熙四十八年己丑（1709），72岁

仍任文渊阁大学士兼吏部尚书、经筵讲官、南书房侍值总督，纂修《明史》总裁官、纂修《玉牒》副总裁、纂修《佩文韵府》汇阅官。受命祭孔。撰《朱彝尊墓志铭》及《桐城先生挽词四十韵》等。

康熙四十九年庚寅（1710），73岁

仍任文渊阁大学士兼吏部尚书、经筵讲官、南书房侍值总督，纂修《明史》总裁官、纂修《玉牒》副总裁、纂修《佩文韵府》汇阅官。奉旨编纂《康熙字典》，任总阅官。十一月，致仕。康熙面谕陈廷敬为"极齐全底人"。仍为《康熙字典》总阅官。受命祭孔。第三子翰林院侍读学士陈壮履奉差在外，骚扰地方，被处分。有教子诗《示壮履》及《咏梅图诗》等。吴蔼《名家诗选》选陈诗十首，刘然《国朝诗乘》选陈诗二十九首。

八月初五日，"遣大学士陈廷敬祭先师孔子。"（《圣祖实录》［三］卷243，页413）

十一月初十日，"大学士陈廷敬以老乞休，温旨慰谕，命原

官致仕。"（《圣祖实录》［三］卷244，页423）

十一月初十日，赴苑中谢准致仕，有诗《苑中谢恩蒙谕卿是老大人，是极齐全底人，臣感激恭纪二首》。

十二月十一日，有《吟梅图诗》，中云："铁干早经霜雪过，冰心应有化工知。"盖自喻也。（《午亭山人第二集》卷1，页19）

康熙五十年辛卯（1711），74岁

编辑《皇清文颖》，总阅《康熙字典》。五月，再入阁任大学士。邀王士祯、查慎行等为诗文之会。康熙帝赐书"午亭山村"及匾联，查慎行、宋荦等题诗。有《阁中即事二首》等诗。

二月二十二日，赐"午亭山村"四字，赐联云："春归乔木浓阴茂，秋到黄花晚节香。"谕云："朕特书匾联赐卿，自此不与人写字矣。"（《午亭山人第二集》卷2，页14~15）

"大学士陈文贞廷敬，以康熙四十九年致仕。辛卯六月，张文贞玉书薨，命陈复起视事，凡内阁章疏，列名必书予告二字。此既予告而复起者。"（吴振棫《养吉斋丛录》卷1，页7）

康熙五十一年壬午（1712），75岁

任大学士、南书房总督，编纂《康熙字典》总阅官。《皇清文颖》书成，陈廷敬上《〈皇清文颖〉告成进呈表》。有《病中作三首》等诗。四月十九日病故。康熙帝有御制祭文及挽诗，并遣皇子代祭。赐治丧银一千两及棺木，遣官护灵回籍。

二月二十七日（4月2日），"上御畅春苑澹宁居听政，问中堂温达等：'陈大学士为何不见？'温达回奏：'陈廷敬偶患二便秘结，不曾来，具有折子。今伊子陈壮履在外启奏。'上云：

'二便不通，服药难效。坐水坐汤，立刻可愈。'即将坐水坐汤之法向陈壮履说知，俾回去如法调治……传旨著太医院右院判刘声芳速往诊视。"（《皇城石刻文编》，页23）

三月上旬，撰成《皇清文颖》，陈廷敬上《〈皇清文颖〉告成进呈表》。

陈廷敬《病中作三首》中云："文章图报国，只此是真诠。"（《午亭山人第二集》卷3，页21）

四月十二日，"膳房官赍糟鹿尾、糟野鸡各一盒，关东密饯、红果二瓶到寓。传旨云：'不必烦动老大人，交与伊子陈壮履。'并问：'病体若何？'"

四月十三日，"赍瀛台红稻米一袋。是日，御医刘声芳启奏：'陈大学士左腮红肿，中气甚虚。'随命声芳带外科二人，速看回奏。漏下三鼓，上犹坐渊鉴斋秉烛以待声芳复奏。又遣声芳及外科赍到御制圣药时，禁城严扃，命内务府总管知会兵部：速启城门送往陈大学士家，沿途如有拦阻者，记名回奏。"（《皇城石刻文编》，页23~24）

四月十九日，"鄂伦岱、李玉、励廷仪、赵熊诏至榻前，传旨云：'朕日望大学士病体速愈，再佐朕料理机务几年。若事出意外，大臣中学问人品如大学士、可代理内庭事务者为谁？'臣父伏枕感泣，一一奏对如礼。又谕臣壮履云：'倘老大人身后，汝家中有何难处事否？朕自与汝作主，不必忧惧。'时臣父病已危笃，臣等肝肠寸裂，莫知所云，惟以头触地感激涕零而已。是夜，戌时，臣父身故。"（《皇城石刻文编》，页24）

"康熙五十一年四月十九日晚，皇上轸念臣父病势危亟，命南书房翰林院侍讲学士励廷仪二十日早至邸寓问臣壮履：'山西有杪板否？杪板用否？'臣壮履伏闻恩旨，感动奏云：'山西杪板不易得，多用柏板。昨晚臣父身殁，现今各处购求材木。蒙皇上念及周身，殁存顶戴。'及廷议面奏时，上已知臣父身故。向左右近侍云：'不意陈大学士遽尔溘逝，尚有不尽之言未得咨询。'感叹弗置。即遣畅春苑总管头等精奇尼哈番（满语总兵官）董殿邦，赍赐紫杪板一具。"（《皇城石刻文编》，页 19）

四月二十日壬申，"大学士陈廷敬故。遣皇三子允祉及大臣、侍卫等往奠茶酒，命各部院满汉大臣往吊。"（《圣祖实录》［三］卷 250，页 475）

四月二十三日乙亥，"御制故致仕大学士陈廷敬挽诗一首，遣乾清门一等侍卫伍格、南书房翰林励廷仪、张廷玉斋赐，并给治丧银一千两。"（《圣祖实录》［三］卷 250，页 476）

康熙挽诗云："世传诗赋重，名在独遗荣。去岁伤元辅，连年痛大羹。朝恩葵衷励，国典玉衡平。儒雅空阶叹，长嗟光润生。"（《皇城石刻文编》，页 10）

五月二十六戊申，"予故致仕文渊阁大学士兼吏部尚书陈廷敬祭葬，又加祭一次，谥文贞。"（《圣祖实录》［三］卷 250，页 478）

康熙五十一年七月十六日，传旨："原任大学士陈廷敬灵柩，八月二十四日送还原籍，著照原任大学士张玉书例遣官往送。"（《皇城石刻文编》，页 29）

（陈廷敬）"享年七十有五，配王氏，封一品夫人。侧室李氏，以子贵，封孺人。子三人：谦吉，监生，江南淮安府同知；

豫朋，甲戌进士，选馆，调外，今为仪制司员外郎；壮履，丁丑进士，日讲起居注官、侍读学士，今为编修。女三人：长适张璐；次适张檠；次许张国相，皆宦族。孙八人，女孙十三人。"（李光地：《说岩陈公墓志铭》，雍正《山西通志》卷200，页52~53）

附　录

马甫平

陈氏历代进士名录

陈天祐，号容山，陈秀孙，陈珏次子。嘉靖甲辰（1544）进士，历官陕西按察司副使、分守荆西道。

陈昌言（1598—1655），字禹前，号泉山，一号道庄。明崇祯庚午（1630）举人，甲戌（1634）进士。官乐亭知县，升浙江道监察御史，巡按山东。入清后以原官提督江南学政。

陈廷敬（1638—1712），字子端，号说岩，晚号午亭山人。顺治十五年戊戌科（1658）进士，选庶吉士，官至文渊阁大学士兼吏部尚书。

陈元（1632—1662），字长公，号澹庵，一号端坪，陈昌言子。顺治十六年己亥科（1659）进士，选庶吉士。

陈豫朋（1672—1751），字尧凯，号濂村，陈廷敬次子。康熙三十三年甲戌科（1694）进士，官翰林院编修、福建盐驿道、礼部郎中。

陈壮履（1680—1748），字幼安，一字礼叔，号南垞。陈廷敬第三子。康熙三十六年丁丑科（1697）进士，选庶吉士，官至翰林院侍读学士、日讲起居注、内廷供奉。

陈观颙（1679—1723），字安次，号蓉村，一号柑亭，陈廷统子。清康熙四十五年丙戌科（1706）进士，官浚县知县。

陈随贞（1675—?），字孚嘉，号寄亭，晚号西山老人，陈廷弼子。清康熙四十八年己丑科（1709）进士，选庶吉士。

陈师俭（1699—1728），字汝贤，号鹤皋，陈廷敬孙，陈豫朋长子。清雍正五年丁未科（1727）进士，选庶吉士，改泗城府同知。

陈氏历代举人名录

陈所知，陈天佑曾孙，万历十三年乙酉科（1585）举人，官虞城知县。

陈廷翰（1659—1692），字公干，号行麓，一号迂斋，陈廷敬弟。康熙甲子（1684）举人，拣选知县。著有《梅庄唱和集》。

陈贲懿（1693—1760），字庾亭，号白村，陈廷愫子。康熙辛卯（1711）举人。官涞水知县、宁晋知县。著有《问津诗集》。

陈寿岳，字岱雯，陈廷敬孙，陈谦吉次子。康熙五十年辛卯科（1711）举人，授湖北竹山知县，调蒲圻知县。丁艰服阕，补四川通江县知县。

陈恂，陈氏第三世陈秀之弟陈武的裔孙。康熙五十九年庚子科（1720）举人。

陈式玉，字璜佩，号丹坯，亦号铁璧，陈随贞子。雍正四年丙午科（1726）举人，官浙江试用盐大使。

陈寿华（1704—1772），字天门，号西岑，陈廷敬孙，陈谦吉四子。雍正七年己酉科（1729）举人，官贵州清平县知县

陈传始（？—1757），号兰皋，陈廷敬孙，陈壮履长子。雍正十年壬子科（1732）举人，官福建古田县水口关盐大使，调侯官县南台浦下场，署漳浦县石马场，调兴化府前江场，改晋江县浔美场。著有《兰皋诗集》。

陈名俭（1714—1771），字以彰，号改庵，一号雅堂，陈廷敬孙，陈豫朋次子。乾隆九年甲子科（1744）举人，乙丑（1745）明通。官四川珙县知县、山东荣城知县、惠民知县、广东澄迈知县、陵水知县。著有《念修堂诗集》。

陈崇俭（1715—1762），字约躬，号朴轩，陈廷敬孙，陈豫朋三子。清乾隆九年甲子科（1744）举人，拣选知县。著有《朴轩诗集》。

陈氏历代著述目录

陈　秀著《述先草》

陈天祐著《容山诗集》

陈昌言著《东溟草》

《燕邸草》

《道中草》

《东巡草》

《南校草》

《山居草》

《斗筑居集》（佚）

陈昌期著《槐云世荫记》

陈　元著《澹庵诗集》

陈廷继著《绵斋诗稿》

《世德堂遗稿》

陈廷愫著《南游草》

《归田诗录》

《梅嵀遗稿》

陈廷宸著《梅庵遗稿》

《自怡草》

《信口吟》

《北上怡怡草》

陈廷统著《握兰草》

《桑干集》

《镇箪边防末议》

陈廷弼著《澧阳清田录》

《王屋山庄诗抄》

陈廷翰著《梅庄唱和集》

陈豫朋著《濂村诗集》

《幻因集》

《且怡轩诗钞》

《六友斋诗文集》

《濂村经解》

《濂村奏草》

陈随贞著《立诚堂集》

《寄亭诗草》

陈观颢著《恤纬集》

陈壮履著《潜斋诗集》

《慕园诗草》

《南垞集》

《读〈书〉疏》

陈咸受著《褊庐诗稿》

陈复刚著《意园近稿》

《卧屿集》

陈贲懿著《问津诗集》

陈静渊著《悟因楼存草》

陈师俭著《鹤皋诗集》

陈卫氏著《西窗晚课稿》

陈象雍著《耕余草》

陈景行著《仰山诗集》

陈名俭著《念修堂诗集》

陈崇俭著《朴轩诗集》

陈传始著《兰皋诗集》

陈师夔著《偷闲集》

陈　坦著《蝶楼诗稿》

陈金铭著《自怡小草》

陈秉灼著《听书楼诗稿》

《潭西精舍纪年》

陈法登著《袖岚诗草》

陈法于著《秀野山房诗钞》

《泉谱》

《说泉图识》

陈沛霖著《愈愚集》

编后话

　　本书的各位作者，都是山西历史学会下属的"陈廷敬学术研究专业委员会"的主要成员。自 2003 年以来，本学会从学术的角度对陈廷敬的各个方面进行了专题研究，取得了一系列研究成果，目前已出版《陈廷敬诗学研究》、《陈廷敬史实年志》、《陈廷敬大传》（均由山西人民出版社出版）三部专著，另一部关于陈廷敬学术的研究专著，已经脱稿，即将出版。

　　本书第一、二章的作者兼本书主编任茂棠，是长期研究中国近代史和清朝政治史的山西大学历史文化学院教授；第四、五章的作者兼本书副主编魏宗禹，是长期研究中国哲学史的山西大学哲学学院的教授；第三章的作者李正民，是多年对中国文学、文学史进行研究的山西大学文学院教授；第六章作者马甫平，是多年研究地方史志的晋城史志院研究员。这几位作者在本专业的研究上都颇有建树，成果丰富，是中国史学界掌握陈廷敬史料最多的学者。

各章的分工是根据本人的研究方向选定的，这有助于保证本书学术研究的深度和科学性。

本书在研究和写作过程中，多蒙皇城相府集团公司的大力支持，在出版过程中得到了山西人民出版社的诸多帮助，我们在此特表示衷心的感谢！

编者

2015年2月1日